重庆水利电力职业技术学院现代学徒制试点教材

道路工程制图与 AutoCAD

马云峰　石喜梅　主编

天津大学出版社
TIANJIN UNIVERSITY PRESS

图书在版编目(CIP)数据

道路工程制图与AutoCAD / 马云峰，石喜梅主编. —
天津：天津大学出版社，2020.12 (2023.8重印)
重庆水利电力职业技术学院现代学徒制试点教材
ISBN 978-7-5618-6826-3

Ⅰ.①道… Ⅱ.①马… ②石… Ⅲ.①道路工程－工程制图－AutoCAD软件－高等职业教育－教材 Ⅳ.①U412.5

中国版本图书馆CIP数据核字(2020)第222894号

出版发行	天津大学出版社
地　　址	天津市卫津路92号天津大学内(邮编:300072)
电　　话	发行部:022-27403647
网　　址	www.tjupress.com.cn
印　　刷	北京盛通商印快线网络科技有限公司
经　　销	全国各地新华书店
开　　本	185mm×260mm
印　　张	11
字　　数	268千
版　　次	2020年12月第1版
印　　次	2023年 8 月第2次
定　　价	38.00元

前　　言

AutoCAD(Autodesk Computer Aided Design)是 Autodesk(欧特克)公司首次于 1982 年开发的自动计算机辅助设计软件，用于二维绘图、详细绘制、设计文档和基本三维设计，现已经成为国际上广为流行的绘图工具，广泛应用于建筑、结构、室内设计、水电设计、城市规划、路桥设计等领域。AutoCAD 具有良好的用户界面，操作简单，让非计算机专业人员也能很快地学会使用。随着 AutoCAD 技术在道路设计中的不断深入，其已不再是单纯的绘图工具，而是运用软件进行道路规划设计的建立、修改、分析或优化的工具，因此 AutoCAD 软件是道路桥梁工程技术专业学生必须掌握的内容。

本书作者系各高职高专院校多年从事计算机辅助设计教学与道路设计工作的教师和企业一线道路工作者，他们具有丰富的教学经验、实践经验与教材编写经验，为道路企事业单位培养和输送了大量的道路设计工作者。在教材编写的工作中，作者能够准确地把握学生的学习能力，使本书具有由浅到深、由易到难的特点。

本书以就业为导向，以能力为本位，以技能为核心，打破了传统教材先理论讲解、后实践操作的编写形式，将软件内容与道路工程制图标准、道路施工图套图的绘制融为一体，与岗位实际工作融为一体，内容编排循序渐进，由简单到复杂，由局部到整体，重点训练学生的专业绘图实战技能，使学生在学习中既学会了软件操作，学习了专业知识，又熟悉了岗位实际工作，满足了以后从事相关职业岗位的就业要求。

为了表述简明，本书的写作风格遵从如下约定。

●本书中所有的菜单和命令之间以“→”做分隔，例如单击“视图”菜单，再选择“缩放”命令，就用“视图”→“缩放”来表示。

●对于 CAD 操作过程中需要同时按下两个或三个按键的组合操作，书中以“+”作为连接符号。例如，Ctrl+S 是指按下“Ctrl”键的同时按下“S”字母键；Ctrl+Shift+S 是指按下“Ctrl”键后同时按下“Shift”键和“S”字母键。

●在没有特殊指定时，单击、双击和拖动是指用鼠标左键单击、双击和拖动，右击是指用鼠标右键单击。

本书可作为道路桥梁工程技术专业 AutoCAD 课程的教材，也可作为 AutoCAD 制图爱好者的参考用书。

由于编者水平有限，书中难免有疏漏之处，恳请广大读者批评指正。

编者

2020 年 7 月

目　录

1　道路设计专业知识

为了使读者了解道路设计行业领域，明确岗位定位，扩充设计知识，本章主要介绍道路设计和道路设计制图的行业知识。

1.1　道路设计基本知识

1.1.1　道路设计的概念

“设”者，陈设、设置、筹划之意；“计”者，计谋、策略之意。道路设计就是在一定的地域范围内，运用道路线形设计和工程技术手段，通过改造地形来合理布局的过程。

1.1.2　道路设计的依据

1. 科学依据

在道路设计的过程中，设计者都要根据有关工程项目的科学原理和技术要求进行设计，要依据设计要求结合原地形进行道路的地形和水体规划，必须对该地段的水文、地质、地貌、地下水位、北方的冰冻线深度、土壤状况等资料进行详细了解。

2. 社会需要

道路要反映社会的意识形态，为广大人民群众的精神与物质文明建设服务，所以道路设计者要了解人民的需求。

3. 功能要求

道路设计者要依据人们的审美要求、活动规律、功能要求等方面的内容，创造出景色优美、环境卫生、情趣健康、舒适方便的道路空间，满足游人的游览和运输功能要求。

4. 经济条件

经济条件是道路设计的重要依据。道路设计者要在有限的投资条件下，发挥最佳设计技能，节省开支，创造出最好的作品。

1.1.3　道路设计的原则

1. 适用

一般情况下，道路设计首先要考虑适用的问题。

（1）因地制宜，具有一定的科学性。

（2）道路的功能适合于服务对象。

2. 经济

在适用的前提下，首先要考虑的是经济问题。要根据道路性质、建设需要，确定必要的投资。

3. 美观

在适用、经济的前提下，要尽可能做到“美观”，即满足道路布局、造景的艺术要求。

1.1.4 道路设计的程序

道路设计可划分为七个阶段：①任务书阶段；②地质调查和分析阶段；③方案设计阶段；④初步设计阶段；⑤详细设计阶段；⑥施工图阶段；⑦工程竣工阶段。道路设计的每个阶段都有不同的内容，需要解决不同的问题，并且对设计表达和图纸也有不同的要求。

1. 任务书阶段

设计人员应该充分了解设计委托人的具体要求，如对设计所要求的造价和时间期限等内容。这些内容往往是整个设计的根本依据，从中可以确定哪些值得深入、细致地调查和分析，哪些只需做一般的了解。在任务书阶段很少用到图面，常用以文字说明为主的文件。

2. 地质调查和分析阶段

掌握了任务书阶段的内容之后就该着手进行地质调查，收集与地质有关的资料，补充并完善不完整的内容，对整个地质及环境状况进行综合分析。收集来的资料和分析的结果应尽量用图面、表格或图解的方式表示。

通常用地质资料图记录调查的内容，用地质分析图表示分析的结果。这些图面应简洁、醒目、说明问题，图中常用各种标记符，并配以简要的文字说明或解释。

3. 方案设计阶段

当规模较大及所安排的内容较多时，就应该在方案设计之前先作出整个道路的用地规划或布局，以保证功能合理，尽量利用地质条件，使诸项内容各得其所，然后再分区分块进行各局部点的方案设计；若规模较小，功能不复杂，则可以直接进行方案设计。

方案设计阶段根据方案发展的情况分为方案的构思、方案的选择与确定以及方案的完成三部分。

4. 初步设计阶段

该阶段的主要工作为结合地质条件、各个功能区和分区的平面位置进行功能分区。常用图纸有功能关系图、功能分区图、方案构思草图、方案表现图和各类规划及方案总平面图。

5. 详细设计阶段

方案设计完成后应协同委托方共同商议，然后根据商议结果对方案进行修改和调整。一旦初步方案确定后，就要全面地对整个方案进行各方面详细的设计，包括确定准确的形状、尺寸和材料，完成定稿总平面图。

6. 施工图阶段

施工图阶段是将设计与施工连接起来的环节。根据所设计的方案，结合各工种的要求分别绘制出能具体、准确地指导施工的各种图面，这些图面应能清楚、准确地表示出各项设计内容的尺寸、位置、形状、材料、种类、数量以及构造和结构，完成施工平面图、地形设计图、道路建筑施工图等。

7. 工程竣工阶段

在项目竣工时要绘制与工程实体相符的竣工图。项目竣工图应由施工单位负责编制，如行业主管部门规定设计单位编制或施工单位委托设计单位编制竣工图的，应明确规定施工单位和监理单位的审核和签认责任。原施工图是编制竣工图的基础，有一张施工图，就应编制一张相应的竣工图，施工图取消的除外。

1.2 道路设计制图的基本知识

道路 AutoCAD 制图是道路设计的基本语言，但它是建立在道路基本的制图规范基础上的，一般在各大专院校开设“道路工程制图与识图”“道路设计初步”课程，主要是学习道路设计基本的制图规范与表现技法，首先要求设计者掌握道路设计制图的基本规范，即掌握道路图纸的内容以及每种图纸在绘制过程中的基本要求。以上是每位初学者必须掌握的，并在此基础上掌握 AutoCAD 制图命令的使用方法，使 AutoCAD 成为道路辅助设计的重要手段。

1.2.1 道路图纸的内容

广义上的道路图纸包含表达设计意图的平面图、立面图、剖面图、透视图和鸟瞰图以及描述细部布置、结构造型的施工图和节点图等。道路设计过程分为多个阶段，从任务书阶段，经地质调查和分析阶段、方案设计阶段、初步设计阶段、详细设计阶段、施工图阶段，到工程竣工阶段，图纸内容是逐步深化的。

道路方案设计阶段的图纸要求能够表达设计者的设计意图、结构等内容，以便于甲方与设计师的沟通与调整。图中包含 AutoCAD 图形的大量图形对象，包括最基本的二维图形、填充元素、文字说明和标注等内容。

1.2.2 道路图纸的要求

1. 图幅与图框

图幅是指图纸本身的大小规格。道路制图中采用国际通用的 A 系列幅面规格的图纸。A0 幅面的图纸称为 0 号图纸，A1 幅面的图纸称为 1 号图纸，以后以此类推，如图 1-1 所示。常用的图纸尺寸见表 1-1。

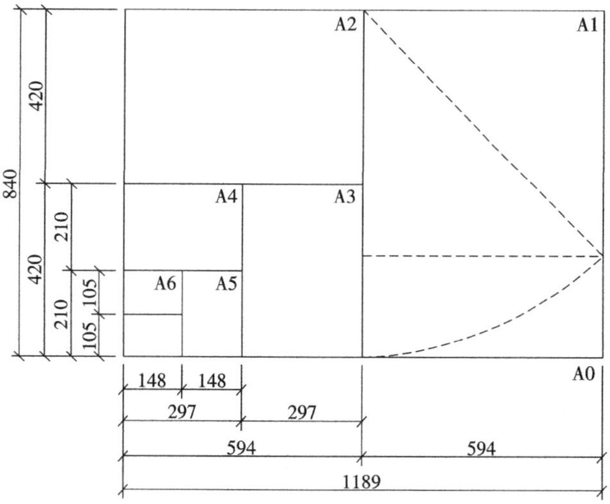

图 1-1　图纸幅面

表 1-1　常用的图纸尺寸　（单位:mm）

	A0	A1	A2	A3	A4	A5
$B \times L$	841×1 189	594×841	420×594	297×420	210×297	148×210
a	25					
c	10			5		

（1）以短边作为垂直边的图纸称为横幅,以短边作为水平边的图纸称为竖幅。一般 A0 至 A3 图纸宜为横幅,如图 1-2 所示;但有时由于图纸布局的需要也可以采用竖幅,如图 1-3 所示。在图纸中还需要根据图幅大小确定图框,图框是指在图纸上绘图范围的界限。

（2）只有横幅图纸可以加长,而且只能长边加长,不能短边加长。按照国家标准规定,每次加长的长度是标准图纸边长的 1/8,如图 1-2 所示。

（3）一个工程设计中,每个专业所使用的图纸一般不宜多于两种幅面（不含目录及表格所采用的 A4 幅面）。

2. 标题栏和会签栏

标题栏又称图标,用来简单说明图纸内容,位于图纸的右下角。通常将图纸的右下角外翻,使标题栏显现出来,以便于查找图纸。标题栏主要介绍图纸相关的信息,如设计单位、工程项目、设计人员以及图名、图号、比例等内容。标题栏根据工程需要确定其尺寸、格式及分区。制图标准中给出了两种形式,如图 1-4 所示。本书根据教学的需要设立课程作业专用标题栏形式,如图 1-5 所示。高校学习期间建议应用的标题栏模板如图 1-6 所示。

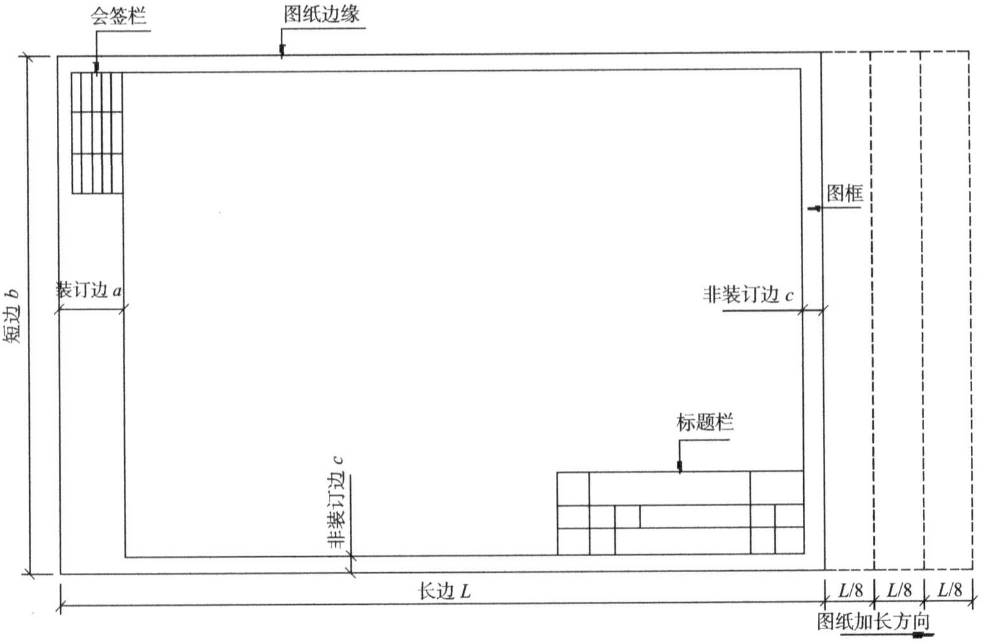

图 1-2　横幅图纸

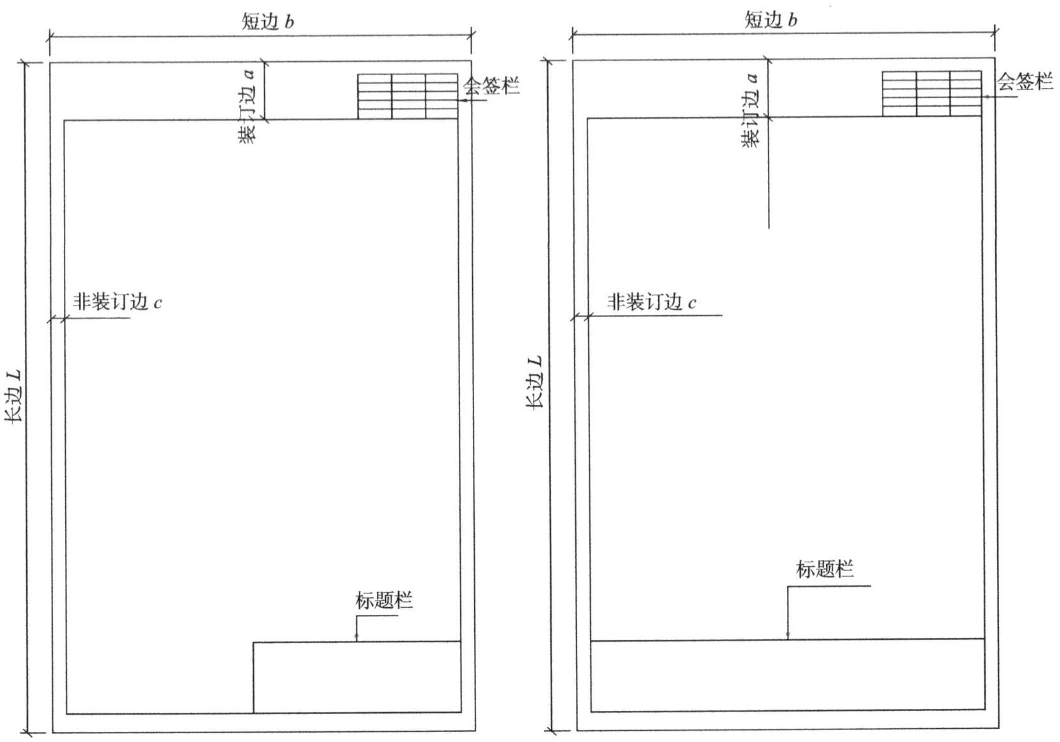

图 1-3　竖幅图纸

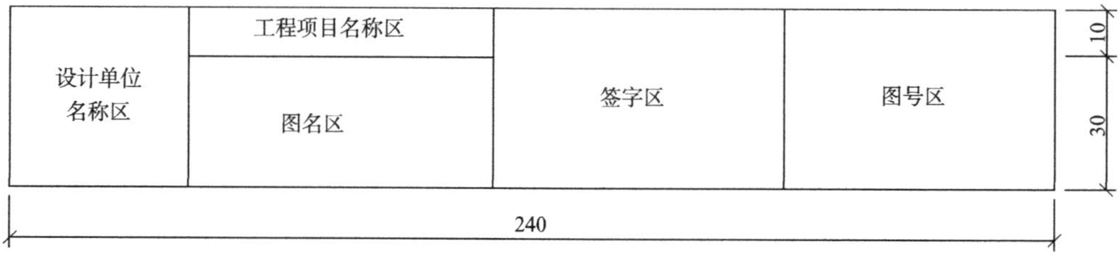

（a）

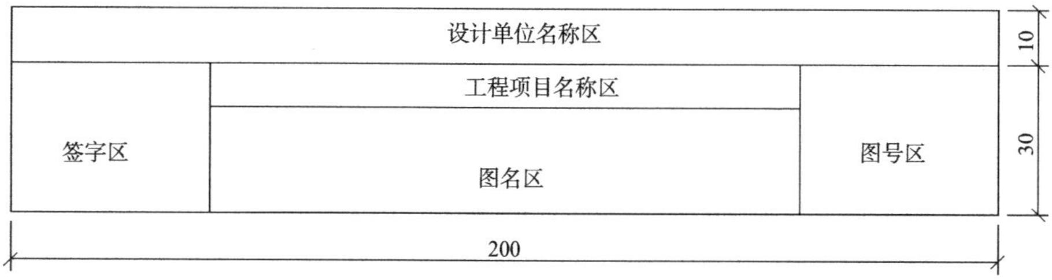

（b）

图 1-4　标题栏

（a）形式一　（b）形式二

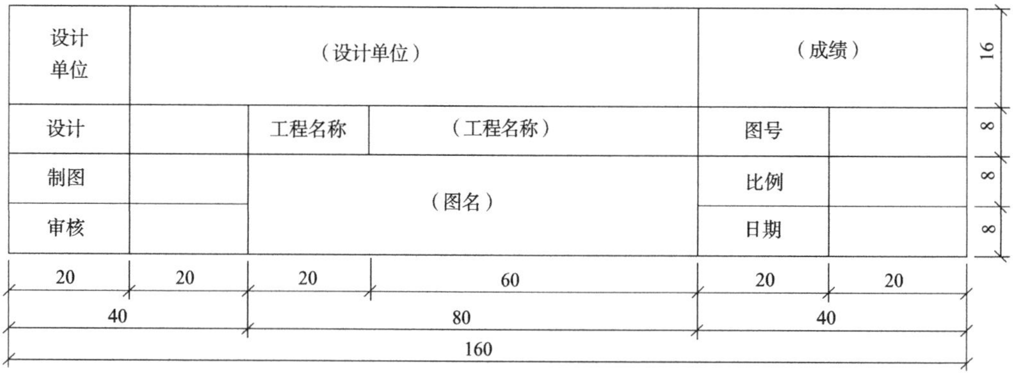

图 1-5　课程作业专用标题栏

学校				名称			
姓名		班级		图幅		日期	
指导老师		学号		比例		成绩	

图 1-6　高校学习期间建议应用的标题栏模板

会签栏位于图纸的左上角，尺寸为 75 mm × 20 mm，包括项目主要负责人的专业、姓名、日期等，具体形式如图 1-7 所示。

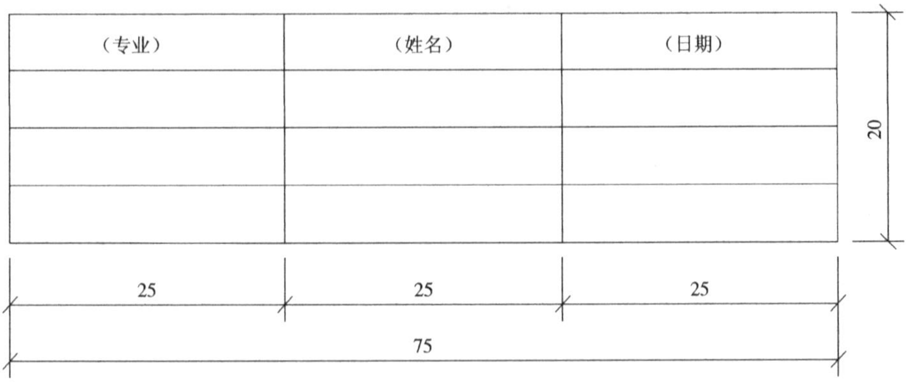

图 1-7　会签栏

2　AutoCAD 2016 应用基础

本章介绍 AutoCAD 2016 中与绘图有关的基本知识，以帮助读者了解 AutoCAD 的基本操作方法。本章学习的总体目标：了解操作界面基本布局，学会各种基本输入操作方式，熟悉文件管理的方法，熟练应用各种绘图辅助工具，为后面的系统学习做好准备。

2.1　AutoCAD 2016 基础知识

2.1.1　启动

启动 AutoCAD 2016 软件通常有以下三种方式。

（1）双击桌面上 AutoCAD 2016 快捷方式图标。

（2）单击 Windows 任务栏上的"开始"→"程序"→"Autodesk"→"AutoCAD 2016- 简体中文（Simplified Chinese）"→"AutoCAD2016"。

（3）双击一个已经存在的 CAD 文件。

2.1.2　操作界面

AutoCAD 自 2009 版以后出现了新的操作界面，从 2015 版开始彻底取消了 AutoCAD 经典模式，AutoCAD 2016 提供了"二维草图与注释""三维基础""三维建模"3 种工作空间模式。其中，"二维草图与注释"为默认的工作空间，其界面形式如图 2-1 所示。

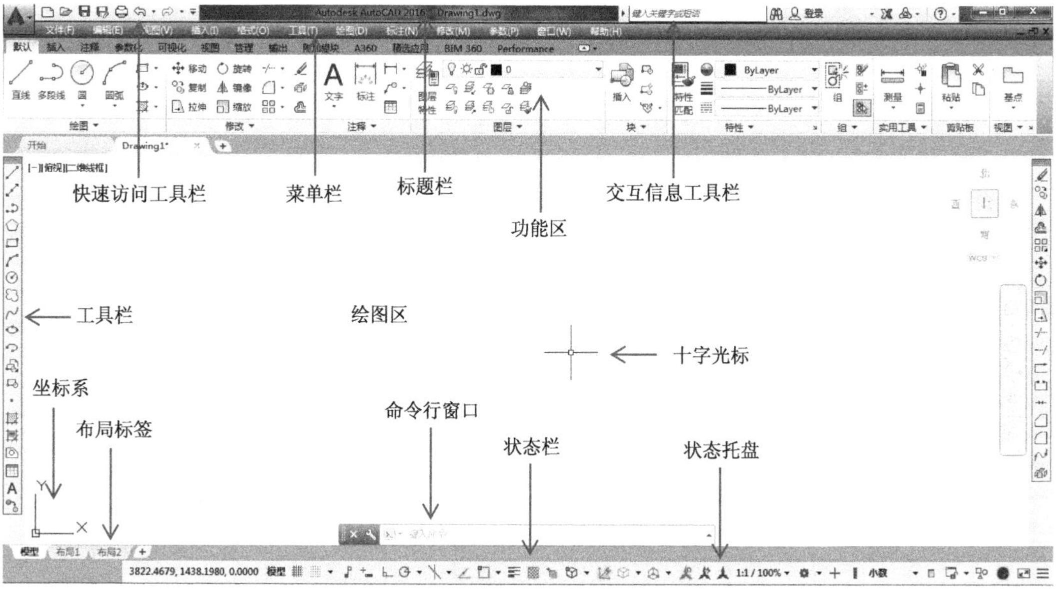

图 2-1　"二维草图与注释"工作空间界面

AutoCAD 经典工作空间界面主要由快速访问工具栏、标题栏、绘图区、十字光标、菜单栏、工具栏、命令行窗口、状态栏、状态托盘、坐标系、布局标签等元素构成。

1. 快速访问工具栏

快速访问工具栏用于存储经常访问的命令。默认情况下,它包含 7 个常用的工具,如图 2-2 所示。用户可以通过单击快速访问工具栏右侧的下拉箭头,在弹出的如图 2-3 所示的自定义快速访问工具栏中进行添加、删除命令。前面打钩的为已经添加到快速访问工具栏的命令,若将钩去掉,即从快速访问工具栏中删除相应命令。另外,还可以通过单击自定义快速访问工具栏中的“更多命令”,调出如图 2-4 所示的自定义用户界面,通过命令列表,可将选中的命令添加到快速访问工具栏。

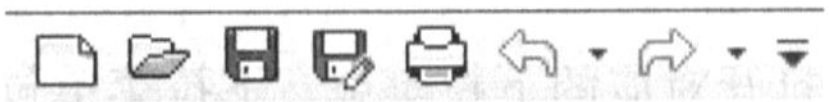

图 2-2 快速访问工具栏

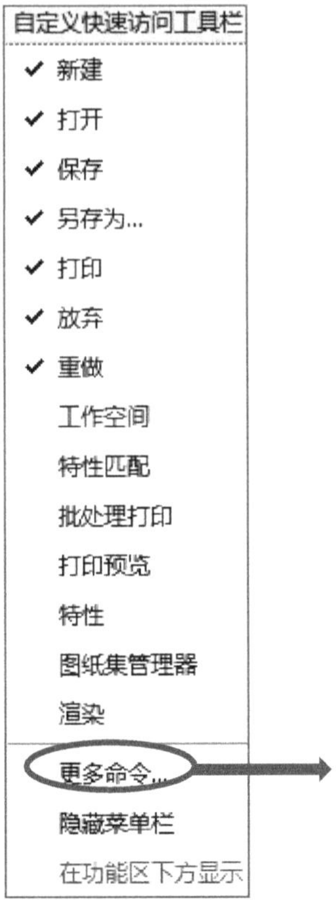

图 2-3 自定义快速访问工具栏　　图 2-4 自定义用户界面

2. 标题栏

标题栏位于主界面最上面的左侧居中位置，用于显示当前正在运行的 AutoCAD 2016 程序名称及文件名等信息，如果是 AutoCAD 2016 默认的图形文件，其名称为 Drawing*N*.dwg（其中 *N* 是数字）。单击标题栏最右端的按钮，可以最小化、最大化或关闭应用程序窗口。

3. 菜单栏

菜单是调用命令的一种方式。菜单栏在 AutoCAD 经典工作空间直接显示，在其他空间默认为隐藏，可以通过勾选自定义快速访问工具栏（图 2-3）中的“隐藏菜单栏”控制。

AutoCAD 2016 的菜单栏由“文件”“编辑”“视图”“插入”“格式”“工具”“绘图”“标注”“修改”“参数”“窗口”“帮助”12 个主菜单组成。单击主菜单项或输入“Alt”和菜单项中的字母（如“Alt+M”），将打开对应的下拉菜单。下拉菜单包括 AutoCAD 的绝大多数命令，具有以下特点。

（1）菜单项带“ ▸ ”符号，表示该菜单项还有下一级子菜单。如图 2-5 所示，单击“选项板”后符号，弹出下一级菜单。

（2）菜单项带按键组合，表示该菜单项命令可以通过按键组合来执行，如图 2-5 中的“全屏显示”可以通过“Ctrl+0”执行。

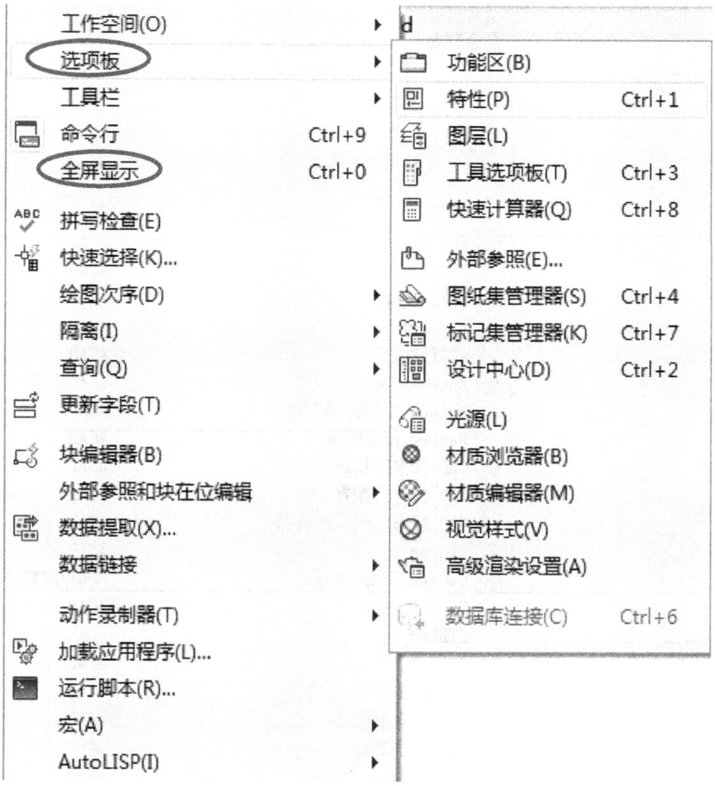

图 2-5 带有子菜单的菜单命令

(3)菜单项带“...”符号，表示执行该菜单项命令后，将弹出一个对话框。如图 2-6 所示，单击“单位”命令后弹出“图形单位”对话框。

(4)菜单项带快捷键，表示该下拉菜单打开时，直接从键盘上输入该字母即可启动这项命令，如“直线(L)”。

AutoCAD 还提供了另外一种菜单即快捷菜单。当光标在屏幕上不同的位置或不同的进程中时，单击鼠标右键，将弹出不同的快捷菜单，如图 2-7 所示。

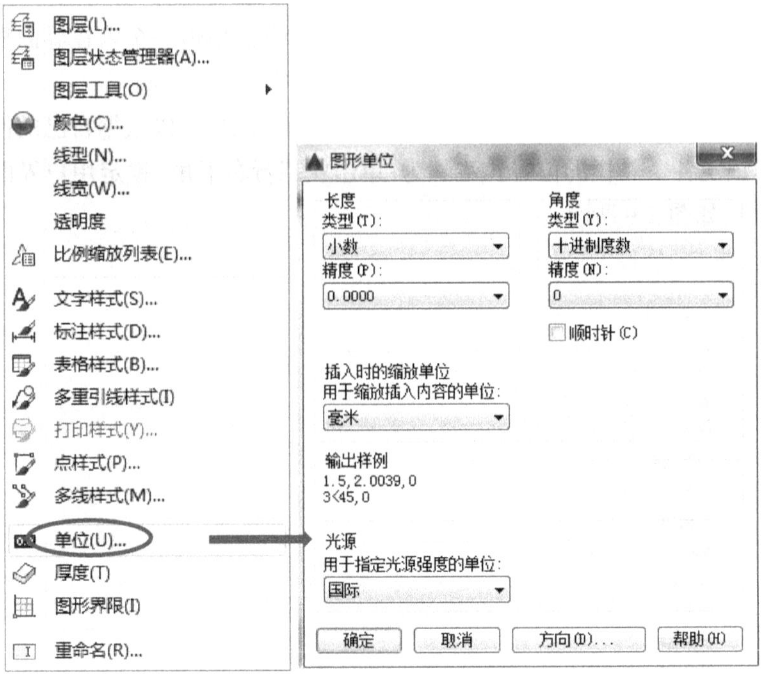

图 2-6　带有对话框的菜单命令

图 2-7　快捷菜单

4. 工具栏

工具栏是 AutoCAD 为用户提供的另一种调用命令方式。将各种命令以形象的图标方式设成按钮,操作时单击图标按钮,即可执行该图标按钮对应的命令。图标按钮的识别也很方便,只要将光标移动到某个按钮上停留片刻,则该按钮对应的命令名就会显示出来,同时,在状态栏中也会显示对应的说明和命令名(以英文显示)。

AutoCAD 2016 提供了“标准”“样式”“工作空间”“图层”“特性”“绘图”“修改”和“绘图次序”等几十种工具栏,用户可以根据绘图需要选择菜单栏中的“工具”→“工具栏”→“AutoCAD”,调出所需要的工具栏,如图 2-8 所示。单击一个未在界面显示的工具栏名,系统会自动在界面打开该工具栏;反之,关闭工具栏。

AutoCAD 工具栏可以是浮动的,也可以是固定的。用户可以根据自己的使用习惯定制桌面,并可以锁定各工具栏的位置。步骤为:单击状态行右下角“锁定用户界面”按钮,勾选“浮动窗口”,如图 2-9 所示。

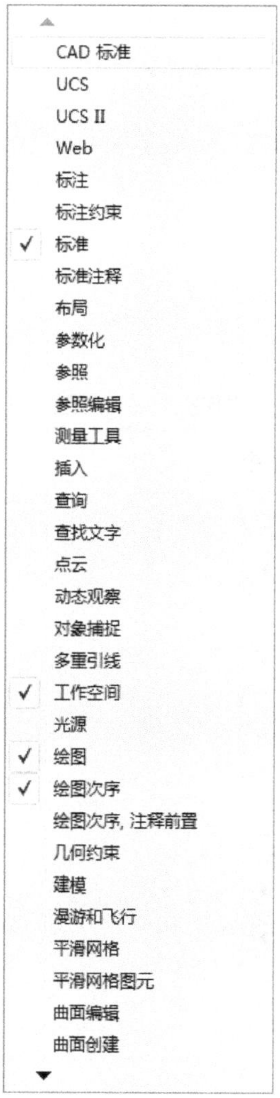

图 2-8 调出工具栏

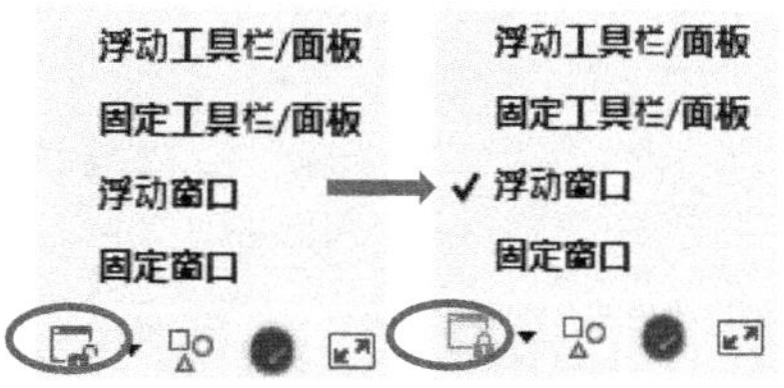

图 2-9 锁定工具栏

5. 绘图区

绘图区是 AutoCAD 中显示和绘制图形的场所，等同于尺规作图中的图纸。在 AutoCAD 中创建新图形文件或打开已有图形文件时，都会同时打开相应的绘图窗口。在 AutoCAD 中可以显示多个图形窗口，即可以同时打开多个图形文件，但是处于当前可以编辑状态的图形文件始终只有一个，但是多个图形文件间可以转换。

绘图区左下角有由两个互相垂直的箭头组成的坐标系，如图 2-10 所示。它是 AutoCAD 中的世界坐标系（WCS），它反映了当前坐标系的原点和 X、Y、Z 轴的正方向。

鼠标移动到功能按钮或菜单栏处将显示为箭头按钮，移动到绘图区域将显示为十字光标。

绘图区下方还有一个模型选项卡和多个布局选项卡，分别用于显示图形的模型空间和图纸空间，如图 2-11 所示。

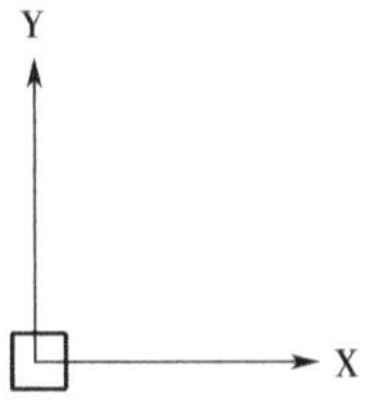

图 2-10 坐标系按钮

图 2-11 “模型与布局”选项卡

6. 命令行窗口

命令行窗口又称为文本窗口，是用户与软件进行沟通交流、发布命令、输入数据、显示状态等的平台，用户需要执行操作时可直接输入其对应命令，然后根据命令行的步骤提示和说明进行后续步骤的操作，如图 2-12 所示。

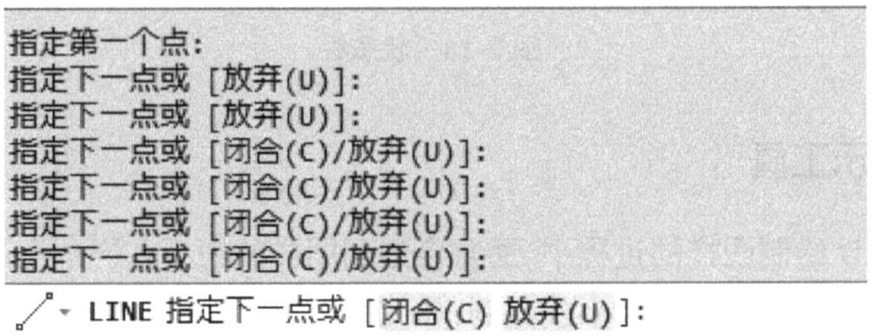

图 2-12 命令行窗口

用户不需要将光标移至命令行再输入命令，从任意位置直接输入即可，光标会自动跳转到命令行窗口。

当命令行窗口的提示较多时，可以用“F2”键激活 AutoCAD 文本窗口，如图 2-13 所示，在这个窗口可以查阅更多命令历史记录。再次按“F2”键，AutoCAD 文本窗口可隐藏。

7. 状态栏

状态栏位于绘图区域的底部，用于显示坐标、提示信息等，同时还提供了一系列的控制按钮，依次显示的有图形坐标、显示图形栅格、捕捉模式、正交线指光标、按指定角度显

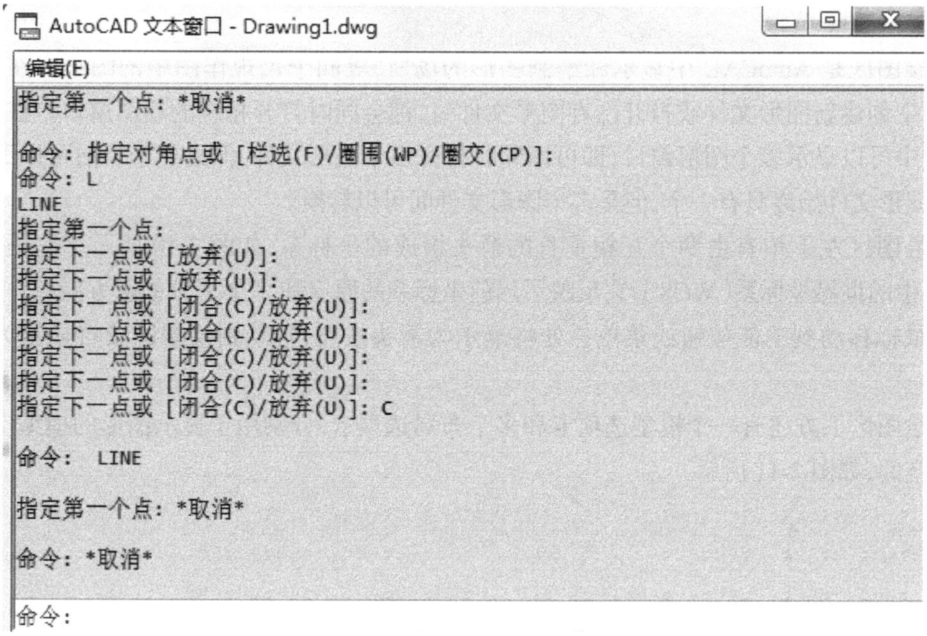

图 2-13 被激活的 AutoCAD 文本窗口

示光标、等轴测草图、显示捕捉参照点、将光标捕捉到二维参照点、显示注释对象、在注释比例发生变化时将比例添加到注释性对象、当前视图的注释比例、切换工作空间、注视监视器、隔离对象、硬件加速、全屏显示和自定义等 31 个功能开关按钮,如图 2-14 所示。单击部分开关按钮,可以实现这些功能的开关,部分按钮也可以实现控制图形或绘图区状态的功能。

图 2-14 状态栏

2.1.3 图形显示工具

在用 AutoCAD 绘制图样的过程中,通常会遇到图样的大小在屏幕上显示得不合适的情况,这时就需要改变图样的显示大小或比例,如使用图形的缩放与平移、重画与重新生成、绘图空间控制与多视区操作、图像的显示等命令,用户可以灵活地观察图形的整体效果或局部效果。

1. 视图的缩放操作

在绘图过程中,经常会出现某部分内容需要放大或缩小,这时可以通过视图调整工具来调整视图的显示大小。

1)执行方法

菜单栏:“视图”→“缩放”。

工具栏:“缩放”,如图 2-15 所示。

命令行:ZOOM(Z)。

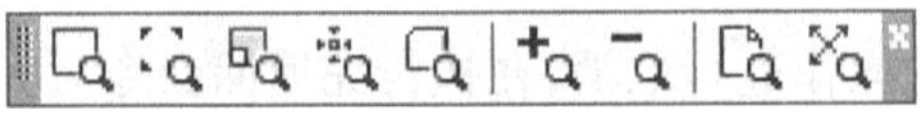

图 2-15 “缩放”工具栏

2)操作方法

命令行输入“Z”,回车,系统提示:

指定窗口的角点,输入比例因子(nX 或 nXP),或者

[全部(A)/ 中心(C)/ 动态(D)/ 范围(E)/ 上一个(P)/ 比例(S)/ 窗口(W)/ 对象(O)]<实时>:

3)选项说明

(1)实时缩放:通过向上或向下移动鼠标对视图进行缩放,按“Esc”键或“Enter”键可以退出命令。

(2)缩放上一个:缩放以显示上一个视图,最多可以恢复 10 个视图。

(3)窗口缩放:如果要查看特定区域内的物体,可以采用本方式,即在所要查看的物体边缘处拖动出一区域,当松开鼠标后,会将区域内的物体放大到整个绘图区内。绘图时建议经常采用本方法。

(4)动态:动态显示图形。

(5)比例:根据输入的比例显示图形。

(6)中心点:指定中心。

(7)对象:单击鼠标左键选择某对象,单击鼠标右键确认,当松开鼠标后,会将该对象完全显示在整个屏幕内。

(8)全部:在绘图窗口显示所有物体。

(9)范围:缩放以显示图形范围,并使所有对象最大化。

根据作者多年的绘图经验,建议可经常使用全部缩放一项,如在绘图过程中,可能绘制大于当前视图的物体,当出现不能再缩小窗口的问题时,可以采用本命令,建议使用快捷键“Z+Enter”或“A+Enter”,即可全屏显示。

2. 视图的平移操作

在编辑物体时,如果当前视窗不能显示全部图形,可以进行适当平移,操作方法如下。

(1)工具条中的按钮,通过按“Esc”键可以取消此命令。

(2)应用快捷键方式:按住鼠标滚轮并移动鼠标,即可临时切换到平移工具,松开鼠标又返回到原来的命令。

3. 返回操作

返回操作命令的快捷方式包括以下两种。

(1)命令行输入“U”,回车。

(2)按快捷键“Ctrl+Z”。

4. 取消返回操作

取消返回操作命令的快捷键为“Ctrl+Y”。

该命令将刚刚返回的操作进行取消，在执行完返回命令后立即使用，能恢复至上一步命令。

5. 命令的重复操作

重复操作命令的快捷方式为按“Enter”键或空格键。

6. 命令的中断操作

当一条命令在执行过程中要中止时，按“Esc”键即可取消命令。

7. 图像的重生成操作

在进行缩放的过程中，会出现图形精度不够的情况，表现为圆形物体变成带有棱角的多边形等现象，此时可以采用以下两种方法，执行重生成命令，解决上述问题，如图 2-16 所示。

(1)选择“视图”菜单，选择“重生成”或“全部重生成”选项。

(2)命令行：输入“REA”，回车。

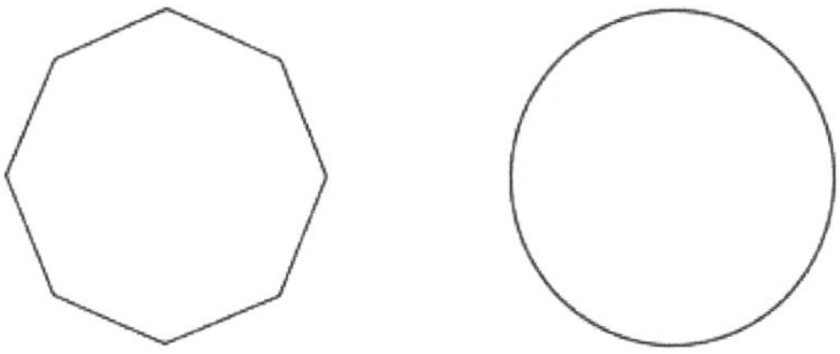

图 2-16 圆形物体重生成前后对比

2.1.4 精确绘图工具

为了更方便地绘图，在 AutoCAD 中常常需要借助辅助工具来提高绘图效率。在实际工作中常用到的精确绘图工具有“栅格”“栅格捕捉”“极轴捕捉”“对象捕捉”“自动对象捕捉”“正交绘图”6 项。对 AutoCAD 提供的辅助工具进行合理的设置，可进行精确的绘图。

1. 栅格

AutoCAD 的栅格由有规则的点的矩阵组成，延伸到指定图形界限的整个区域。使用栅格与在坐标纸上绘图是十分相似的，利用栅格可以对齐对象，并直观显示对象之间的距离。如果放大或缩小图形，可能需要调整栅格间距，使其更适合新的比例。虽然栅格在屏幕上是可见的，但它并不是图形对象，因此它不会被打印成图形中的一部分，也不会影响在何处绘图。

可以单击状态栏上的“栅格”按钮或按“F7”键弹出或关闭栅格。启用栅格并设置栅格在 X 轴方向和 Y 轴方向上的间距的方法如下。

1)执行方法

工具菜单：

。

快捷菜单：“状态栏”→“栅格”按钮右击→设置。

命令行:DSETTINGS(或 DS,SE 或 DDRMODES)。

2)操作方法

执行上述命令之一,如在命令行输入“DS”,按“Enter”键,系统弹出“草图设置”对话框,如图 2-17 所示。

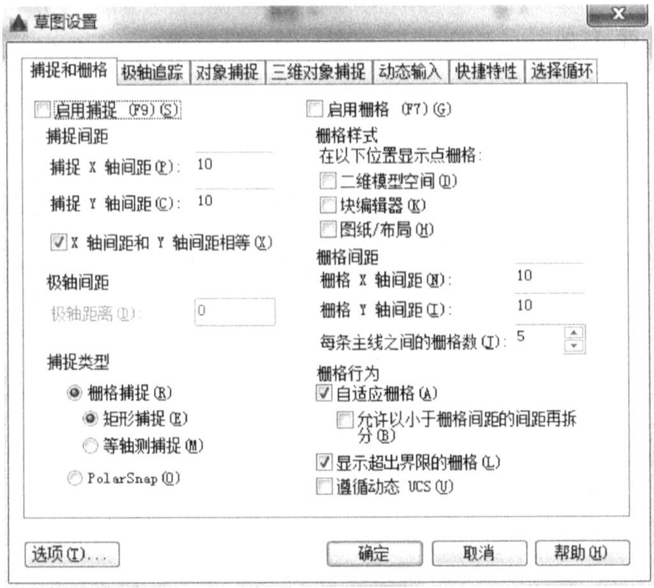

图 2-17　“草图设置”对话框

如果需要显示栅格,选择“启用栅格”复选框。在“栅格 X 轴间距”文本框中,输入栅格点之间的水平距离,单位为 mm。如果使用相同的间距设置垂直和水平分布的栅格点,则按“Tab”键。否则,在“栅格 Y 轴间距”文本框中输入栅格点之间的垂直距离。

用户可改变栅格与图形界限的相对位置。默认情况下,栅格以图形界限的左下角为起点,沿着与坐标轴平行的方向填充整个由图形界限所确定的区域。

捕捉可以使用户直接使用鼠标快速定位目标点。捕捉模式有几种不同的形式:栅格捕捉、对象捕捉、极轴捕捉和自动捕捉。

另外,可以使用 GRID 命令,通过命令行方式设置栅格,功能与“草图设置”对话框类似。

如果栅格的间距设置得太小,当进行“启用栅格”操作时,AutoCAD 将在文本窗口中显示“栅格太密,无法显示”的信息,而不在屏幕上显示栅格点。或者使用“缩放”命令时,将图形缩放得很小,也会出现同样的提示,而不显示栅格。

2. 栅格捕捉

捕捉是指 AutoCAD 可以生成一个隐含分布于屏幕上的栅格,这种栅格能够捕捉光标,使得光标只能落到其中的一个栅格点上。捕捉可分为矩形捕捉和等轴测捕捉两种类型。默认设置为“矩形捕捉”,即捕捉点的阵列类似于栅格,如图 2-18 所示,用户可以指定捕捉模式在 X 轴方向和 Y 轴方向上的间距,也可改变捕捉模式与图形界限的相对位置。其与栅格不同之处在于:①捕捉间距的值必须为正实数;②捕捉模式不受图形界限的约束。“等轴测捕捉”表示捕捉模式为等轴测模式,此模式是绘制正等轴测图时的工作环境,如图 2-19 所示。在“等轴测捕捉”模式下,栅格和光标十字线成绘制等轴测图时的特定角度。屏幕上的自动捕捉标记,就是代表鼠标的十字光标,将由⌖变成▫,可以根据需要选择视图,主要有三种方式:“F5”键,“Ctrl+E”快捷键,在命令行输入命令“ISOPLANE”。通过以上方式将按顺序遍历左视图、俯视图、右视图。

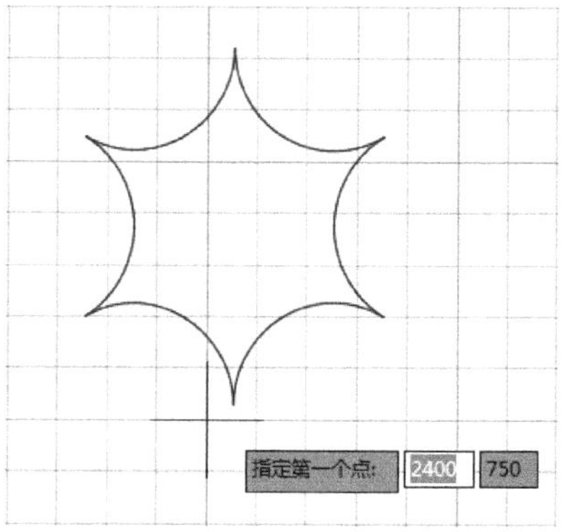

图 2-18 矩形捕捉

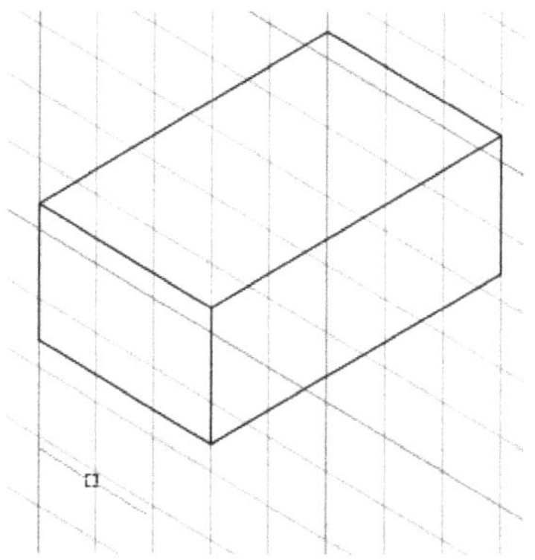

图 2-19 等轴测捕捉

在绘制图 2-18 和图 2-19 中的图形时,输入参数点时光标只能落在栅格点上。两种模式切换方法:弹出如图 2-17 所示的“草图设置”对话框,进入“捕捉和栅格”选项卡,在“捕捉类型”选项区中,通过单选可以切换“矩形捕捉”模式与“等轴测捕捉”模式。

3. 极轴捕捉

极轴捕捉是在创建或修改对象时,按事先给定的角度增量和距离增量来追踪特征点,即捕捉相对于初始点满足指定极轴距离和极轴角的目标点。

极轴追踪设置主要是设置追踪的距离增量和角度增量,以及与之相关联的捕捉模式。这些设置可以通过“草图设置”对话框的“捕捉和栅格”选项卡与“极轴追踪”选项卡来实现,如图 2-20 和图 2-21 所示。

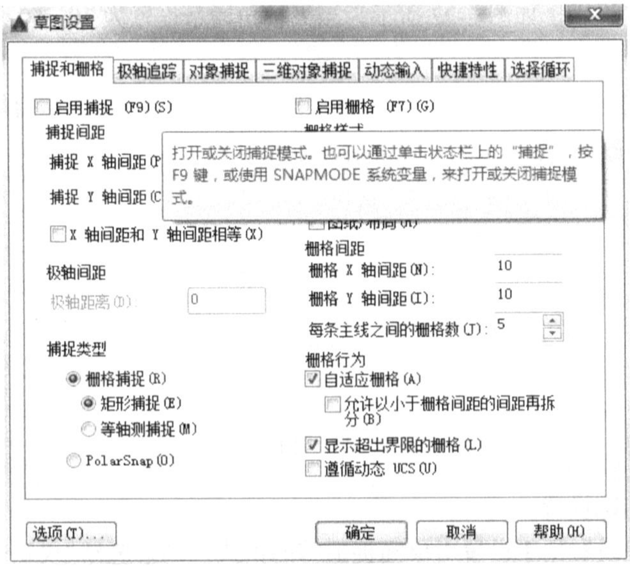

图 2-20　“捕捉和栅格”选项卡

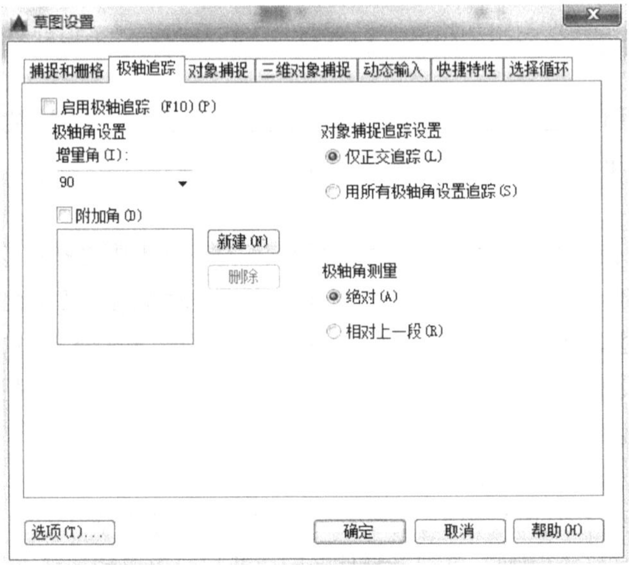

图 2-21　“极轴追踪”选项卡

1)设置极轴距离

如图 2-20 所示，在“草图设置”对话框的“捕捉和栅格”选项卡中，可以设置极轴距离，单位为 mm。绘图时，光标将按指定的极轴距离增量进行移动。

2)设置极轴角度

如图 2-21 所示，在“草图设置”对话框的“极轴追踪”选项卡中，可以设置极轴角增量角度。设置时，可以使用向下箭头所弹出的下拉选择框中的 90、45、30、22.5、18、15、10 和 5 的极轴角增量，也可以直接输入指定的其他任意角度。光标移动时，如果接近极轴角，将显示对齐路径和工具栏提示。如图 2-22 所示为当极轴角增量设置为 30、60、90 时，光标移动时显示的对齐路径。

“附加角”用于设置极轴追踪时是否采用附加角度追踪。选中“附加角”复选框，通过“新建”按钮或者“删除”按钮来新建或删除附加角度值。

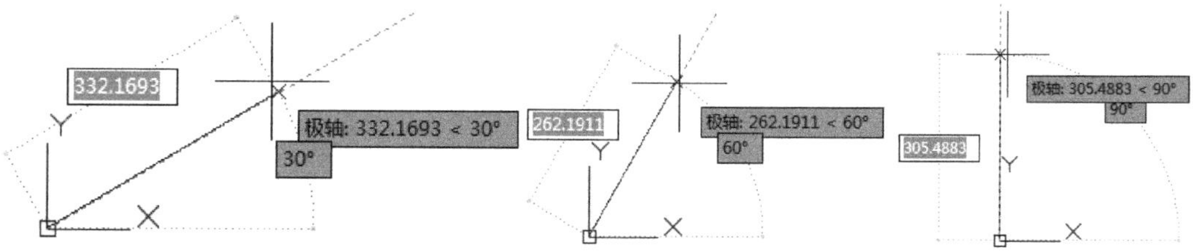

图 2-22 设置极轴角

3）对象捕捉追踪设置

对象捕捉追踪设置用于设置对象捕捉追踪的模式。如果选择“仅正交追踪”选项，则当采用追踪功能时，系统仅在水平和垂直方向上显示追踪数据；如果选择“用所有极轴角设置追踪”选项，则当采用追踪功能时，系统不仅可以在水平和垂直方向上显示追踪数据，还可以在设置的极轴追踪角度与附加角度所确定的一系列方向上显示追踪数据。

4）极轴角测量

极轴角测量用于设置极轴角的角度测量采用的参考基准，“绝对”是相对水平方向逆时针测量，“相对上一段”则是以上一段对象为基准进行测量。

4. 对象捕捉

AutoCAD 为所有的图形对象都定义了特征点，对象捕捉则是指在绘图过程中，通过捕捉这些特征点，迅速、准确地将新的图形对象定位在现有对象的确切位置上，例如圆的圆心、线段中点或两个对象的交点等。在 AutoCAD 中，可以通过单击状态栏中的“对象捕捉”选项，或是在“草图设置”对话框的“对象捕捉”选项卡中选择“启用对象捕捉”单选框，来完成启用对象捕捉功能。在绘图过程中，对象捕捉功能的调用可以通过以下方式完成。

1）“对象捕捉”工具栏

如图 2-23 所示，在绘图过程中，当系统提示需要指定点位置时，可以单击“对象捕捉”工具栏中相应的“特征点”按钮，再把光标移动到要捕捉对象上的特征点附近，AutoCAD 会自动提示并捕捉到这些特征点。例如，如果需要用直线连接一系列圆的圆心，可以将“圆心”设置为执行对象捕捉。如果有两个可能的捕捉点落在选择区域，AutoCAD 将捕捉离光标中心最近的符合条件的点。还有可能在指定点时需要检查哪一个对象捕捉有效，例如在指定位置有多个对象捕捉符合条件，在指定点之前，按“Tab”键可以选择所有可能的点。

图 2-23 “对象捕捉”工具栏

2)对象捕捉快捷菜单

在需要指定点位置时,还可以按住“Ctrl”键或“Shift”键,单击鼠标右键,弹出“对象捕捉”快捷菜单,如图 2-24 所示。从该菜单上一样可以选择某一种特征点执行对象捕捉,把光标移动到要捕捉对象上的特征点附近,即可捕捉到这些特征点。

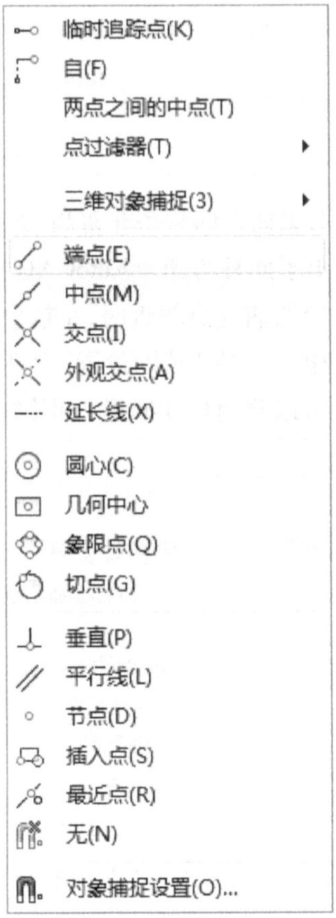

图 2-24 “对象捕捉”快捷菜单

(1)对象捕捉不可单独使用,必须配合别的绘图命令一起使用。仅当 AutoCAD 提示输入点时对象捕捉才生效。如果试图在命令提示下使用对象捕捉,AutoCAD 将显示错误信息。

(2)对象捕捉只捕捉屏幕上可见的对象,包括锁定图层、布局视口边界和多段线上的对象。不能捕捉不可见的对象,如未显示的对象、关闭或冻结图层上的对象或虚线的空白部分。

当需要指定点位置时,在命令行中输入相应特征点的关键字把光标移动到要捕捉对象上的特征点附近,即可捕捉到这些特征点。对象捕捉特征点的关键字见表 2-1。

表 2-1　对象捕捉模式

模式	关键字	模式	关键字	模式	关键字
临时追踪点	TT	捕捉自	FROM	端点	END
中点	MID	交点	INT	外观交点	APP
延长线	EXT	圆心	CEN	象限点	QUA
切点	TAN	垂足	PER	平行线	PAR
节点	NOD	最近点	NEA	无捕捉	NON

5. 自动对象捕捉

在绘制图形的过程中，使用对象捕捉的频率非常高，如果每次在捕捉时都要先选择捕捉模式，将使工作效率大大降低。出于此种考虑，AutoCAD 提供了自动对象捕捉模式。如果启用自动捕捉功能，当光标距指定的捕捉点较近时，系统会自动精确地捕捉这些特征点，并显示出相应的标记以及该捕捉的提示。在“草图设置”对话框中的“对象捕捉”选项卡中，选中“启用对象捕捉追踪”复选框，可以调用自动捕捉，如图 2-25 所示。

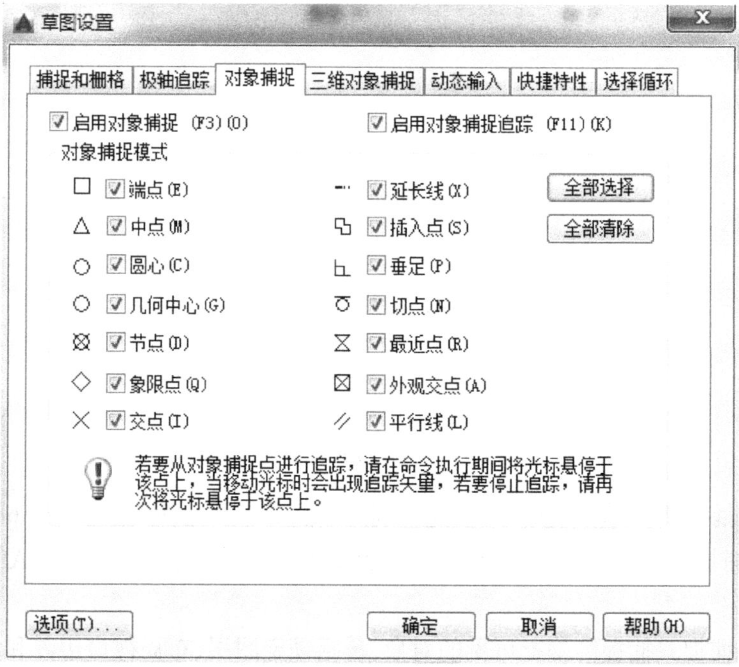

图 2-25　“对象捕捉”选项卡

6. 正交绘图

正交绘图模式，即在命令的执行过程中，光标只能沿 X 轴或者 Y 轴移动。所有绘制的线段和构造线都将平行于 X 轴或 Y 轴，因此它们相互垂直成 90° 相交，即正交。“正交绘图”对于绘制水平线和垂直线非常有用，绘制构造线时经常使用。当捕捉模式设为等轴测模式时，它还迫使直线平行于 3 个等轴测中的一个。

设置正交绘图可以直接单击状态栏中的“正交”按钮，或按“F8”键，相应会在文本窗口中显示开 / 关提示信息；也可以在命令行中输入“ORTHO”命令，开启或关闭正交绘图。

（1）可以设置自己经常使用的捕捉方式。一旦设置了运行捕捉方式后，在每次运行时，所设定的目标捕捉方式就会被激活，而不是仅对一次选择有效，当同时使用多种方式时，系统将捕捉距光标最近，同时又满足多种目标捕捉方式之一的点。当光标距要获取的点非常近时，按下“Shift”键将暂时不获取对象。

（2）“正交”模式将光标限制在水平或垂直（正交）轴上。因为不能同时打开“正交”模式和极轴追踪，因此“正交”模式打开时，AutoCAD 会关闭极轴追踪。

2.1.5　基本操作

1. *启动命令的几种方式*

AutoCAD 的每一个动作都对应一个命令。想要执行某个操作，必须发出明确的命令。AutoCAD 命令的启动方式有以下四种。

1）菜单栏

选择下拉菜单或快捷菜单中相应的命令选项来绘制图形，例如单击下拉菜单“绘图”→“直线”，启动“直线”命令。

2）工具栏

在工具栏中单击图标按钮，则启动相应命令。例如，单击“绘图”工具栏中的图标按钮，则启动“直线”命令。

3）命令行

在 AutoCAD 命令行可以输入命令全称或命令缩写代号（英文，不分大小写），并按“Enter”键或空格键启动命令。例如“直线”命令，可以输入“LINE”或命令缩写代号“L”。

4）功能区

在功能区中单击图标按钮，则启动相应命令。例如，单击“绘图”功能区中的图标按钮，则启动“直线”命令。

AutoCAD 默认的命令缩写代号保存在 acad.pgp 文件中，可以通过如下路径打开该文件：“工具”→“自定义”→“编辑程序参数（acad.pgp）”，如图 2-26 所示，此时 acad.pgp 文件以记事本方式打开，如图 2-27 所示。其中，左侧为命令简称（命令缩写代号），右侧 * 号后的单词为对应的命令全称。

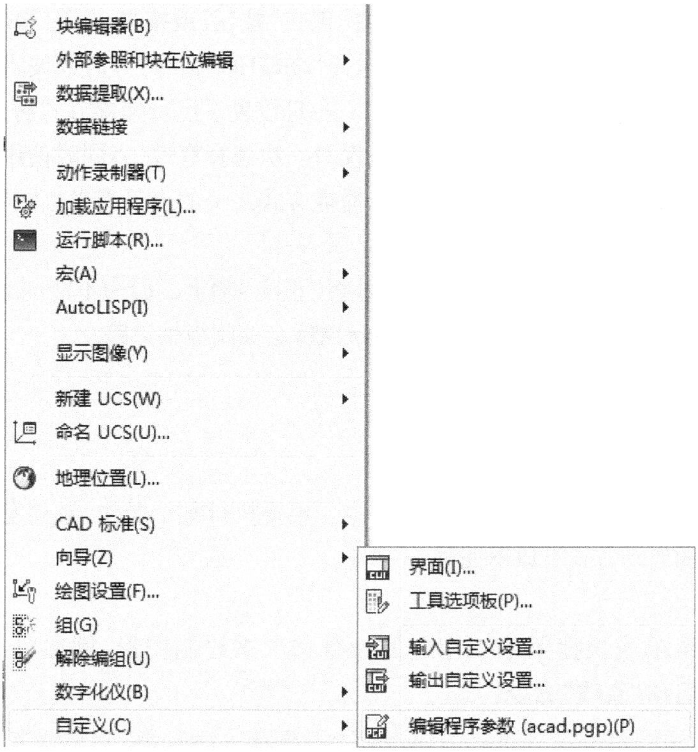

图 2-26 工具栏

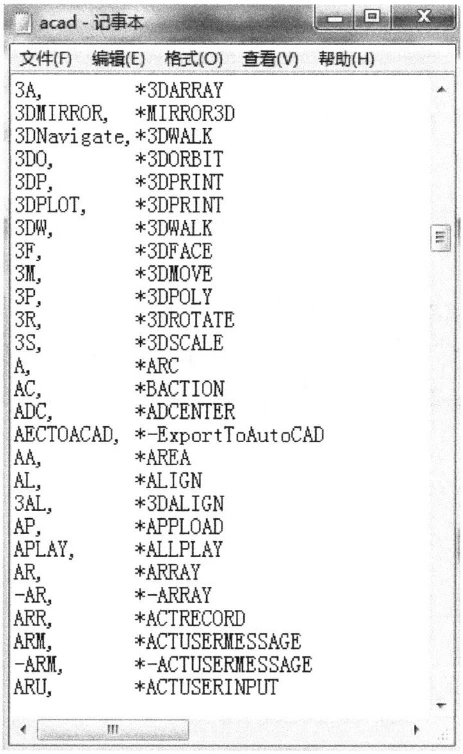

图 2-27 acad 记事本

2. 坐标系

坐标系是确定物体位置最准确的方法。任何物体在空间中的位置都可以通过一个坐标系来定位。因此，了解不同坐标系的特点，对于正确、高效地绘图非常重要。

AutoCAD 采用两种坐标系：世界坐标系（WCS）和用户坐标系（UCS），两种坐标系都可以通过坐标来精确定位点。

默认情况下，在开始绘制新图形时，当前坐标系为世界坐标系即 WCS，它包括 X 轴和 Y 轴（如果在三维空间工作，还有一个 Z 轴）。WCS 坐标轴的交会处显示“口”形标记，但坐标原点并不在坐标系的交会点，而位于图形窗口的左下角，所有的位移都是相对于原点计算的，并且将 X 轴的正方向及 Y 轴的正方向规定为正方向。

在 AutoCAD 中，为了能够更好地辅助绘图，经常需要修改坐标系的原点和方向，这时世界坐标系将变为用户坐标系即 UCS。UCS 的原点以及 X 轴、Y 轴、Z 轴方向都可以移动及旋转，甚至可以依赖于图形中某个特定的对象。尽管用户坐标系中 3 个轴之间仍然互相垂直，但是在方向及位置上却都更灵活。

1）绝对直角坐标

直角坐标系根据在二维平面中距两个相交垂直坐标轴的距离来确定点的位置。每个点的距离是沿着 X、Y 和 Z 轴来测量的。轴之间的交点称为原点（X,Y,Z）=（0,0,0）。

绝对坐标的输入方法是以坐标原点（0, 0, 0）为基点来定位其他所有的点。用户通过输入（X, Y, Z）坐标来确定点在坐标系中的位置。在（X, Y, Z）中，X 值表示此点在 X 轴方向上离原点的距离；Y 值表示此点在 Y 轴方向上离原点的距离；Z 值表示此点在 Z 轴方向上离原点的距离。

因为在同一个平面上，Z 值一般为 0，所以在输入数值时可以省略。如在绘制线段时，输入“L”，按“Enter”键，输入“200,300”，即可以得到位于 X、Y 坐标轴（200,300）的点。

2）相对直角坐标

相对坐标的输入方法为：以某点为参考点，然后输入相对位值来确定点的位置。与坐标系的原点无关，类似于将参考点作为输入点的一个偏移。

如“@100, 300”表示输入了一点相对于前一点在 X 轴方向上向右移动 100 个绘图单位，在 Y 轴方向上向上移动 300 个绘图单位。在绘制线段时，输入“L”，绘制一条线段后，可以继续输入，如输入“@100, 300”即可以得到位于相对于前一个点的向右 100、向上 300 的坐标点。

“@”字符表示当前为相对坐标输入，相当于输入一个相对坐标值“@0,0”。

3）点的极坐标

极坐标是指指定点距固定点的距离和角度。在 AutoCAD 中，通过指定点距前一点的距离，指定从零角度、梯度或弧度开始测量的角度来确定极坐标值。距离与角度之间用“<”分开，如指定相对于前一点距离为 100，角度为 60° 的点，输入“100<60”即可。总之极坐标公式为“长度 < 角度”（直线与 X 轴正向的夹角），角度按逆时针方向递增，按顺时针方向递减。若指定点要向顺时针方向移动，则应输入负的角度值，如输入“300<-90”等同于输入

“300<270”。

极坐标也可采用相对坐标方式输入，只需在距离前加上“@”符号即可。

在 AutoCAD 中，系统默认为相对坐标，可在状态栏“DYN”中更改为绝对坐标。

2.2 图形文件管理

2.2.1 新建文件

新启动 AutoCAD 2016 可以建立默认的图形文件，即可以开始新图的绘制。当需要继续增加文件时，可以创建新的文件，方法如下。

(1)菜单栏：“文件”→“新建” 新建(N)...。

(2)快捷键：Ctrl+N。

(3)快速访问工具栏：□。

执行上述命令后，系统弹出“选择样板”对话框，单击文件类型下拉列表，可以从图形样板(*.dwt)、图形(*.dwg)或标准(*.dws)三种类型中选取一种类型，然后从文件列表中选择需要的文件，再单击“打开”按钮，如图 2-28 所示，即可创建新的图形。例如选择“acadiso.dwt”样板，便可以应用该样板的属性绘图。

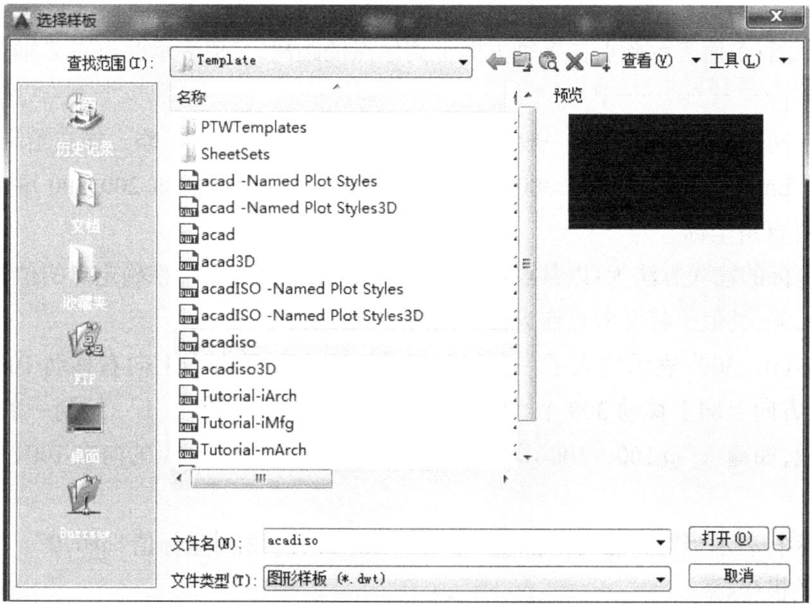

图 2-28 “选择样板”对话框

2.2.2 打开文件

打开文件的操作方法包括以下几种。

(1)菜单栏：“文件”→“打开”。

（2）快捷键：Ctrl+O。

（3）快速访问工具栏：。

执行上述命令后，系统弹出“选择文件”对话框，单击所要打开的文件路径，找到相应的.dwg 文件，如图 2-29 所示，单击“打开”按钮即可。

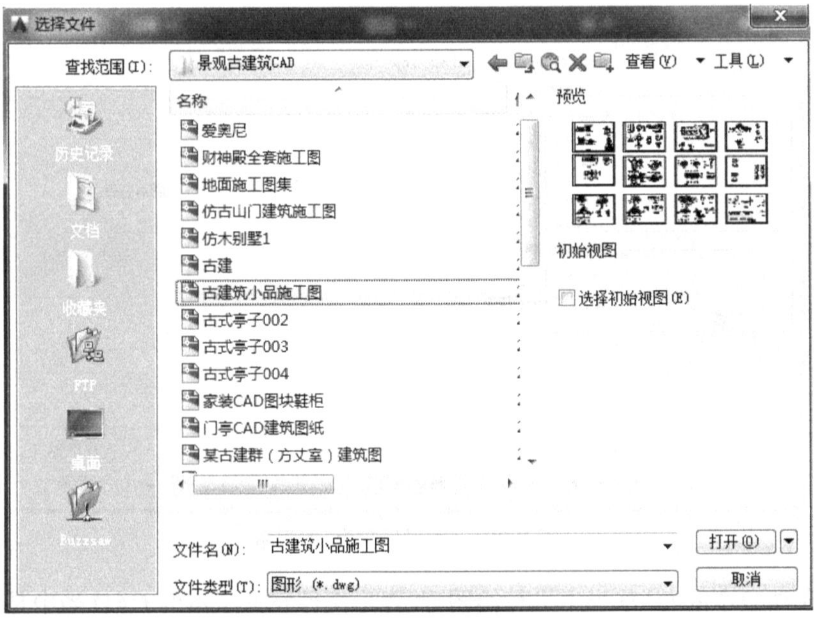

图 2-29 “选择文件”对话框

2.2.3 保存文件图形

在绘图过程中，要随时保存文件，以免因死机等意外情况导致文件丢失。在 AutoCAD 2016 中，可以采用如下方法保存文件。

（1）菜单栏：“文件”→“保存”。

（2）快捷键：Ctrl+S。

（3）快速访问工具栏：。

如果是新创建的文件，在进行第一次保存时，系统会出现“图形保存”对话框，可以根据提示直接保存到相应盘内。如果编辑的是已经保存过的文件，当单击“保存”后，系统将不做任何提示，直接覆盖原来的文件。如果想保留原有文件，可以采用“另存”的方法。

2.2.4 另存图形文件

另存图形文件的操作方法包括以下几种。

（1）菜单栏：“文件”→“另存为”。

（2）快捷键：Ctrl+Shift+S。

（3）快速访问工具栏：。

执行上述命令后，系统弹出“图形另存为”对话框，如图 2-30 所示，然后重新指定保存路径及文件名，单击“保存”按钮完成操作。

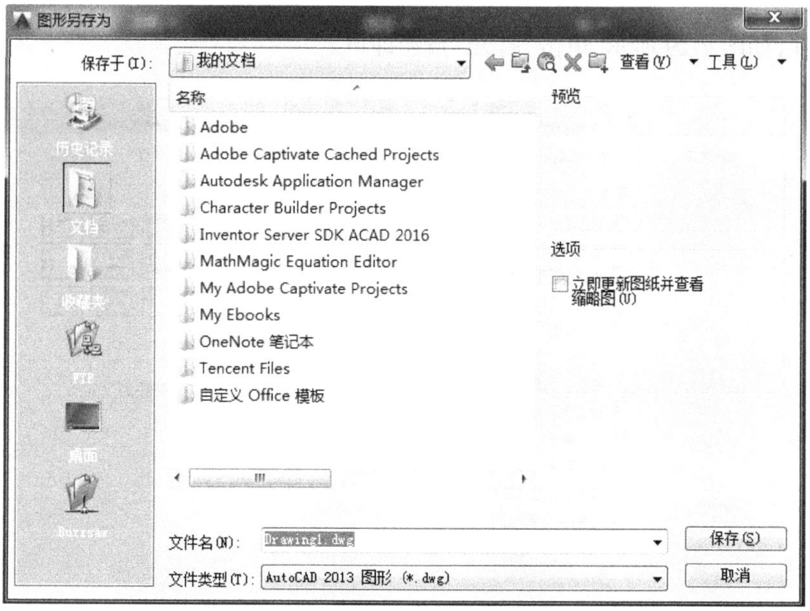

图 2-30 “图形另存为”对话框

如果在高版本的 CAD 当中进行绘图，此图形文件在低版本的 CAD 当中是打不开的。例如，作图时应用的是 AutoCAD 2016 版本，那么文件在 AutoCAD 2015、AutoCAD 2014、AutoCAD 2013 及更低版本当中是打不开的。解决的办法是在保存过程中，将文件类型改成低版本，如改为 AutoCAD 2000 格式，那么文件在 AutoCAD 2000 以上的所有版本当中都可以打开。

2.2.5 关闭文件

当完成绘图以后，可以关闭所有制图文件。AutoCAD 2016 中常用的关闭文件的方法有如下几种。

(1)菜单栏：“文件”→“关闭”。

(2)快捷键：Ctrl+Q。

(3)快速访问工具栏：。

如果在应用时没有对文件进行最后一次保存，则系统会出现如图 2-31 所示对话框，提示用户是否对当前文件做最后一次保存。此时单击“是”按钮，可以保存当前图形文件并将其关闭；单击“否”按钮，可以关闭当前图形文件并不保存该图；如果单击“取消”按钮，将取消关闭当前图形操作，既不保存也不关闭图形文件。

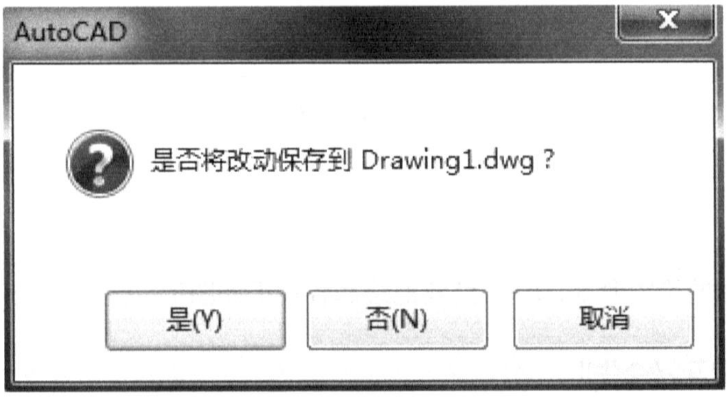

图 2-31 “是否保存”对话框

3 平面图形绘制

AutoCAD 2016 提供了强大的绘图工具，可以帮助用户完成平面图形的绘制。本章总体目标：掌握常用的绘图命令，快速、高效地绘制各种平面图形。

3.1 基本图形绘制

3.1.1 点的绘制

可以通过“单点”“多点”“定数等分”和“定距等分”4 种方法创建点对象。

3.1.1.1 设置点样式

1. 执行方法

格式菜单栏：点样式。

命令行：DDPTYPE。

2. 操作方法

命令：输入“DDPTYPE”，回车。

弹出“点样式”对话框，如图 3-1 所示，从中可以对点样式和点大小进行设置，默认情况下是小圆点样式。如果选择“相对于屏幕设置大小”选项，则其值代表的是当前状态下点的尺寸相对于绘图窗口高度的百分比。当滚动滚轴时，点大小随屏幕分辨率大小而发生改变。如果选择“按绝对单位设置大小”选项，则在“点大小”文本框中的值表示的是当前状态下点的绝对大小，当滚动滚轴时，点大小将不会改变。

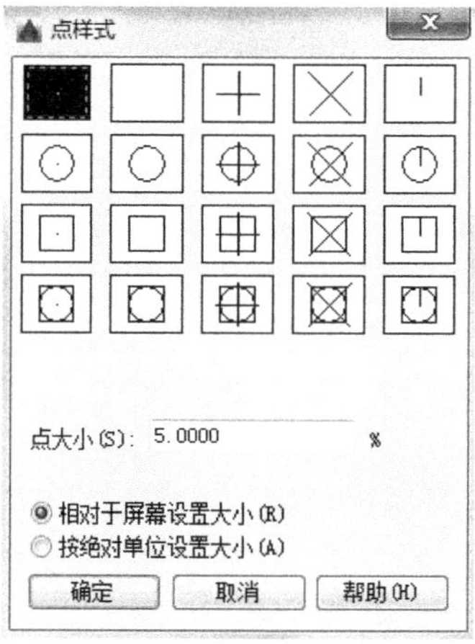

图 3-1 “点样式”对话框

3.1.1.2 绘制点

1. 执行方法

绘图菜单栏：“点”→“单点或多点”。

绘图工具栏：。

命令行：POINT（PO）。

2. 操作方法

命令：输入“PO”，回车。

当前点模式：PDMODE=0，PDSIZE=0.0000。

指定点：30，50（也可以通过鼠标指定）。

3.1.1.3 定数等分

1. 执行方法

绘图菜单栏：“点”→“定数等分”。

命令行：DIVIDE（DIV）。

2. 操作方法

命令行：输入“DIV”，回车。

选择要定数等分的对象：选择线段，如图 3-2（a）所示。

输入线段数目或［块（B）］：（可输入 2~32767 的值或输入选项）5，回车。

执行结果：将所选线段分为 5 等份，如图 3-2（b）所示。

（a） （b）

图 3-2 定数等分对象

（a）选择线段 （b）线段等分 5 等份

3.1.1.4 定距等分

1. 执行方法

绘图菜单栏：“点”→“定距等分”。

命令行：MEASURE（ME）。

2. 操作方法

命令行：输入“ME”，回车。

选择要定距等分的对象：选择线段，如图 3-3（a）所示。

指定线段长度或［块（B）］：输入线段长度数值，如“10”，回车。

执行结果：如图 3-3（b）所示。

如果要定距等分对象总长不能被所选定距长度整除，则距离较远的一段小于所选定距长度，如图 3-3（b）所示。

（a）　　　　（b）

图 3-3　定距等分对象

（a）选择线段　（b）制定线段长度

3.1.2　直线、射线和构造线的绘制

3.1.2.1　直线

1. 执行方法

菜单栏：“绘图”→“直线” 直线(L)。

工具栏：“绘图”→“直线”。

命令行：LINE（L）。

功能区：单击“默认”选项卡“绘图”面板中的“直线”按钮，如图 3-4 所示。

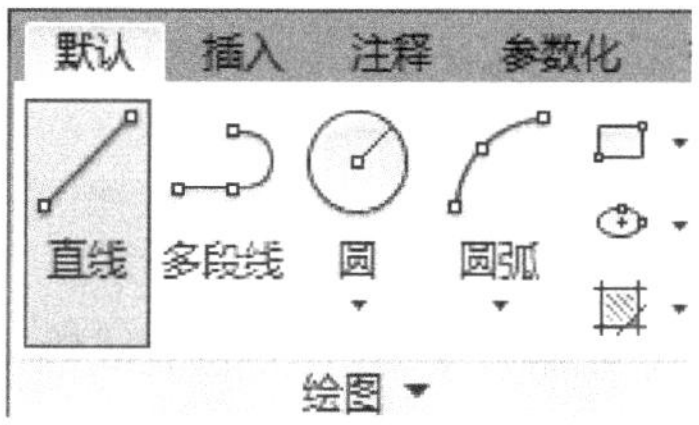

图 3-4　绘图面板

2. 操作方法

1）任意单线

以绘制长度为 100 的线段为例，操作如下。

命令：输入“L”，回车。

指定第一点：输入第一点指定坐标值，回车，或单击鼠标左键选择任意一点确定，如图 3-5（a）所示。

指定下一点或［放弃（U）］：输入第二点坐标，或输入数值，如“100”，如图 3-5（b）所示。

回车确定，如图 3-5（c）所示，再次回车结束命令。

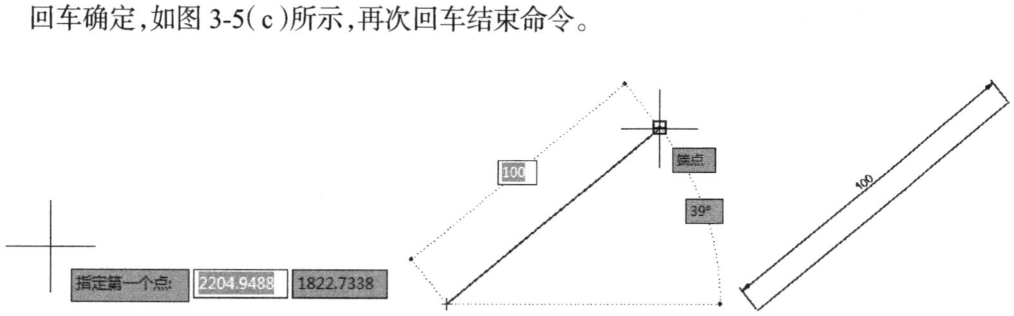

（a）　　（b）　　（c）

图 3-5　绘制任意单线

（a）确定单线起点　（b）输入单线长度　（c）结束命令

2)任意多段直线

绘制多段折线,操作步骤如下。

命令:输入“L”,回车。

指定第一点:输入坐标值指定第一点,回车,或单击鼠标左键选择任意一点确定,如图3-6(a)所示。

指定下一点或[放弃(U)]:移动光标至任意方向,输入数值,如“80”,回车,如图3-6(b)所示。

指定下一点或[放弃(U)]:再移动光标至任意方向,输入数值,如“60”,回车,如图3-6(c)所示。

指定下一点或[闭合(C)放弃(U)]:再移动光标至任意方向,输入数值,如“50”,回车,如图3-6(d)所示。

再次回车结束命令,如图3-6(e)所示。

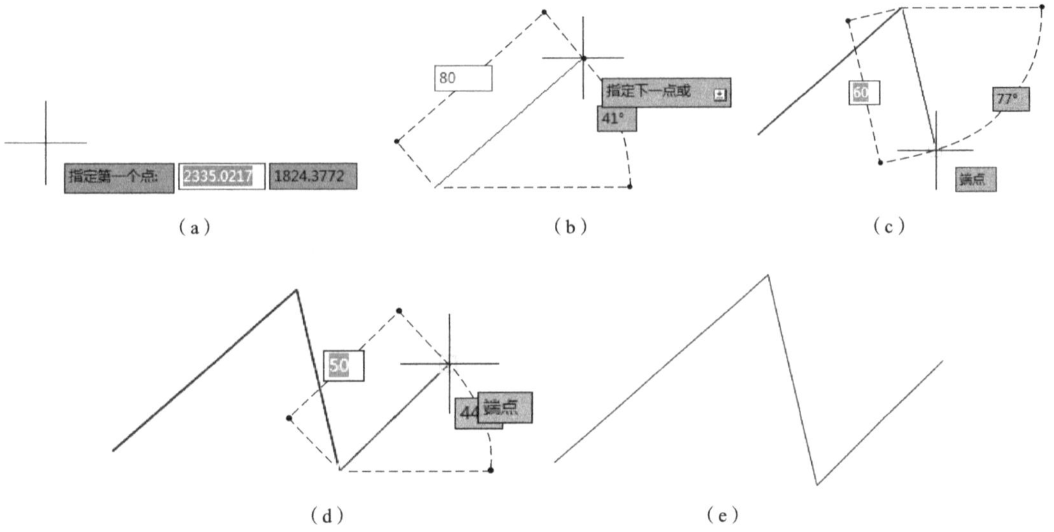

图3-6　绘制任意多段折线

(a)确定折线起点　(b)确定折线第一段长度　(c)确定折线第二段长度　(d)确定折线第三段长度　(e)折线绘制完成

3)水平线

以绘制长度为100的水平线为例,操作步骤如下。

命令:输入“L”,回车。

指定第一点:在绘图区域单击指定任意一点,按“F8”键开启正交功能(正交开),如图3-7(a)所示。

指定下一点或[放弃(U)]:将光标移动至左侧或右侧,输入任意数值,如“100”,如图3-7(b)所示,回车确认。

再次回车结束命令,如图3-7(c)所示。

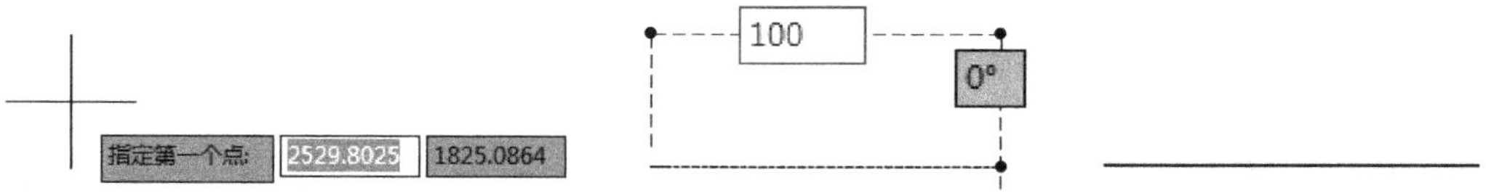

（a） （b） （c）

图 3-7 绘制水平线

（a）确定水平线起点 （b）确定水平线长度 （c）水平线绘制完成

4）垂直线

绘制垂直线的操作步骤基本上与绘制水平线的步骤相同，唯一的区别是第三步将光标移动至上侧或下侧即可。

5）带一定角度的直线

以绘制长度为 80，角度为 45° 的线段为例，操作步骤如下。

命令：输入“L”，回车。

指定第一点：输入起点坐标，或在绘图区域单击鼠标左键指定任意一点，如图 3-8（a）所示。

指定下一点或 [放弃（U）]：输入“@80<45”，回车，如图 3-8（b）所示。

再次回车结束命令，得到的线段为带有 45° 角的长度为 80 的斜线，如图 3-8（c）所示。

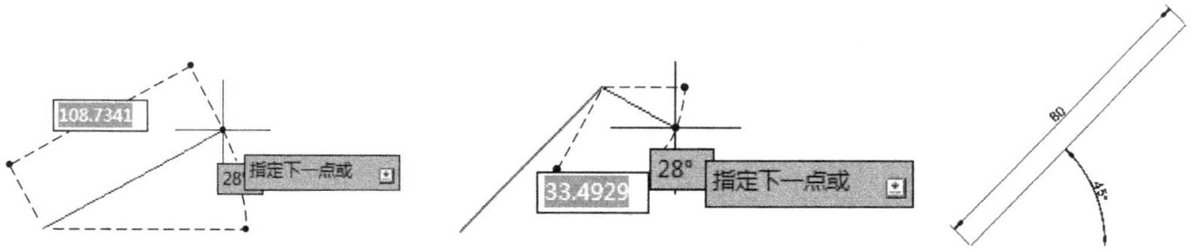

（a） （b） （c）

图 3-8 绘制 45° 角度线

（a）确定带有角度线的起点 （b）确定带有 45° 角度线的端点 （c）确定带有角度的线绘制完成

如果想得到任意长度、任意角度的线，都可以通过使用该极坐标公式“@ 线段长度 < 线段与 X 轴正方向夹角的度数”进行绘制。

3.1.2.2 射线

1. 执行方法

菜单栏：“绘图”→“射线” 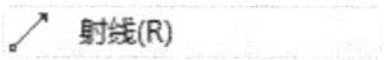

。

命令行：RAY。

2. 操作方法

命令：输入“RAY”，回车。

指定起点：输入起点坐标，或在绘图区域单击鼠标左键指定任意一点，如图 3-9（a）所示。

指定通过点：移动光标至任意位置，单击鼠标左键，每单击一次，便可绘制出一条射线，如图 3-9(b)所示,单击鼠标右键结束命令。

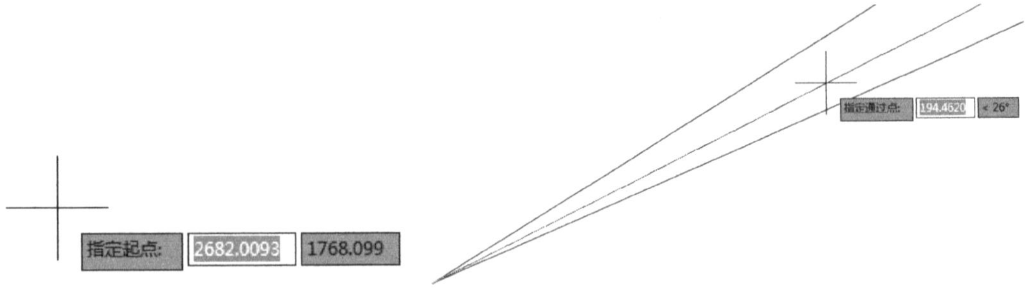

(a) (b)

图 3-9 绘制射线

(a)确定射线起点 (b)确定射线方向

3.1.2.3 构造线

1. 执行方法

菜单栏:“绘图”→“构造线”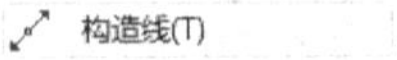

。

工具栏:“绘图”→“构造线”。

命令行:XLINE(XL)。

2. 操作方法

1)任意角度构造线

命令:输入“XL”,回车。

指定起点或[水平(H)垂直(V)角度(A)二等分(B)偏移(O)]:在绘图区域单击任意一点。

指定通过点:单击任意一点,指定构造线的倾斜方向即可。也可以继续单击其他点,形成多条任意角度的构造线。

2)水平构造线

命令:输入“XL”,回车。

指定起点或[水平(H)垂直(V)角度(A)二等分(B)偏移(O)]:输入“H”,回车。

指定通过点:在绘图区域单击任意一位置,即可绘出一条水平构造线,如图 3-10 所示。也可以继续单击通过点,将形成多条水平的构造线。

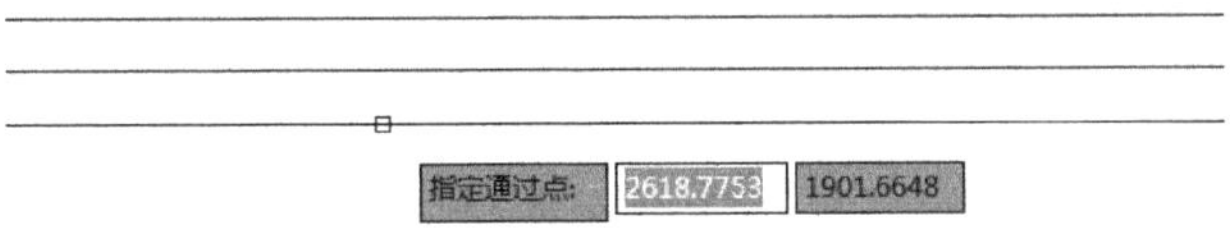

图 3-10 水平构造线

3)垂直构造线

命令:输入“XL”,回车。

指定起点或[水平(H)垂直(V)角度(A)二等分(B)偏移(O)]:输入“V”,回车。

指定通过点：在绘图区域单击任意一位置，即可绘出一条垂直构造线，如图 3-11 所示。也可以继续单击通过点，将形成多条垂直的构造线。

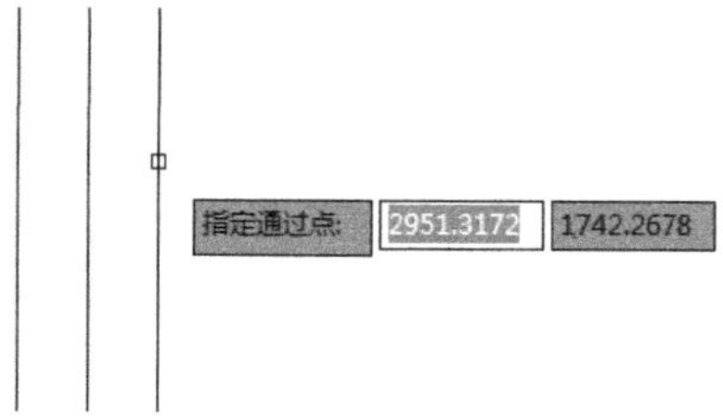

图 3-11　垂直构造线

4）带角度构造线

命令：输入“XL”，回车。

XLINE 指定起点或 [水平（H）垂直（V）角度（A）二等分（B）偏移（O）]：输入“A”，回车。

输入构造线角度（0）或 [参照（R）]：输入 30，即 30° 角，在视图区域单击任意一位置，如图 3-12 所示。也可以继续单击通过点，将形成多条成 30° 角的构造线。

5）等分角度构造线

如果视图区域内有两条线成一定角度，可以将其角度进行等分。绘制等分角度构造线的操作步骤如下。

命令：输入“XL”，回车。

指定起点或 [水平（H）垂直（V）角度（A）二等分（B）偏移（O）]：输入“B”，回车。

指定角的顶点：单击要等分角的顶点。

指定角的起点：分别单击要等分角端点，回车即可将任意夹角等分，如图 3-13 所示。

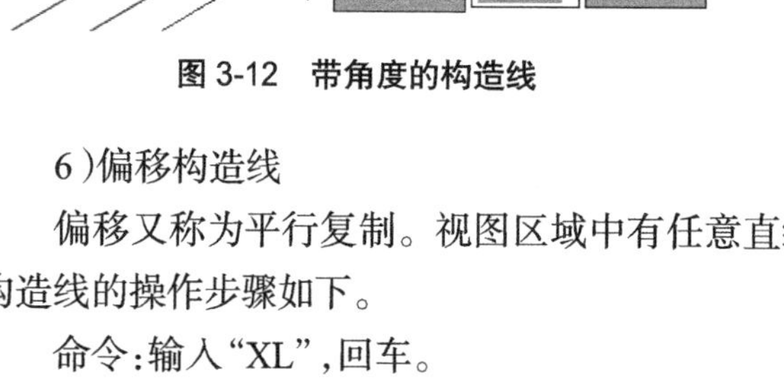

图 3-12　带角度的构造线

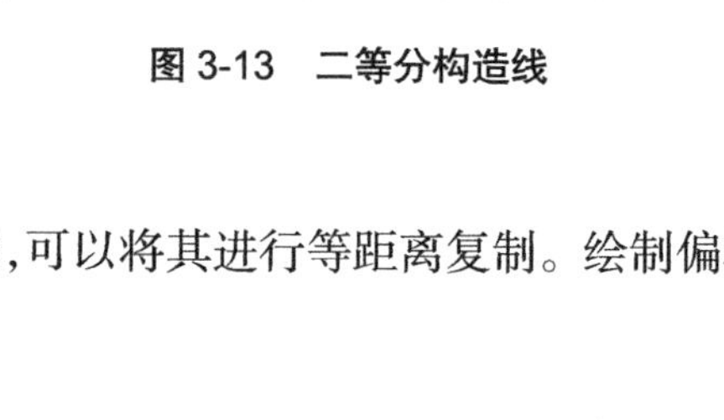

图 3-13　二等分构造线

6）偏移构造线

偏移又称为平行复制。视图区域中有任意直线，可以将其进行等距离复制。绘制偏移构造线的操作步骤如下。

命令：输入“XL”，回车。

指定起点或 [水平（H）垂直（V）角度（A）二等分（B）偏移（O）]：输入“O”，回车。

指定偏移距离或 [通过（T）]：输入要平行偏移的距离，如“50”，回车，在任意一条线上单击鼠标左键,再任意单击鼠标左键,即可复制出与原线距离为 50 的平行线。连续单击操作,可以复制多条等距离的构造线,如图 3-14 所示。

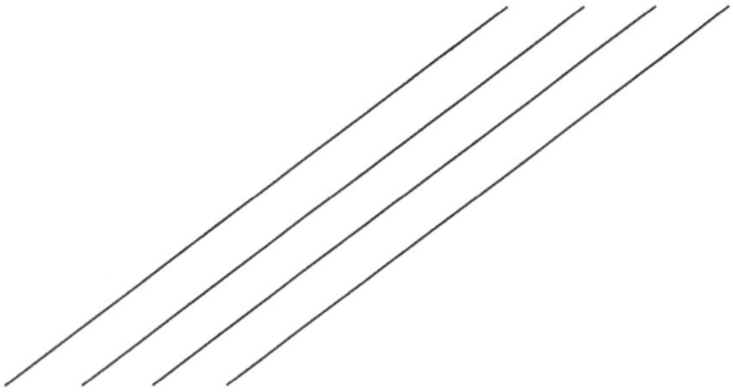

图 3-14 偏移构造线

3.1.2.4 实例:标高符号

绘制如图 3-15 所示的标高符号。

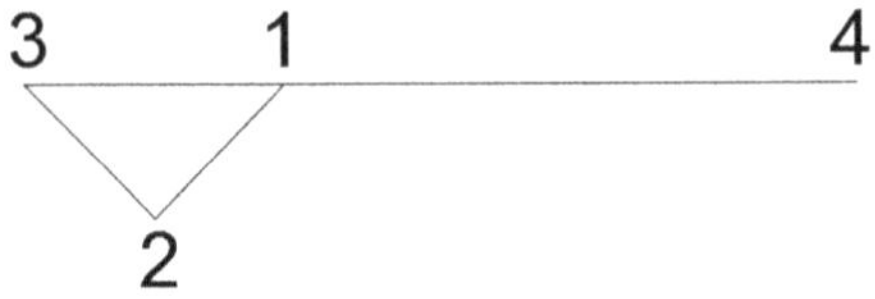

图 3-15 标高符号

3.1.3 多段线、多线的绘制

3.1.3.1 绘制多段线

多段线是作为单个对象创建的相互连接的序列线段,在同一条线段中,可以包含直线段、弧线段,或两者都包括在内。它提供了单个直线所不具备的编辑功能,用户可以根据需要分别编辑每条线段、设置各线段的宽度、使各线段的始末端点具有不同的线宽以及封闭、打开多段线等。

1. 执行方法

菜单栏:“绘图”→“多段线” 多段线(P)。

工具栏:“绘图”→“多段线”。

命令行:PLINE(PL)。

功能区:单击“默认”选项卡“绘图”面板中的“多段线”按钮,如图 3-16 所示。

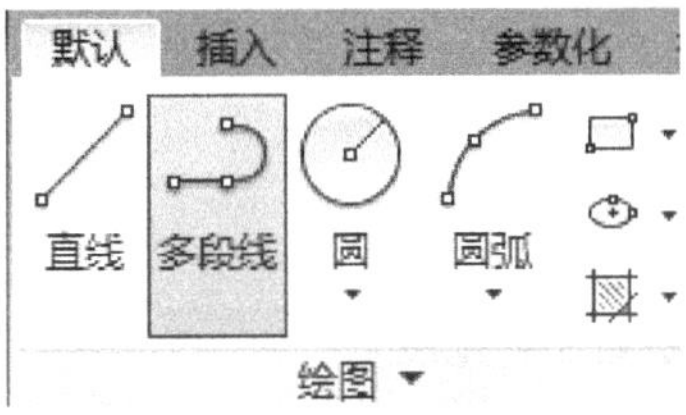

图 3-16 “绘图”面板

2. 操作方法

1)任意角度多段线

命令:输入“PL”,回车。

指定起点:在视图区域单击鼠标左键,指定一点。

当前线宽为 0.0000。

指定下一点或 [圆弧(A)/ 半宽(H)/ 长度(L)/ 放弃(U)/ 宽度(W)]: 继续单击鼠标指定多个点,回车结束命令,效果如图 3-17(a)所示。从图 3-17(b)可以看出多段线是连续不断的一条整线的特点。

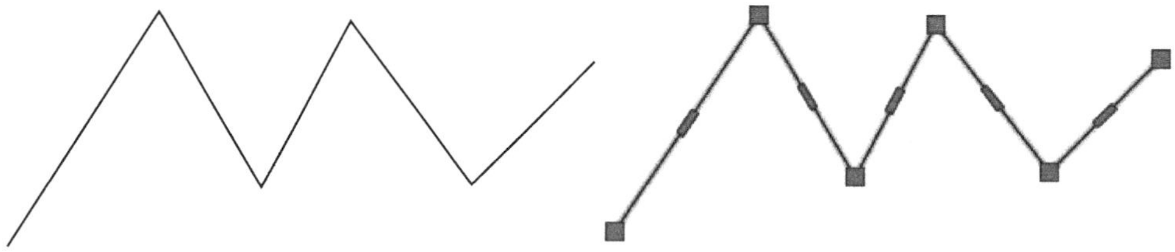

(a) (b)

图 3-17 多段线的绘制

(a)多段线绘制效果 (b)多段线整线特征

2)绘制带有弧度和线宽多段线

命令:输入“PL”,回车。

指定起点: 确定起点,默认的命令行是直线提示行,再单击直线的另一端点或输入线段长度,如“100”,回车(画法同 L 线段),如图 3-18(a)所示。

当前线宽为 0.0000。

指定下一点或 [圆弧(A)/ 闭合(C)/ 半宽(H)/ 长度(L)/ 放弃(U)/ 宽度(W)]:输入“A”,回车,可以绘制圆弧,输入“W”,回车,输入线宽,起始宽度默认 0.0,终点宽度输入“20”,回车,输入数值“100”,回车,即可以得到如图 3-18(b)所示的弧线效果。

指定圆弧的端点(按住 Ctrl 键以切换方向)或 [角度(A)/ 圆心(CE)/ 闭合(CL)/ 方向(D)/ 半宽(H)/ 直线(L)/ 半径(R)/ 第二个点(S)/ 放弃(U)/ 宽度(W)]: 再输入“100”,回车,得到多段弧度,效果如图 3-18(c)所示。

指定圆弧的端点(按住 Ctrl 键以切换方向)或 [角度(A)/ 圆心(CE)/ 闭合(CL)/ 方向(D)/ 半宽(H)/ 直线(L)/ 半径(R)/ 第二个点(S)/ 放弃(U)/ 宽度(W)]: 继续输入数值,如“100”,如果输入直线“L”回车,输入直线长度,如“100”,可得到如图 3-18(d)所示的多段线,再次回车结束命令,完成这一段的绘制。

3. 选项的说明

“下一点”:绘制一条直线段。

“圆弧(A)”:绘制一段圆弧线。

“半宽(H)”:指定多段线线段的半宽度。

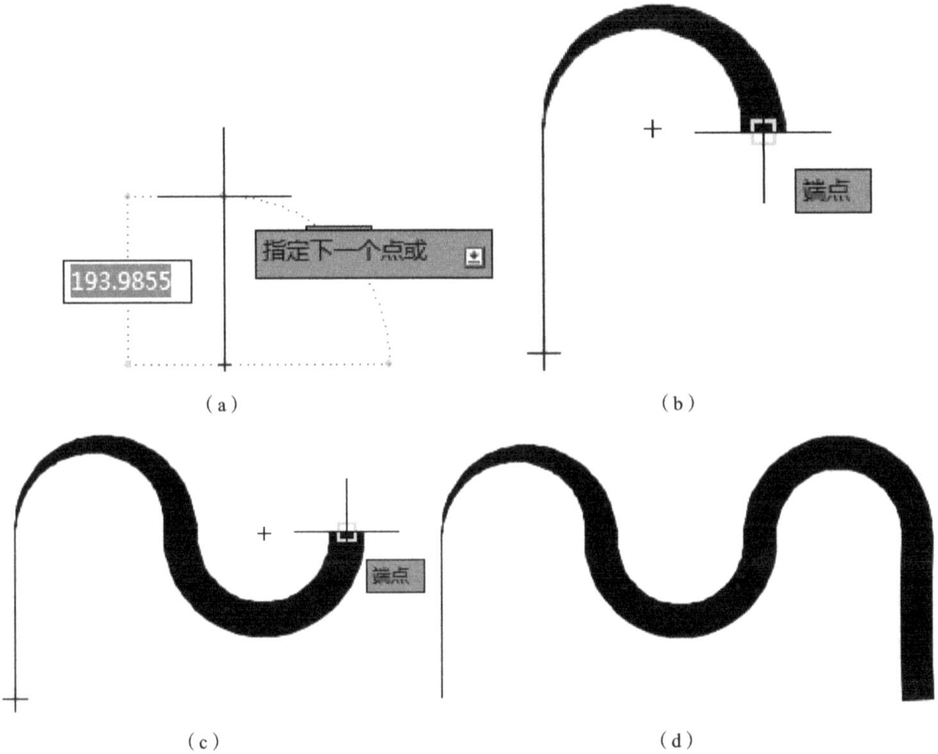

图 3-18 带有弧度和线宽多段线的绘制

(a)确定多段线起点直线 (b)确定多段线弧线 (c)确定更多多段线弧线 (d)多段线绘制完成

“长度(L)”:以前一线段相同的角度并按指定长度绘制直线段。如果前一线段为圆弧,AutoCAD 将绘制一条直线段与弧线段相切。

“放弃(U)”:删除最近一次添加到多段线上的直线段。

“宽度(W)”:指定下一线段的宽度。

3.1.3.2 多线

多线是一种复合线,由连续的直线段复合组成。可以绘制多条平行线,平行线之间的间距与数目可以调整。多线的一个突出优点是能够提高绘图效率,保证图线之间的统一性。

1. 绘制多线

1)执行方法

菜单栏:“绘图”→“多线” 多线(U)。

命令行:MLINE(ML)。

2)操作方法

命令:输入“ML”,回车。

当前设置:对正 = 上,比例 =20.00,样式 =STANDARD。

指定起点或 [对正(J)/ 比例(S)/ 样式(ST)]:在视图区域单击鼠标左键,指定一点。

指定下一点:输入数值,如“100”,回车确认,再次回车结束命令,完成多线的绘制,如图 3-19 所示。

图 3-19 多线的绘制

3）选项说明

“对正（J）”：该项用于给定绘制多线的基准。共有 3 种对正类型“上”“无”“下”。其中，“上（T）”表示以多线上侧的线为基准，以此类推。

“比例（S）”：该项用于设置平行线间距。输入值为 0 时，平行线重合；输入值为负时，多线排列倒置。

“样式（ST）”：该项用于设置当前使用的多线样式。

2. 设置多线样式

1）执行方法

菜单栏：“格式”→“多线样式” 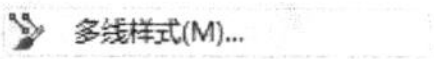

。

命令行：MLSTYLE。

2）操作方法

命令：输入“MLSTYLE”，回车。

系统弹出如图 3-20 所示的“多线样式”对话框。在该对话框中，用户可以对多线样式进行新建、加载和保存等操作。

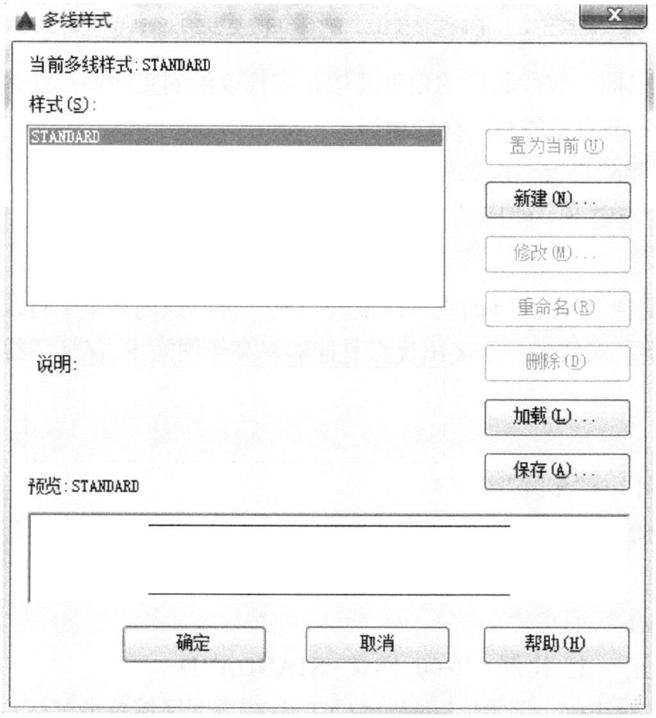

图 3-20 “多线样式”对话框

3. 编辑多线

1)执行方法

菜单栏:“修改”→“多线”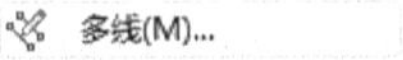

。

命令行:MLEDIT。

2)操作方法

命令:输入“MLEDIT”,回车。

系统弹出如图 3-21 所示的“多线编辑工具”对话框。利用该对话框,可以创建和修改多线的模式。对话框中分 4 列显示了示例图形。其中,第 1 列管理十字交叉形式的多线,第 2 列管理 T 形多线,第 3 列管理拐角结合点和节点形式的多线,第 4 列管理被剪切或接合的多线。

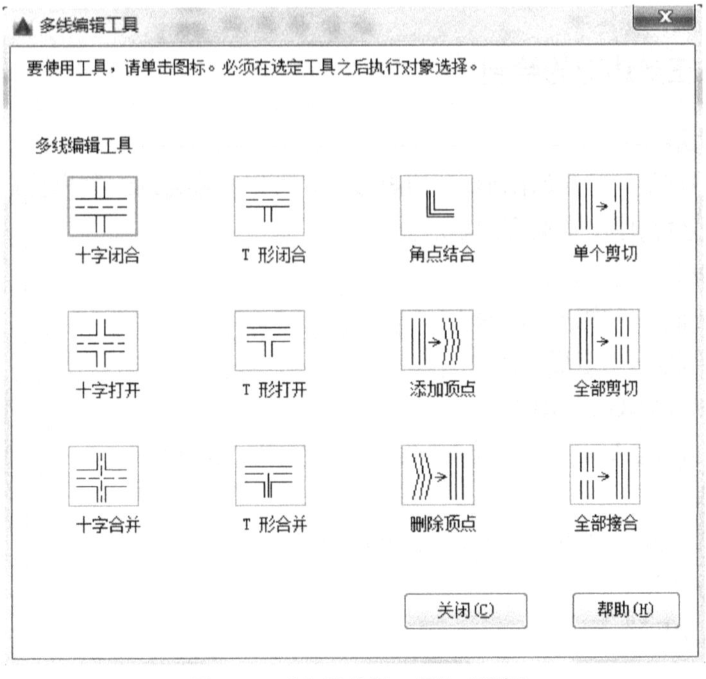

图 3-21 “多线编辑工具”对话框

3.1.3.3 实例:紫荆花和墙体的绘制

完成如图 3-22 所示的紫荆花和图 3-23 所示的墙体的绘制。

图 3-22 紫荆花

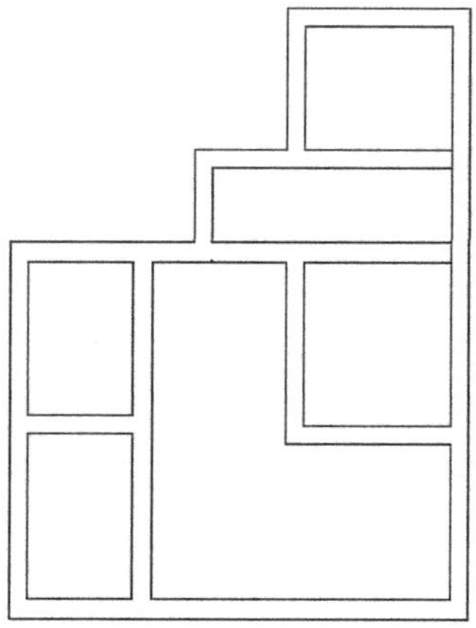

图 3-23 墙体

3.1.4 矩形、正多边形的绘制

3.1.4.1 绘制矩形

矩形是一种较常见的几何图形，利用矩形命令可以很容易地绘制出普通矩形，也可以绘制带有倒圆角、直角、厚度及宽度的矩形。

1. 执行方法

菜单栏："绘图"→"矩形" 矩形(G)。

工具栏："绘图"→"矩形"。

命令行：RECTANGLE(REC)。

功能区：单击"默认"选项卡"绘图"面板中的"矩形"按钮。

2. 操作方法

1)绘制 X 轴长度为 200，Y 轴长度为 100 的矩形

具体操作方法如下。

命令：输入"REC"，回车。

指定第一个角点或 [倒角(C)/ 标高(E)/ 圆角(F)/ 厚度(T)/ 宽度(W)]：在视图区域单击鼠标左键，指定一点。

指定另一个角点或 [面积(A)/ 尺寸(D)/ 旋转(R)]：@200，100，回车，即绘制完成，如图 3-24 所示。

2)绘制倒直角矩形

设置矩形四角为倒角，设定其倒角的大小值，即可绘制出带倒角的矩形。具体操作方法如下。

命令：输入"REC"，回车。

指定第一个角点或 [倒角(C)/ 标高(E)/ 圆角(F)/ 厚度(T)/ 宽度(W)]：输入"C"，回车。

指定矩形的第一个倒角距离 <0.0000>：输入"100"，回车。

指定矩形的第二个倒角距离 <100.0000>：输入"60"，回车。

指定第一个角点或 [倒角(C)/ 标高(E)/ 圆角(F)/ 厚度(T)/ 宽度(W)]:在视图区域单击鼠标左键,指定一点。

指定另一个角点或 [面积(A)/ 尺寸(D)/ 旋转(R)]: 输入“@500, 300”,回车,如图 3-25 所示。

如果要恢复普通矩形,重复以上操作,将两个倒角值改为“0”便可。

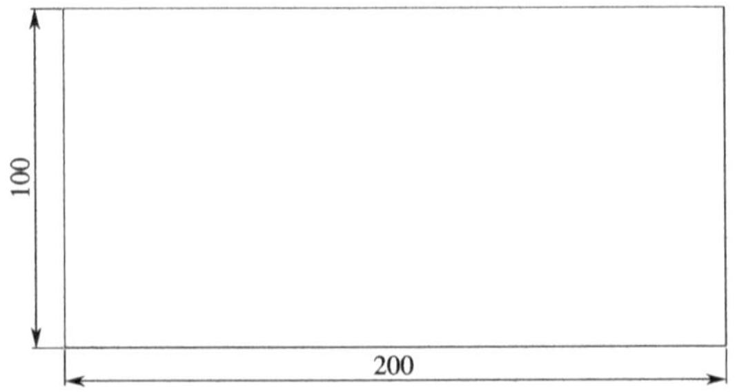

图 3-24 普通矩形

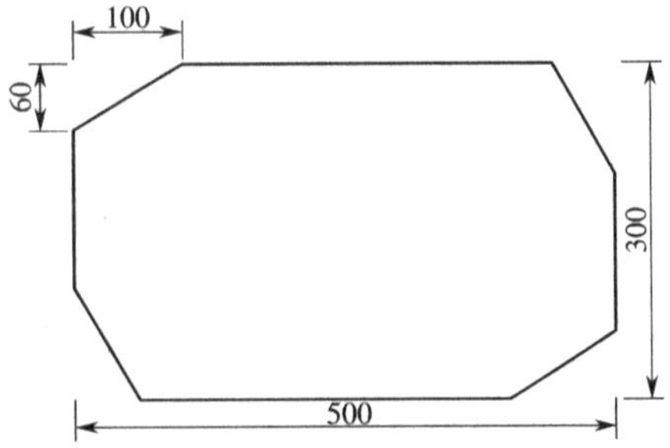

图 3-25 倒直角矩形

3)绘制带标高的矩形

可以设置矩形在三维空间内的某面高度,在道路规划设计中很少用,在此不做详解。

4)绘制倒圆角矩形

命令: 输入“REC”,回车。

指定第一个角点或 [倒角(C)/ 标高(E)/ 圆角(F)/ 厚度(T)/ 宽度(W)]: 输入“F”,回车。

指定矩形的圆角半径 <100.0000>:输入 100,回车。

指定第一个角点或 [倒角(C)/ 标高(E)/ 圆角(F)/ 厚度(T)/ 宽度(W)]: 在视图区域单击鼠标左键,指定一点。

指定另一个角点或 [面积(A)/ 尺寸(D)/ 旋转(R)]: 输入 @500, 300,回车,如图 3-26 所示。

如果要恢复普通矩形,重复以上操作,将圆角半径值改为“0”便可。

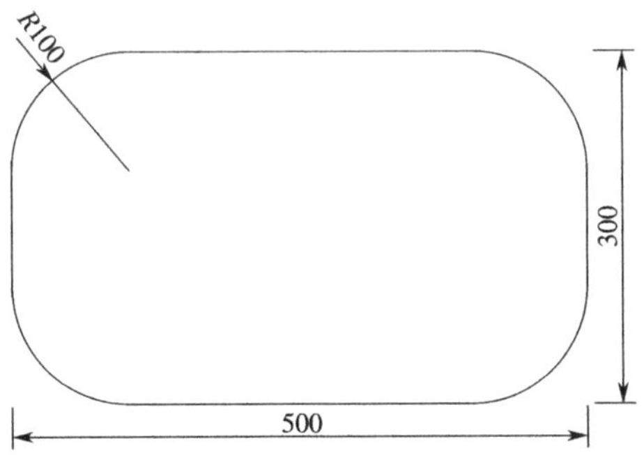

图 3-26 倒圆角矩形

5)绘制带有厚度的矩形

绘制的矩形成为长、宽、高分别为 500、300、100 的盒体。具体操作方法如下。

命令：输入“REC”，回车。

指定第一个角点或 [倒角（C）/ 标高（E）/ 圆角（F）/ 厚度（T）/ 宽度（W）]：输入“T”，回车。

指定矩形的厚度 <0.0000>：输入 100，回车。

指定第一个角点或 [倒角（C）/ 标高（E）/ 圆角（F）/ 厚度（T）/ 宽度（W）]：在视图区域单击鼠标左键，指定一点。

指定另一个角点或 [面积（A）/ 尺寸（D）/ 旋转（R）]：输入 @500，300，回车，如图 3-27 所示，即矩形盒体绘制完成。

恢复绘制普通矩形状态，方法同倒直角矩形。

注：视图工具栏中选择第八项轴测（西南等轴测）图，可看到如图 3-27 所示效果，单击“俯视”可以回到原来平面图的效果。

6）绘制带有宽度的矩形

命令：输入“REC”，回车。

指定第一个角点或 [倒角（C）/ 标高（E）/ 圆角（F）/ 厚度（T）/ 宽度（W）]：输入“W”，回车。

指定矩形的线宽 <0.0000>：输入“20”，回车。

指定第一个角点或 [倒角（C）/ 标高（E）/ 圆角（F）/ 厚度（T）/ 宽度（W）]：在视图区域单击鼠标左键，指定一点。

指定另一个角点或 [面积（A）/ 尺寸（D）/ 旋转（R）]：输入“@500，300”，回车，如图 3-28 所示。

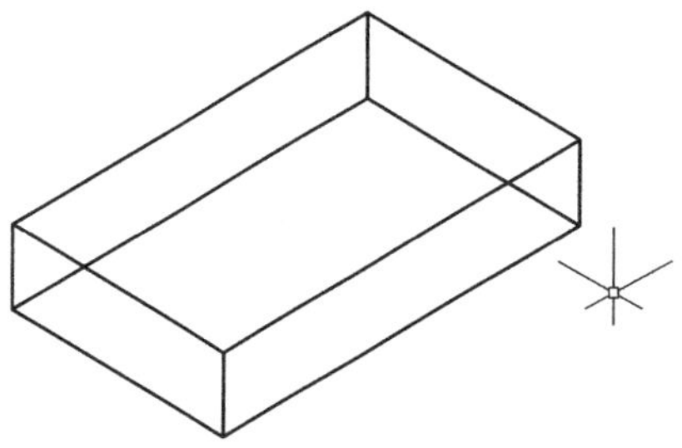

图 3-27 带有厚度的矩形

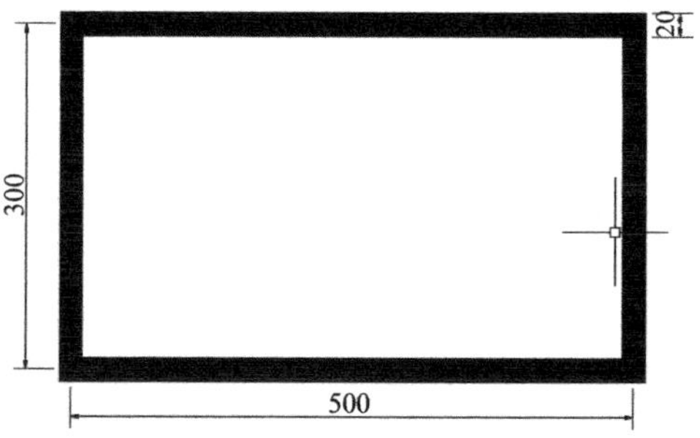

图 3-28 带有宽度的矩形

7）将已完成的矩形进行局部倒角变形

在绘制工程图样时，经常需要对图形的某些部分进行倒角或圆角处理。在 AutoCAD 中可快速对图形中的角进行倒角和圆角处理。

用矩形工具可以将矩形绘制出不同的形态，但是如果只要求对矩形的一个角进行倒角，以上方法却都不可以实现，可以采用以下两种方式。

（1）局部倒圆角：绘制一普通矩形，长和宽分别为 500、300；输入“F”，回车；输入“R”，回车；输入倒角半径值，如“100”，回车；单击矩形夹角的两条边，即可形成倒角半径为 100

的单个角倒角的矩形，如图 3-29（a）所示。再次输入“F”，回车，单击图形左下角，可形成如图 3-29（b）所示效果。当部分绿地为倒角时，可以采用此方法。

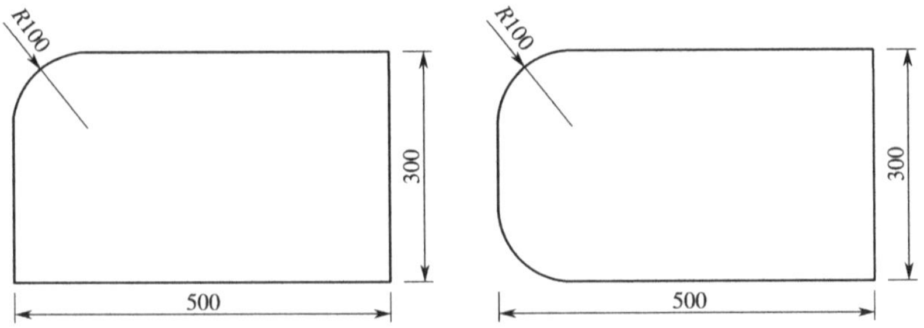

（a）　（b）

图 3-29　矩形倒圆角

（a）矩形倒圆角（一）（b）矩形倒圆角（二）

（2）局部倒直角：绘制一普通矩形，长和宽分别为 500、300；输入“CHA”，回车；输入“D”，回车，输入倒角两条边的数值，如“50”“100”，回车；单击矩形夹角的两条边，即可形成倒直角如图 3-30 所示的矩形。

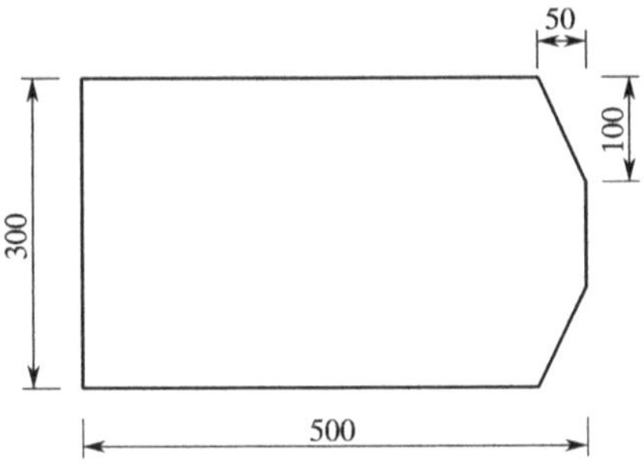

图 3-30　矩形倒直角

3.1.4.2　绘制正多边形

正多边形为比较常见的闭合的图形，由 3~1024 条长度相等的线段组成，应用比较广泛。

1. 执行方法

菜单栏：“绘图”→“多边形”多边形(Y)。

工具栏：“绘图”→“多边形”。

命令行：POLYGON（POL）。

功能区：单击“默认”选项卡“绘图”面板中“多边形”按钮。

2. 操作方法

1）绘制普通正多边形

命令：输入“POL”，回车。

输入侧面数 <4>：输入多边形的边数，如 6，回车。

指定正多边形的中心点或 [边（E）]：输入“E”，回车。

指定边的第一个端点：在视图区域内指定一点并拖动鼠标。

指定边的第二个端点：输入边长，如 200，回车，即可绘制出边长为 200 的正六边形，如图 3-31 所示。

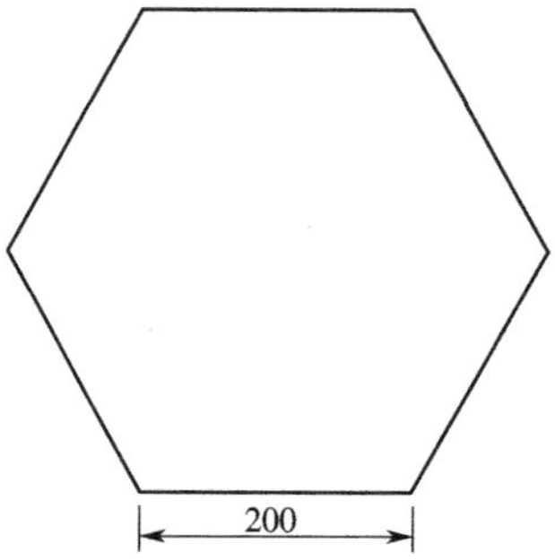

图 3-31 边长为 200 的正六边形

2）绘制内接正多边形

命令：输入"POL"，回车。

输入侧面数 <4>：输入多边形的边数，如输入"8"，回车。

指定正多边形的中心点或 [边（E）]：指定内接于圆的圆心，如图 3-32（a）所示。

输入选项 [内接于圆（I）/ 外切于圆（C）] <I>：输入"I"，回车。

指定圆的半径：输入"PER"，回车，捕捉垂直点，如图 3-32（b）所示，即可绘制出圆内接正八边形，如图 3-32（c）所示。

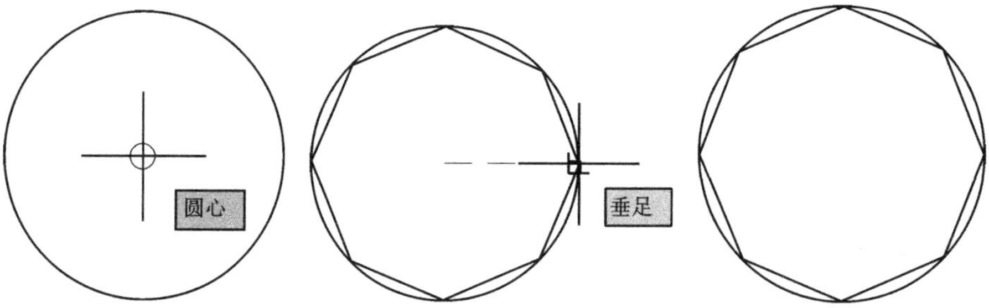

（a） （b） （c）

图 3-32 内接正八边形

（a）指定圆心 （b）捕捉内接正八边形垂直点 （c）内接正八边形绘制完成

3）绘制外切正多边形

命令：输入"POL"，回车。

输入侧面数 <4>：输入多边形的边数，如输入"8"，回车。

指定正多边形的中心点或 [边（E）]：指定外切于圆的圆心。

输入选项 [内接于圆（I）/ 外切于圆（C）] <I>：输入"C"，回车。

指定圆的半径：输入"PER"，回车，捕捉垂直点，即可绘制出外切正八边形，如图 3-33 所示。

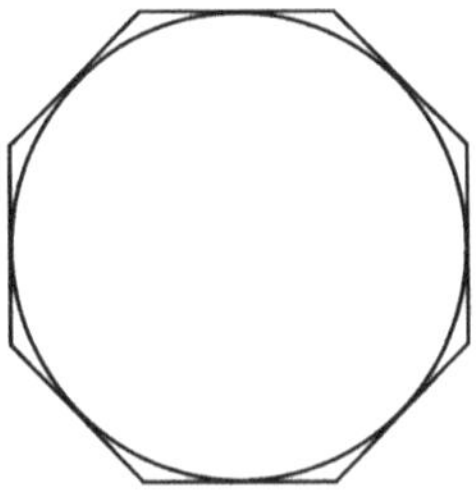

图 3-33 外切正八边形

3.1.4.3 实例:方形圆凳和八角凳的绘制

完成如图 3-34 所示方形圆凳和图 3-35 所示八角凳的绘制。

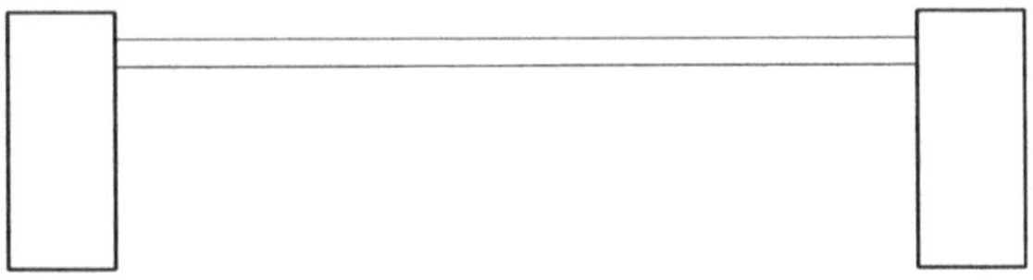

图 3-34 方形圆凳

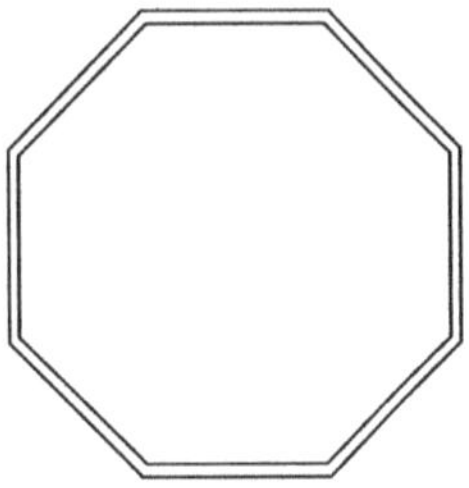

图 3-35 八角凳

3.1.5 圆、圆弧、椭圆(弧)、圆环的绘制

3.1.5.1 绘制圆

1. 执行方法

菜单栏:“绘图”→“圆” 

。

工具栏:“绘图”→“圆”。

命令行:CIRCLE(C)。

功能区:单击“默认”选项卡“绘图”面板中“圆”按钮。

2. 操作方法

圆形绘制方法包括:圆心、半径,圆心、直径,两点画圆,三点画圆,相切、相切、半径,相切、相切、相切等,如图 3-36 所示。

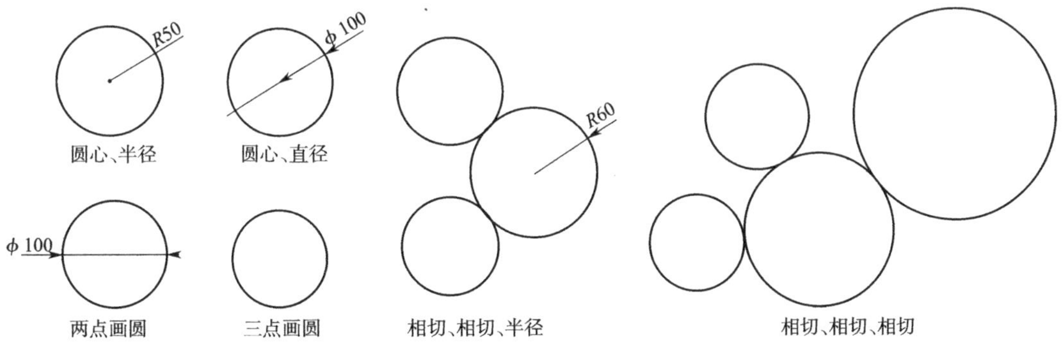

图 3-36 圆的绘制效果

3. 选项说明

“圆的圆心”:指定圆心和直径(或半径)绘制圆。

“三点(3P)”:指定圆周上的三点绘制圆。

“两点(2P)”:指定圆直径上的两个端点绘制圆。

“相切、相切、半径(T)”:指定两个与圆相切的对象和圆的半径绘制圆,相切对象可以是圆、圆弧或直线。使用该选项时应注意,系统总是在距拾取点最近的部位绘制相切的圆,因此拾取相切对象时,拾取的位置不同,得到的结果可能也不相同,如图 3-36 所示。

“相切、相切、相切(A)”:绘制出与三个对象相切的圆。

3.1.5.2 绘制圆弧

1. 执行方法

菜单栏:“绘图”→“圆弧” 圆弧(A) ▸。

工具栏:“绘图”→“圆弧”。

命令行:ARC(A)。

功能区:单击“默认”选项卡“绘图”面板中“圆弧”按钮。

2. 操作方法

根据已知条件,可以有多种方式绘制圆弧,如三点画弧、起点圆心端点、起点圆心角度、起点圆心长度、起点端点角度、起点端点方向、起点端点半径、圆心起点端点、圆心起点角度、圆心起点长度、继续等,如图 3-37 所示。

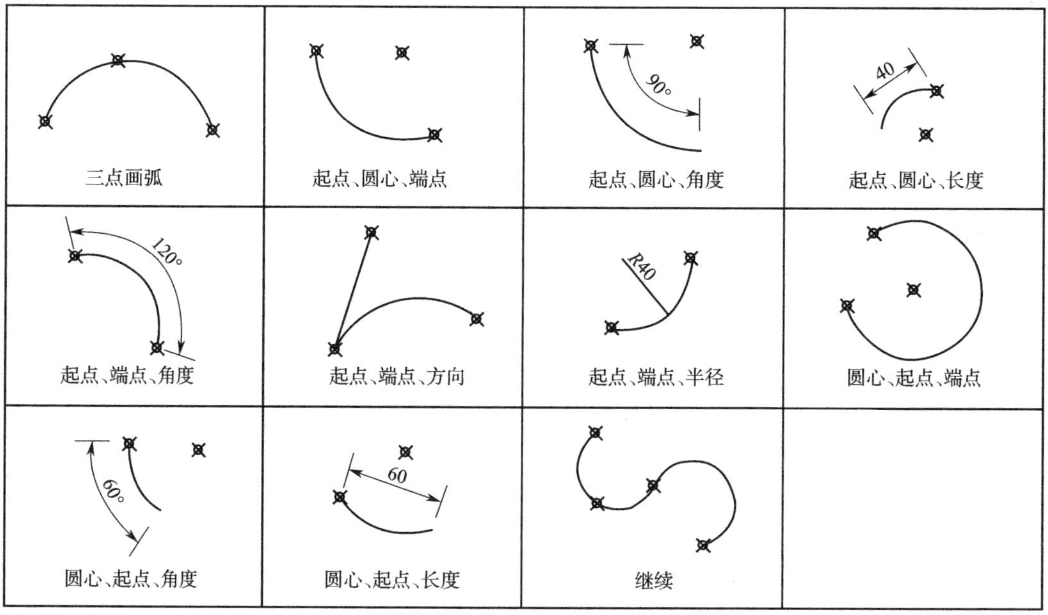

图 3-37 圆弧的绘制效果

3. 选项说明

“三点”：通过指定三个点的位置绘制圆弧。

“起点”：圆弧的起始点。

“圆心”：圆弧的圆心。

“端点”：圆弧上的终止点。

“角度”：输入绘制圆弧的角度。

“方向”：确定圆弧的方向。

“半径”：输入圆弧的半径。

“长度”：输入圆弧所对应的弦长。输入正的弦长值绘制的是小于 180° 的圆弧，输入负的弦长值绘制的是大于 180° 的圆弧。

3.1.5.3　绘制椭圆（弧）

1. 执行方法

菜单栏：“绘图”→“椭圆（弧）”

。

工具栏：“绘图”→“椭圆（弧）”。

命令行：ELLIPSE（EL）。

功能区：单击“默认”选项卡“绘图”面板中“椭圆”按钮或“椭圆弧”按钮。

2. 操作方法

1）绘制椭圆

具体操作步骤如下。

命令：输入“EL”，回车。

指定椭圆的轴端点或 [圆弧（A）/ 中心点（C）]：在视图区域内指定椭圆的轴端点。

指定轴的另一个端点：输入“80”，回车。

指定另一条半轴长度或 [旋转（R）]：输入“20”，回车，即可完成如图 3-38 所示的椭圆。

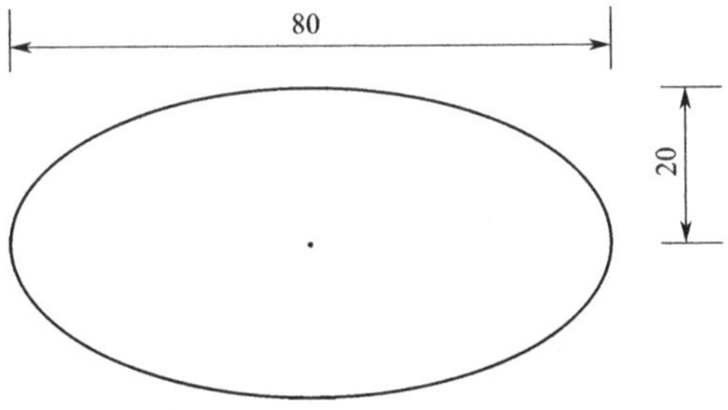

图 3-38　椭圆

2）绘制椭圆弧

具体操作步骤如下。

命令：选择该命令，回车。

指定椭圆的轴端点或 [圆弧（A）/ 中心点（C）]：输入“A”，回车。

指定椭圆弧的轴端点或 [中心点（C）]：在视图区域单击任意一点。

指定轴的另一个端点：输入“100”，回车。

指定另一条半轴长度或［旋转(R)]：输入“20”，回车。

指定起点角度或［参数(P)]：输入开始的角度，如“0”，回车。

指定端点角度或［参数(P)/夹角(I)]：输入终止的角度，如“270”，回车，即得到如图 3-39 所示的椭圆弧。

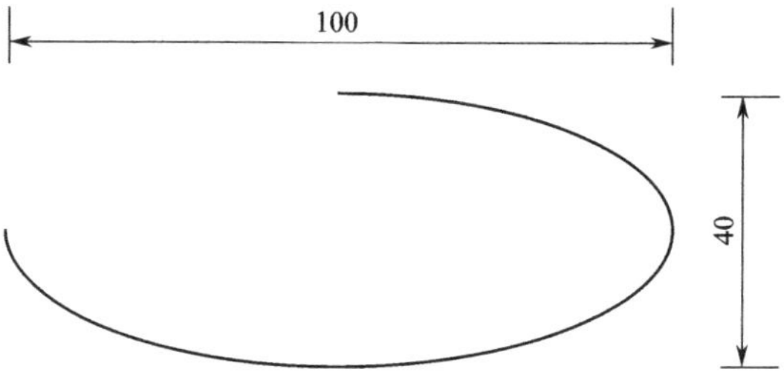

图 3-39　椭圆弧

3.1.5.4　绘制圆环

1. 执行方法

菜单栏：“绘图”→“圆环” 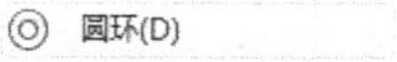

。

命令行：DONUT(DO)。

2. 操作方法

1)绘制实心圆环

具体操作步骤如下。

输入“DO”，回车。指定圆环的内径值，如“30”，回车，指定圆环的外径值，如“50”，回车。然后在视图区域内任意单击一点，指定圆环的中心点，即得到如图 3-40 所示的实心圆环。

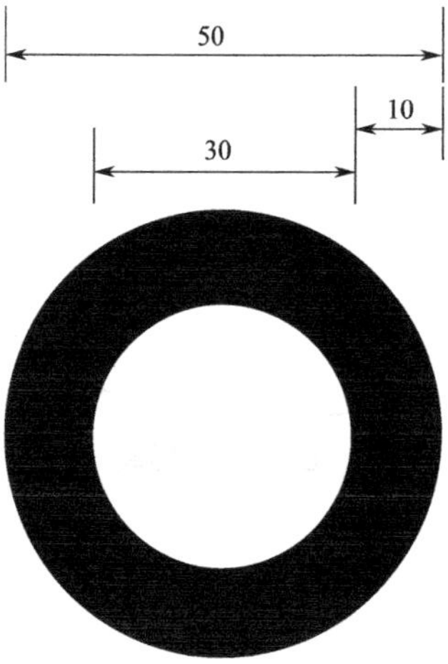

图 3-40　实心圆环

2)绘制空心圆环

具体操作步骤如下。

输入“Fill”,回车,再输入“Off”,回车,输入“REA”,回车,即得到如图 3-41 所示的空心圆环。

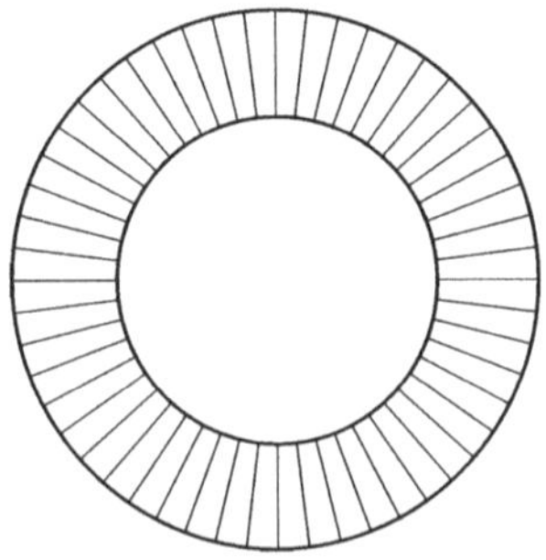

图 3-41　空心圆环

3.1.5.5　实例:长春花和马桶的绘制

完成如图 3-42 所示长春花和图 3-43 所示马桶的绘制。

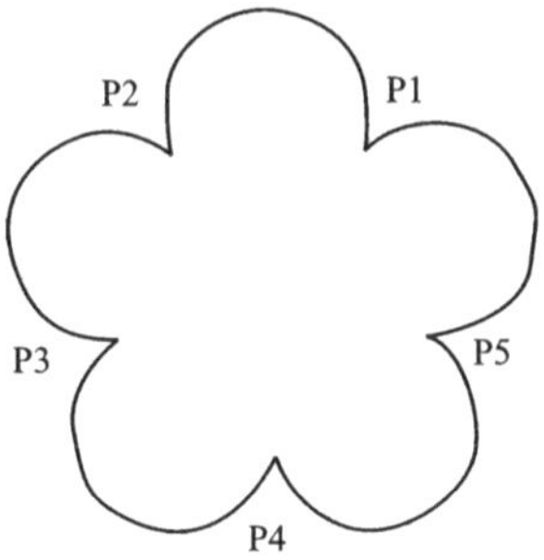

图 3-42　长春花

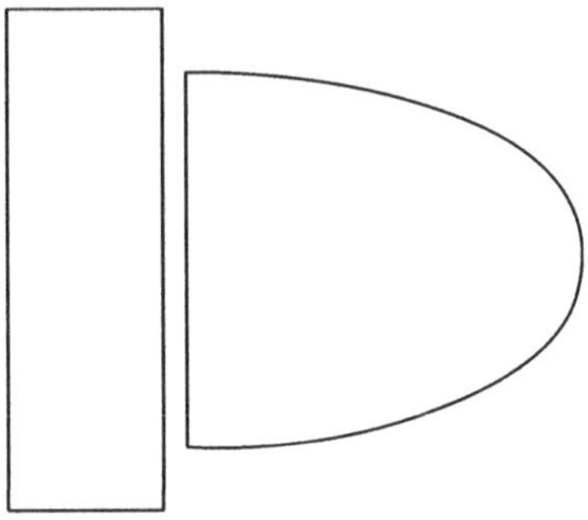

图 3-43　马桶

3.1.6　样条曲线、云线的绘制

3.1.6.1　绘制样条曲线

样条曲线是一种比较特殊的线条,可在各控制点之间生成一条光滑的曲线,主要用于创建形状不规则的图形,用户可以控制曲线与点的拟合程度。

1. 执行方法

菜单栏:“绘图”→“样条曲线” 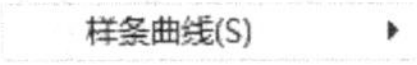

。

工具栏:~。

命令行:SPLINE(SPL)。

2. 操作方法

绘制样条曲线的基本操作步骤如下。

命令：输入“SPL”，回车。

当前设置：方式 = 拟合　节点 = 弦。

指定第一个点或 [方式(M)/ 节点(K)/ 对象(O)]：指定第 1 点。

输入下一个点或 [起点切向(T)/ 公差(L)]：指定第 2 点。

输入下一个点或 [端点相切(T)/ 公差(L)/ 放弃(U)]：指定第 3 点。

输入下一个点或 [端点相切(T)/ 公差(L)/ 放弃(U)/ 闭合(C)]：指定第 4 点。

输入下一个点或 [端点相切(T)/ 公差(L)/ 放弃(U)/ 闭合(C)]：指定第 5 点。

输入下一个点或 [端点相切(T)/ 公差(L)/ 放弃(U)/ 闭合(C)]：指定第 6 点。

再次回车，绘制结束，如图 3-44 所示。

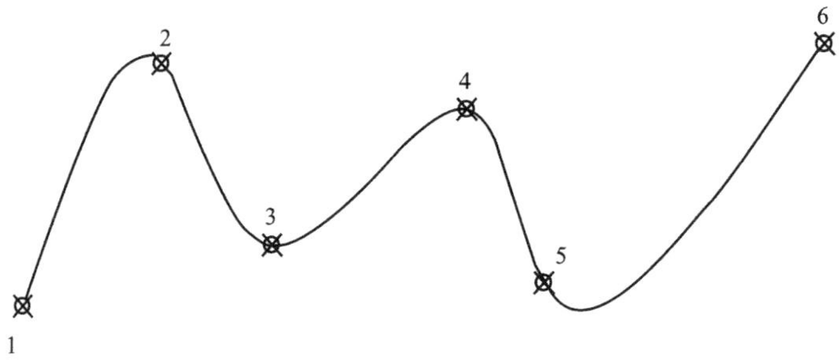

图 3-44　绘制样条曲线

3.1.6.2　绘制云线

修订云线命令可用来创建一条由连续圆弧组成的云线型的多段线。执行此命令也可以将圆、椭圆、闭合多段线或闭合样条曲线等闭合对象转换为修订云线。在道路设计中常用来绘制乔木和灌木树丛。

1. 执行方法

菜单栏：“绘图”→“修订云线”
。

工具栏：。

命令行：REVCLOUD。

2. 操作方法

1）绘制修订云线

具体操作步骤如下。

命令：输入“REVCLOUD”，回车。

最小弧长：0.5　最大弧长：0.5　样式：普通　类型：矩形。

指定第一个角点或 [弧长(A)/ 对象(O)/ 矩形(R)/ 多边形(P)/ 徒手画(F)/ 样式(S)/ 修改(M)] < 对象 >：输入“A”，回车。

指定最小弧长 <0.5>：输入最小弧长，如“20”，回车。

指定最大弧长 <20>：输入最大弧长，如“50”，回车。

指定第一个角点或 [弧长(A)/ 对象(O)/ 矩形(R)/ 多边形(P)/ 徒手画(F)/ 样式(S)/

修改（M）]＜对象＞:在视图区域中单击一点作为起点。

指定对角点：移动十字光标绘制修订云线，如图 3-45（a）所示。

2）将外凸云线转换为内凹云线

将图 3-45（a）所示外凸云线转换为内凹云线，具体操作步骤如下。

命令：输入“REVCLOUD”，回车。

最小弧长：20　最大弧长：50　样式：普通　类型：矩形。

指定第一个角点或 [弧长（A）/ 对象（O）/ 矩形（R）/ 多边形（P）/ 徒手画（F）/ 样式（S）/ 修改（M）]＜对象＞：输入“O”，回车。

选择对象：单击选择要转换的云线，图 3-45（a）。

反转方向 [是（Y）/ 否（N）]＜否＞：输入“Y”，回车，修订云线完成，如图 3-45（b）所示。

如果将圆、椭圆、闭合多段线、闭合样条曲线等对象转换为云线，可重复 2）上述操作步骤，在视图区域中单击选择要转换云线的圆、椭圆、闭合多段线、闭合样条曲线等对象。

（a）　（b）

图 3-45　绘制修订云线

（a）外凸云线　（b）内凹云线

3）绘制手绘样式云线

命令：输入“REVCLOUD”，回车。

最小弧长：20　最大弧长：50　样式：普通　类型：徒手画。

指定第一个点或 [弧长（A）/ 对象（O）/ 矩形（R）/ 多边形（P）/ 徒手画（F）/ 样式（S）/ 修改（M）]＜对象＞：输入“S”，回车。

选择圆弧样式 [普通（N）/ 手绘（C）]＜普通＞:输入“C”，回车，选择手绘。

指定第一个点或 [弧长（A）/ 对象（O）/ 矩形（R）/ 多边形（P）/ 徒手画（F）/ 样式（S）/ 修改（M）]＜对象＞:在视图区域中单击一点。

沿云线路径引导十字光标，当光标移动到起点位置时云线自动闭合，修订云线完成，如图 3-46 所示。

图 3-46　手绘样式云线

3.1.7 图案填充

在绘制道路平面图、立面图或剖面图中，经常要使用某种图案去重复填充图形中的某些区域，用以表达一定区域的材料特征。例如砖墙、水体、混凝土等，通常都有其相应的表示样式。在 AutoCAD 2016 中进行图案的填充可以使用“填充”命令来实现。

3.1.7.1 边界与面域

1. 边界

利用边界命令可以从形成闭合区域的重叠对象的边界创建一条独立于原始图形的闭合多段线。生成的多段线边界对象可用于图案填充、面积测算，也可对其进行偏移、复制等修改操作。

1）执行方法

菜单栏：“绘图”→“边界” 边界(B)...。

命令行：BOUNDARY（BO）。

功能区：单击“默认”选项卡“绘图”面板中“边界”按钮。

2）操作方法

创建如图 3-47（a）所示的边界，并进行偏移。

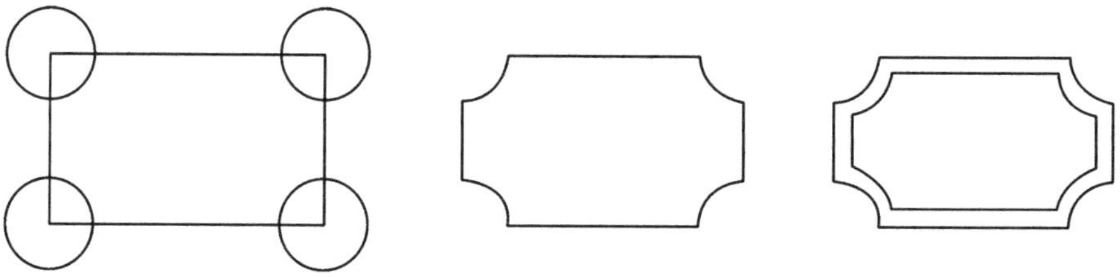

（a） （b） （c）

图 3-47 创建边界

（a）创建边界范围 （b）选择边界对象 （c）边界内偏移

命令：输入“BO”，回车，系统弹出“边界创建”对话框，如图 3-48 所示。

单击“拾取点”按钮。

拾取内部点：在要创建边界的图形内部单击鼠标左键，图形上出现以线条加粗表示的边界范围，如图 3-49 所示，然后回车确认。

BOUNDARY 已创建 1 个多段线。

命令：输入“E”，回车。

选择对象：单击选择原始边界对象，回车，结果如图 3-47（b）所示。

命令：输入“O”，回车。

当前设置：删除源 = 否 图层 = 源 OFFSETGAPTYPE=0。

指定偏移距离或 [通过（T）/ 删除（E）/ 图层（L）] < 通过 >：输入“3”，回车。

选择要偏移的对象或 [退出（E）/ 放弃（U）] < 退出 >：单击创建的多段线。

指定要偏移的那一侧上的点或 [退出（E）/ 多个（M）/ 放弃（U）] < 退出 >：单击边界内

部,完成偏移操作,如图 3-47(c)所示。

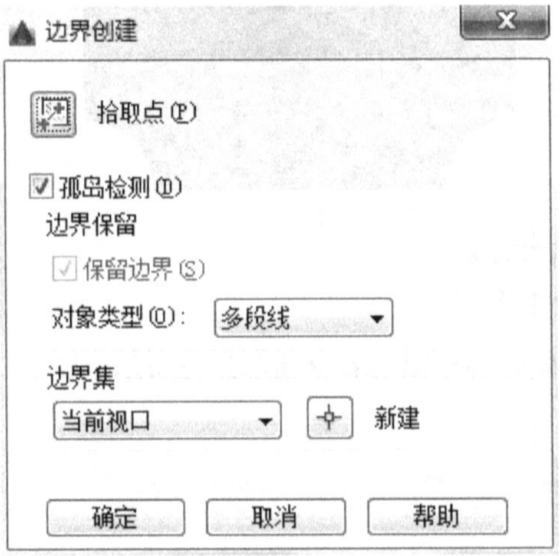

图 3-48 “边界创建”对话框

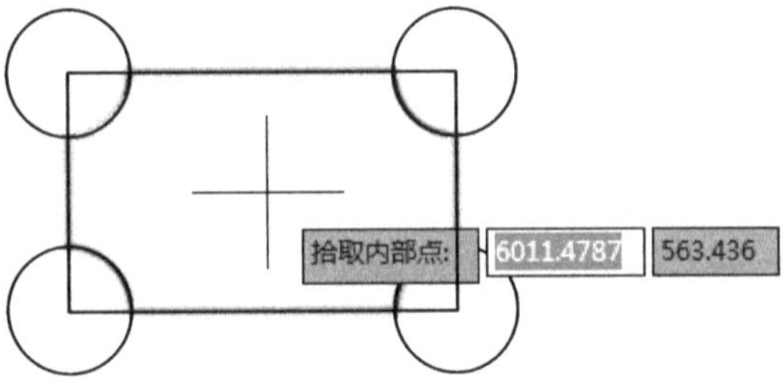

图 3-49 边界范围

3)选项说明

选项说明如下。

“拾取点”:用于用户拾取封闭区域。只要用户在封闭区域内的任何一处单击鼠标左键,则系统会自动将包含该点的封闭区域读取出来。

“孤岛检测”:用于指定是否把封闭区域的内部对象包括为边界对象。

“对象类型”:该下拉列表中包括“POLYLINE(多段线)”和“REGION(面域)”两个选项,用于指定边界的保存形式。

“边界集”:该选项用于指定进行边界分析的范围,其默认项为“当前视口”,即在定义边界时,系统会分析所有在当前视口中可见的对象。用户也可以单击“新建”按钮回到绘图区,选择需要分析的对象来构造一个新的边界集。这时系统将放弃所有现有的边界集,并用新的边界集替代它。

边界命令可以创建多段线也可以创建面域。

边界集对于边界的创建比较重要,选择不同的边界集而单击同一个拾取点,所取得的封闭区域可能不同。

2. 面域

面域是用闭合的对象或环创建的二维区域。闭合的直线、多段线、圆、圆弧、椭圆、椭圆弧和样条曲线都是有效的选择对象。

面域和边界的区别在于:边界是一个围合成闭合区域的线框如图 3-50(a)所示,而面域就像一张没有厚度的板子,除了包括边界外,还包括边界内的平面,如图 3-50(b)所示。

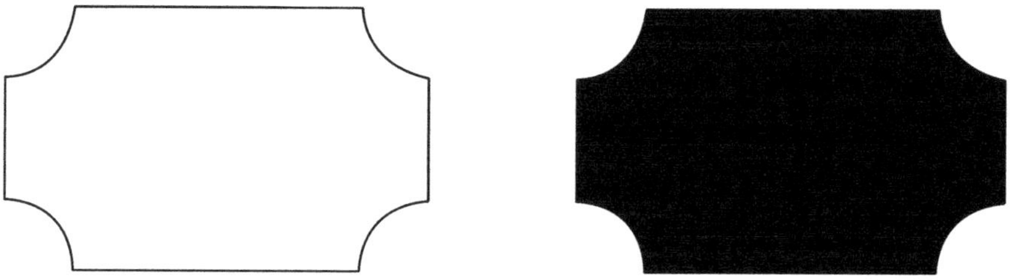

（a） （b）

图 3-50 边界与面域

（a）边界 （b）面域

生成的面域可以用于面积测算和图案填充，同时还可以附着材质和进行布尔运算。

1）执行方法

菜单栏："绘图"→"面域" 面域(N)。

工具栏：。

命令行：REGION（REG）。

功能区：单击"默认"选项卡"绘图"面板中"面域"按钮。

2）操作方法

在执行面域命令之后，会在状态栏提示用户选择对象以构成面域，此时用户只需要依次选择构成封闭区域的对象即可，并按"Enter"键确认，则系统会按照用户的选择将封闭区域划分成一个或多个面域。

如图 3-51 所示，将图 3-51（a）中直线和样条曲线构成的图形创建为面域。具体操作步骤如下。

命令：输入"REG"，回车。

选择对象：单击样条曲线、直线，回车。

已创建 1 个面域，如图 3-51（b）所示。

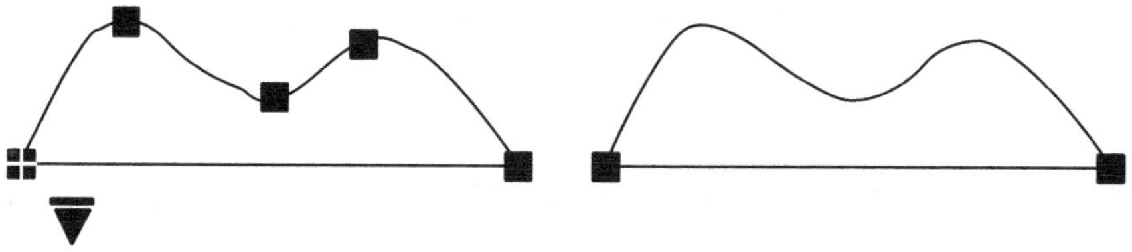

（a） （b）

图 3-51 创建面域

（a）构建面域图形 （b）创建面域

用来创建边界的封闭图形对象中不能包括椭圆、椭圆弧。

如图 3-52 所示，该图形由椭圆和圆组成，如果使用边界创建命令，在围合区域中单击拾取点后，系统会弹出如图 3-53 所示"AutoCAD 警告"对话框，单击"是"可创建面域。但面域不能进行偏移等修改操作。

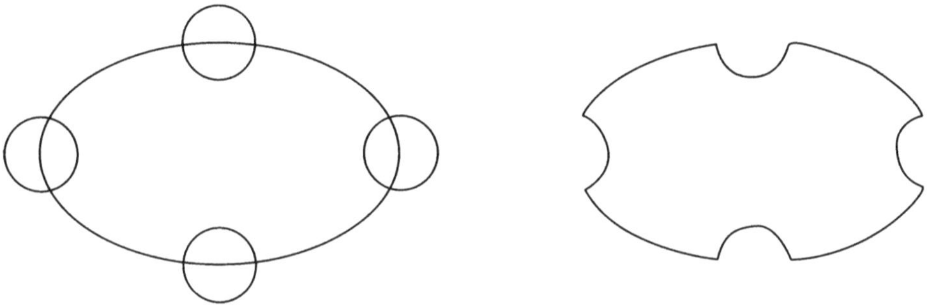

(a) (b)

图 3-52 由椭圆和圆构成的图形

(a)创建边界 (b)构建面域

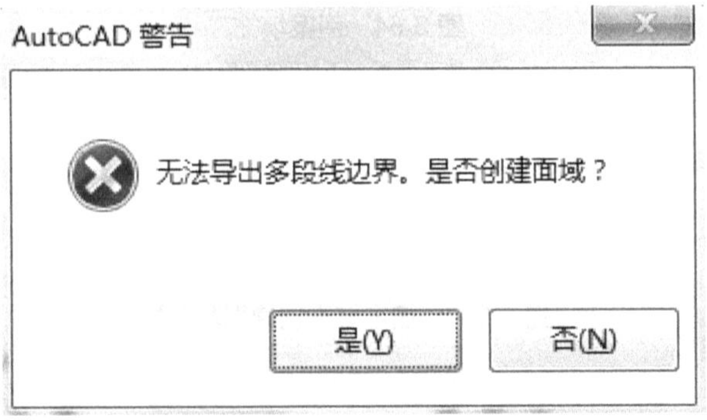

图 3-53 “AutoCAD 警告”对话框

3.1.7.2 图案填充和渐变色填充

1. 图案填充

1)执行方法

菜单栏：“绘图”→“图案填充” 图案填充(H)...。

工具栏：“绘图”→“图案填充”。

命令行：BHATCH(H)。

功能区：单击“默认”选项卡“绘图”面板中“图案填充”按钮。

2)操作方法

完成如图 3-54(a)所示红色花岗岩的填充，具体操作步骤如下。

命令：输入“H”，回车，系统打开如图 3-55 所示“图案填充创建”选项卡，可在“图案”面板中选择要填充的图案，如红色花岗岩。

拾取内部点或 [选择对象(S)/放弃(U)/设置(T)]：单击要填充的闭合区域内的任意点，回车，完成图案填充，如图 3-54(b)所示。

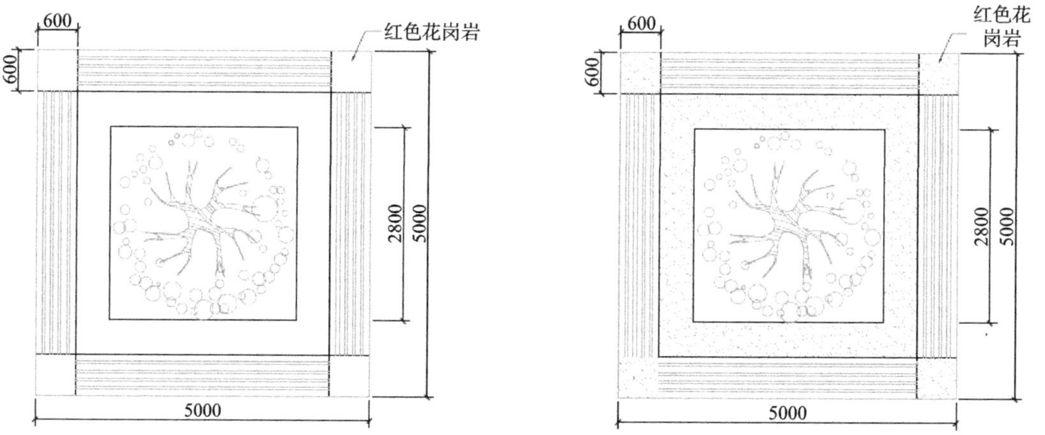

（a） （b）

图 3-54 图案填充

（a）未填充图案 （b）完成图案填充

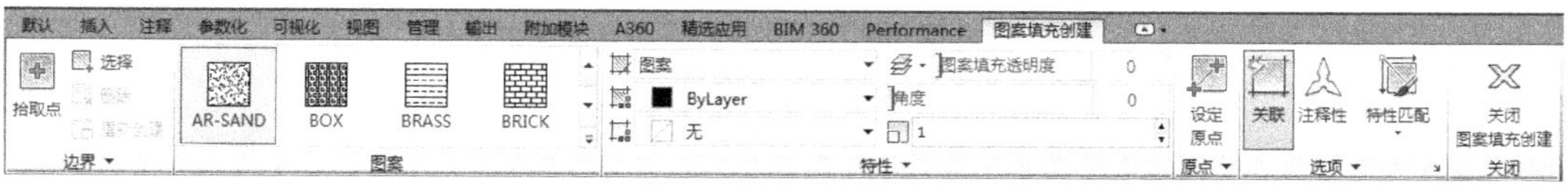

图 3-55 “图案填充创建”选项卡

3）选项说明

A.“边界”面板

“拾取点”：通过选择由一个或多个对象形成的封闭区域内的点，确定图案填充边界，如图 3-56 所示。指定内部点时，可以随时在绘图区域中单击鼠标右键以显示包含多个选项的快捷菜单。

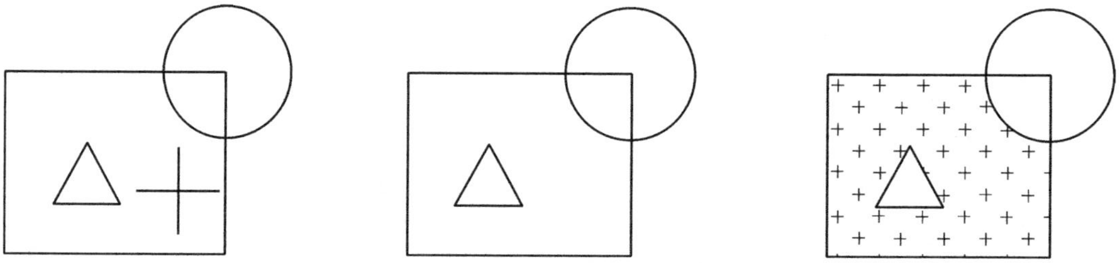

（a） （b） （c）

图 3-56 填充边界确定

（a）选择一点 （b）填充区域 （c）填充结果

“选择边界对象”：指定基于选定对象的图案填充边界。使用该选项时，不会自动检测内部对象，必须选择选定边界内的对象，以按照当前孤岛检测样式填充这些对象，如图 3-57 所示。

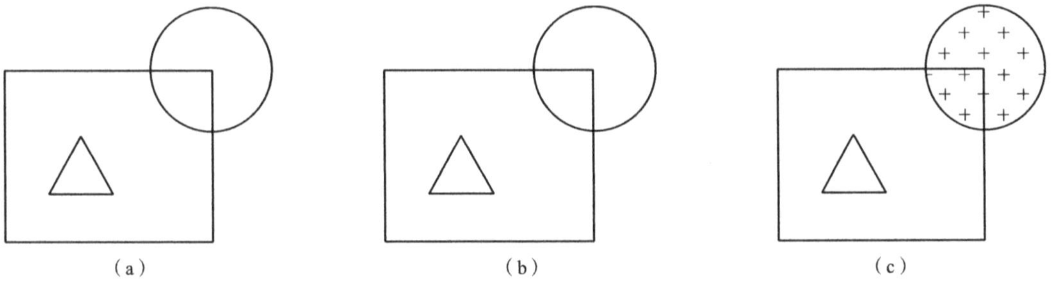

图 3-57　填充边界确定

(a)原始图形　(b)选取边界对象　(c)填充结果

“删除边界对象”:从边界定义中删除之前添加的任何对象,如图 3-58 所示。

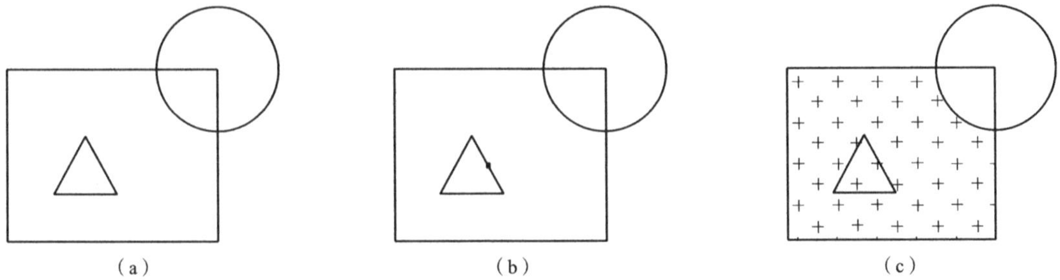

图 3-58　删除“岛”后的边界

(a)原始图形　(b)选取边界对象　(c)填充结果

“重新创建边界”:围绕选定的图案填充或填充对象创建多段线或面域,并使其与图案填充对象相关联(可选)。

“显示边界对象”:选择构成选定关联图案填充对象的边界的对象,使用显示的夹点可修改图案填充边界。

“保留边界对象”:指定如何处理图案填充边界对象,选项如下。

(1)不保留边界(仅在图案填充创建期间可用)。不创建独立的图案填充边界对象。

(2)保留边界多段线(仅在图案填充创建期间可用)。创建封闭图案填充对象的多段线。

(3)保留边界面域(仅在图案填充创建期间可用)。创建封闭图案填充对象的面域对象。

(4)选择新边界集。指定对象的有限集(称为“边界集”),以便通过创建图案填充时的拾取点进行计算。

B.“图案”面板

显示所有预定义和自定义图案的预览图像。

C.“特性”面板

“图案填充类型”:指定是使用纯色、渐变色、图案还是用户定义的填充。

“图案填充颜色”:替代实体填充和填充图案的当前颜色。

“背景色”:指定填充图案背景的颜色。

“图案填充透明度”:设定新图案填充或填充的透明度,替代当前对象的透明度。

“图案填充角度”:指定图案填充或填充的角度。

“填充图案比例”:放大或缩小预定义或自定义填充图案。

“相对图纸空间”:(仅在布局中可用)相对于图纸空间单位缩放填充图案。使用此选项,可很容易地做到以适合于布局的比例显示图案填充。

“双向”:(仅当“图案填充类型”设定为“用户定义”时可用)将绘制第二组直线,与原始直线成 90° 角,从而构成交叉线。

“ISO 笔宽”:(仅对于预定义的 ISO 图案可用)基于选定的笔宽缩放 ISO 图案。

D.“原点”面板

“设定原点”:直接指定新的图案填充原点。

“左下”:将图案填充原点设定在图案填充边界矩形范围的左下角。

“右下”:将图案填充原点设定在图案填充边界矩形范围的右下角。

“左上”:将图案填充原点设定在图案填充边界矩形范围的左上角。

“右上”:将图案填充原点设定在图案填充边界矩形范围的右上角。

“中心”:将图案填充原点设定在图案填充边界矩形范围的中心。

“使用当前原点”:将图案填充原点设定在 HPORIGIN 系统变量中存储的默认位置。

“存储为默认原点”:将新图案填充原点的值存储在 HPORIGIN 系统变量中。

E.“选项”面板

“关联”:指定图案填充或填充为关联图案填充。关联的图案填充或填充在用户修改其边界对象时将会更新。

“注释性”:指定图案填充为注释性。此特性会自动完成缩放注释过程,从而使注释能够以正确的大小在图纸上打印或显示。

“特性匹配”。

☆使用当前原点:使用选定图案填充对象(除图案填充原点外)设定图案填充的特性。

☆使用源图案填充的原点:使用选定图案填充对象(包括图案填充原点)设定图案填充的特性。

“允许的间隙”:设定将对象用作图案填充边界时可以忽略的最大间隙。默认值为 0,此值指定对象必须封闭区域而没有间隙。

“创建独立的图案填充”:当指定了几个单独的闭合边界时,确定是创建单个图案填充对象,还是创建多个图案填充对象。

“孤岛检测”。

☆普通孤岛检测:从外部边界向内填充。如果遇到内部孤岛,填充将关闭,直到遇到孤岛中的另一个孤岛。

☆外部孤岛检测:从外部边界向内填充。此选项仅填充指定的区域,不会影响内部孤岛。

☆忽略孤岛检测：忽略所有内部的对象，填充图案时将通过这些对象。

“绘图次序”：为图案填充或填充指定绘图次序。选项包括不更改、后置、前置、置于边界之后和置于边界之前。

F. “关闭”面板

关闭“图案填充创建”：退出 HATCH，并关闭上下文选项卡；也可以按“Enter”键或“Esc”键退出 HATCH。

2. 渐变色填充

1）执行方法

菜单栏：“绘图”→“渐变色”。

工具栏：“绘图”→“渐变色”。

命令行：GRADIENT（GD）。

功能区：单击“默认”选项卡“绘图”面板中“渐变色”按钮。

2）操作方法

绘制如图 3-59 所示图形效果，具体操作步骤如下。

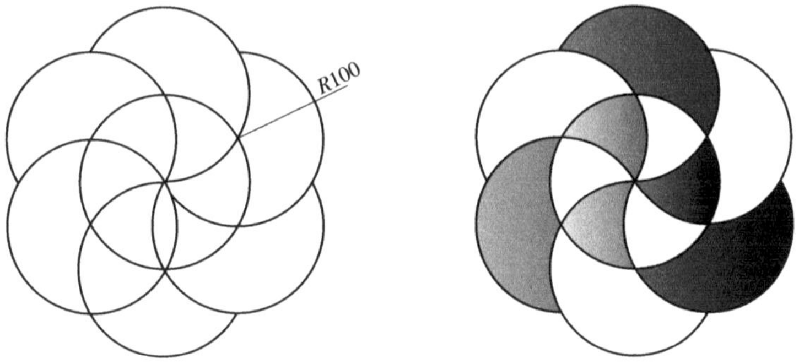

（a）　　（b）

图 3-59　渐变色填充

（a）未填充　（b）完成填充

命令：输入“GD”，回车，系统打开如图 3-60 所示“图案填充创建”选项卡，可在“图案”面板中选择要填充的图案，如单色，绿色。

拾取内部点或 [选择对象（S）/ 放弃（U）/ 设置（T）]：单击要填充的闭合区域内任意点，回车，依次完成图案填充，如图 3-59（b）所示。

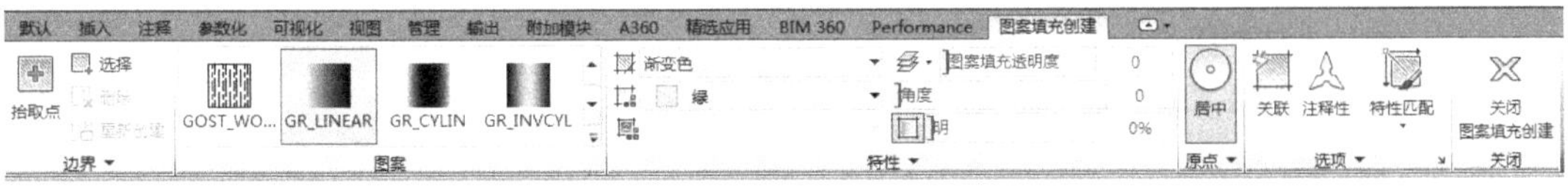

图 3-60　“图案填充创建”选项卡

3. 填充图案编辑

道路各要素在进行图案填充后，可通过多种方式对现有的图案对象进行编辑。

1）执行方法

菜单栏:“修改”→“对象”→“图案填充” 图案填充(H)...。

工具栏:“修改”→“图案填充编辑”。

命令行:HATCHEDIT(HE)。

功能区:单击“默认”选项卡“修改”面板中“图案填充编辑“按钮。

快捷菜单:选中填充的图案,单击鼠标右键,在打开的快捷菜单中选择“图案填充编辑”命令,如图 3-61 所示。

快捷方法:直接选择填充的图案,打开“图案填充编辑器”选项卡,如图 3-62 所示。

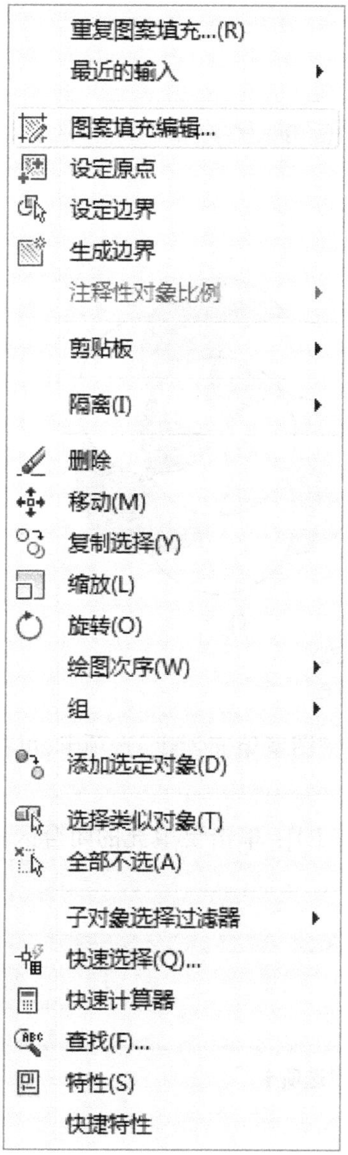

图 3-61 “快捷菜单”

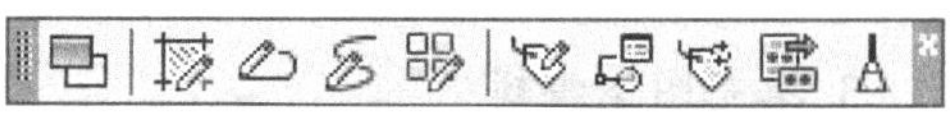

图 3-62 “图案填充编辑器”选项卡

2)操作方法

命令行:输入“HE”,回车。

选择图案填充对象:单击要修改的图案,系统弹出“图案填充编辑”对话框,可根据绘图需要对图案及其填充特性进行修改,也可以对图案样式、图案的比例大小、旋转角度等进行重新调整。

3.1.7.3　实例

绘制如图 3-63 所示的图形对象,并对其进行图案填充。

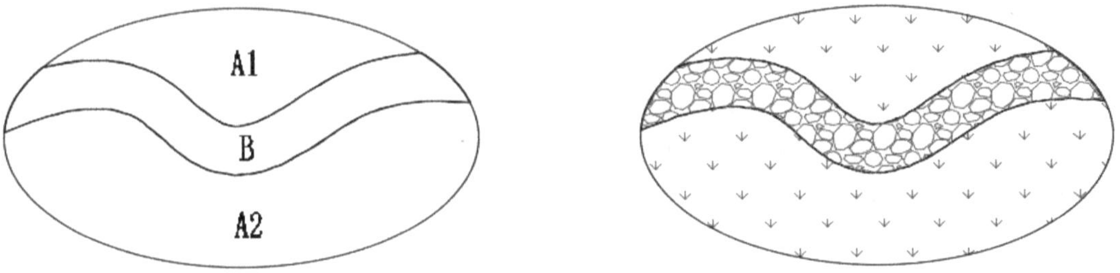

(a)　(b)

图 3-63　创建边界与图案填充

(a)未填充　(b)完成填充

3.2　图形对象编辑

当绘制一幅漂亮的图时,仅仅靠绘图工具下的命令是不能完成的,还必须借助图形编辑工具来实现。图形编辑工具功能很多,可以进行删除、复制、镜像、平行复制、阵列、移动……如图 3-64 所示,这些编辑命令不仅能够使画面效果更好,而且能够更加快速、准确地完成图形。

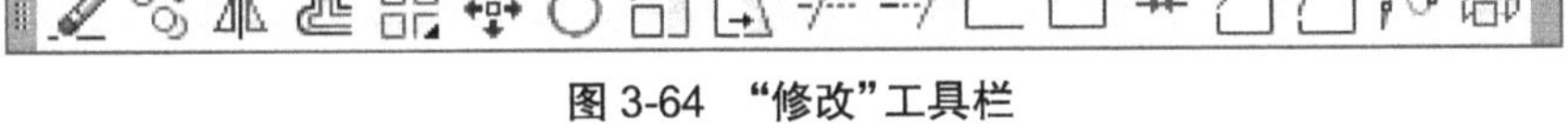

图 3-64　“修改”工具栏

3.2.1　选择对象

选择对象是进行编辑的前提, AutoCAD 提供了多种选择对象的方法,如点选方法、用选择窗口选择对象、用选择线选择对象、用对话框选择对象等, AutoCAD 2016 可以把选择的多个对象组成整体,如选择集和对象组,进行整体的编辑与修改。

3.2.1.1　图形编辑方式

AutoCAD 2016 提供以下两种图形编辑方式。

(1)先执行编辑命令,再选择要编辑的对象,这适用于所有 AutoCAD 的命令操作。

(2)先选择要编辑的对象,再执行编辑命令,这是为了兼容 Windows 用户的操作习惯。

3.2.1.2 选择对象方法

AutoCAD 2016 选择对象的方式有多种，最常用的是下面两种方法。

1. 单选法

直接单击图形对象，被选中的图形变成虚线，并出现几个蓝色的小矩形框表示其关键点。可以连续选择多个图形对象进行编辑。对于误选的对象，按住 Shift 键并再次选择该对象，即可将其从当前选择集中抹除。

2. 框选法

单击矩形框的两个对角点，则在矩形框中的对象被选中。根据选择点的顺序不同，会形成不同的选择方式。若先选择矩形框的左角点，拖出的矩形框为实线，称为窗口方式。此时，只有当图形对象完全处于矩形框内才能被选中，如图 3-65（a）所示。若先选择右边角点，拖出的矩形框为虚线，称为交叉方式。此时，只要图形对象有一部分在矩形框内即被选中，如图 3-65（b）所示。

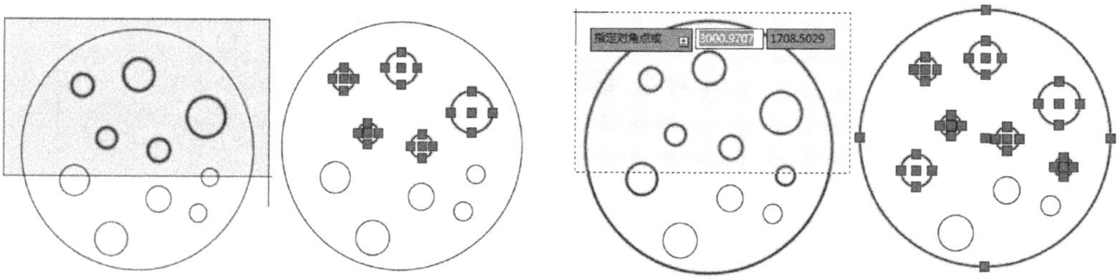

（a） （b）

图 3-65 框选法选择对象

（a）从左到右框选 （b）从右到左框选

3.2.1.3 其他选择对象的方法

1. 执行方式

命令行：SELECT。

2. 操作方法

执行该命令后，命令行将显示"选择对象"提示，并且十字光标将被替换为拾取框。此时，可以用上述单选法和框选法选择。输入"?"时，命令行将显示所有选择方法：

需要点或窗口（W）/ 上一个（L）/ 窗交（C）/ 框（BOX）/ 全部（ALL）/ 栏选（F）/ 圈围（WP）/ 圈交（CP）/ 编组（G）/ 添加（A）/ 删除（R）/ 多个（M）/ 前一个（P）/ 放弃（U）/ 自动（AU）/ 单个（SI）/ 子对象（SU）/ 对象（O）。

3. 选项说明

"窗口（W）"：输入"W"，任意指定一个矩形窗口，只有完全在该窗口中的对象才会被选择。

"上一个（L）"：输入"L"，则选取最后一次创建的可见对象，但对象必须在当前的模型空间或图纸空间中，并且该对象所在图层不能处于"冻结"或"关闭"状态。

"窗交（C）"：输入"C"，任意指定一个矩形窗口，则只要对象有部分在该窗口中，该对象就会被选择。

“框(BOX)”:输入“BOX”,从左向右拉选择框,只有完全在该选择框中的对象才会被选择;而从右向左拉选择框,只要对象有部分在该窗口中,该对象就会被选择。这种方法与前面提到的默认的框选法类似,不同的是当指定的选择框的第一个角点正好压在某个对象上时,这种方法不会直接选择该对象,而继续执行指定对角点。

“全部(ALL)”:输入“ALL”,即可选择解冻的图层上的所有对象。

“栏选(F)”:输入“F”,然后指定各点,则所有与栏选点连线相交的对象均会被选取,如图 3-66 所示。栏选可以不闭合。

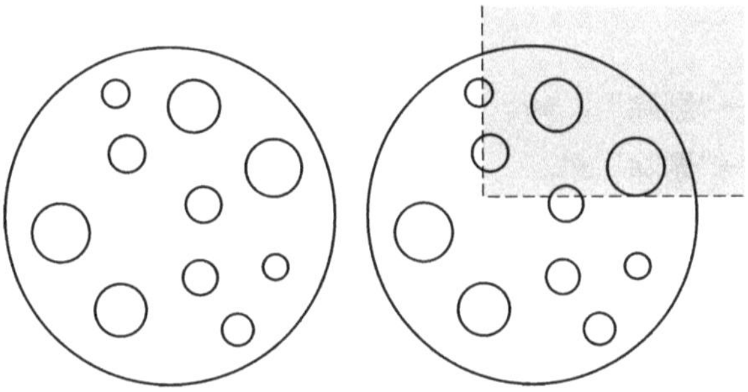

图 3-66 栏选法选择对象

“圈围(WP)”:输入“WP”,然后指定不规则窗口的各顶点,最后按“Enter”键或单击鼠标右键确认,如果给定的多边形不封闭,系统会自动将其封闭。窗口显示为实线,完全在多边形窗口中的对象将会被选取,如图 3-67 所示。

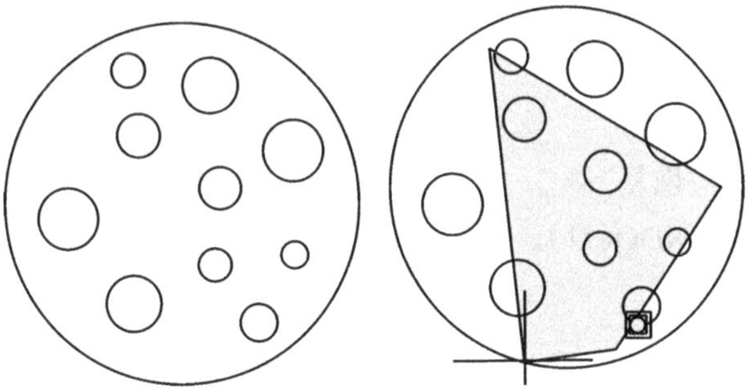

图 3-67 圈围法选择对象

“圈交(CP)”:输入“CP”,后续操作与“圈围”方法类似,但执行的结果为不规则窗口显示为虚线,只要对象有部分在不规则窗口内,对象就会被选取。

“编组(G)”:输入“G”,然后根据命令行提示输入编组名,并按“Enter”键确认,则会选择指定组中的全部对象。使用该方法的前提是已经对对象进行了编组。

“添加(A)”:输入“A”,可以使用任何对象选择方法将选定对象添加到选择集。

“删除(R)”:输入“R”,可以使用任何对象选择方法从当前选择集中删除对象。

“多个(M)”:输入“M”,多次选择而不用高亮或虚线方式显示对象,加快对复杂对象的选择过程。

“前一个(P)”:输入“P”,则选取最近创建的选择集。

“放弃(U)”:输入“U”,则放弃选择最近加到选择集中的对象。

“自动(AU)”:输入“AU”,则切换到自动选择,指向一个对象即可选择对象;指向对象内部或外部的空白区,将形成框选方法定义的选择框的第一个角点。

“单个(SI)”:输入“SI”,则切换到单选模式,选择指定的第一个或第一组对象而不继续提示进一步选择。

3.2.2 删除与恢复

3.2.2.1 删除

1. 执行方法

菜单栏:“修改”→“删除”。

工具栏:“修改”→“删除”。

命令行:ERASE(E)。

功能区:单击“默认”选项卡“修改”面板中的“删除”按钮。

快捷菜单:选择要删除的对象,在绘图区域单击鼠标右键打开快捷菜单,选择“删除”。

2. 操作方法

命令:输入“E”,回车。

选择对象:选择要删除的对象,然后按“Enter”键(或空格键)或单击鼠标右键确认,即可删除对象。

此外,在系统未执行其他命令的时候,直接选中要删除的对象,单击修改工具栏中的“删除”按钮,或直接按“Delete”键,即可完成删除。

3.2.2.2 恢复命令

1. 执行方法

工具栏:“标准”→“恢复”。

命令行:OOPS 或 UNDO(U)。

快捷键:Ctrl+Z。

2. 操作方法

命令:输入“OOPS”,按“Enter”键确认。

3.2.3 复制、镜像与偏移

3.2.3.1 复制

1. 执行方法

菜单栏:“修改”→“复制”。

工具栏:“修改”→“复制”。

命令行:COPY(CO)。

功能区:单击“默认”选项卡“修改”面板中的“复制”按钮。

快捷菜单：选择要复制的对象，在绘图区域单击鼠标右键打开快捷菜单，选择“复制”。

2. 操作方法

1）复制单个或多个物体

命令行：输入“CO”，回车。

选择对象：单击要复制的物体，物体变为高亮，表示将物体选中，回车或单击鼠标右键，向下执行命令。

指定基点或 [位移（D）/ 模式（O）] < 位移 >：

指定第二个点或 [阵列（A）] < 使用第一个点作为位移 >：单击鼠标左键指定一个基点，可以在物体本身上单击，也可在任意一点单击，再移动光标至另一点，单击鼠标左键即可。连续单击可以复制多个物体。

2）从一幅图中复制到另一幅图中

在视图中选择物体，单击鼠标右键选择“复制”选项或按“Ctrl+C”键，在另外一幅图中单击鼠标右键选择粘贴或按“Ctrl+V”键，即可将物体从一幅图中复制到另一幅图中。

3. 选项说明

“位移（D）”：使用坐标指定相对距离和方向。

“模式（O）”：控制是否自动重复该命令。该设置由 COPYMODE 系统变量控制，当 COPYMODE 变量为 0 时可多次重复复制图形，当 COPYMODE 变量为 1 时只能复制一次。

3.2.3.2　镜像

1. 执行方法

菜单栏：“修改”→“镜像” 镜像(I)。

工具栏：“修改”→“镜像”。

命令行：MIRROR（MI）。

功能区：单击“默认”选项卡“修改”面板中的“镜像”按钮。

2. 操作方法

绘制庭院灯灯头，具体操作步骤如下。

命令：输入“MI”，回车。

选择对象：选择要镜像的图形，如图 3-68（a）所示。

指定镜像线的第一点：选择点 A。

指定镜像线的第二点：选择点 B。

要删除源对象吗？ [是（Y）/ 否（N）] < 否 >：N，回车，即完成图 3-68（b）所示的绘制。

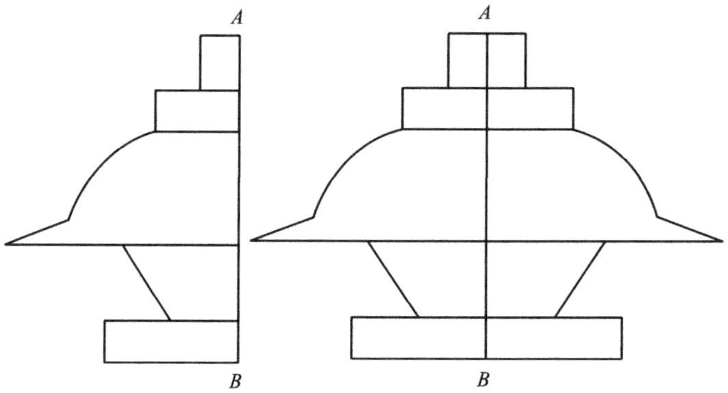

（a）　　　　（b）

图 3-68　镜像物体的方法

（a）要镜像图形　（b）源对象和镜像图形

3.2.3.3　偏移

偏移也称平行复制，可以创建与选定物体相似的新物体的形状。偏移命令可用于创建同心圆、平行线或等距曲线。

1. 执行方法

菜单栏：“修改”→“偏移” 偏移(S)。

工具栏：“修改”→“偏移”。

命令行：OFFSET（O）。

功能区：单击“默认”选项卡“修改”面板中的“偏移”按钮。

2. 操作方法

命令：输入“O”，回车。

当前设置：删除源 = 否　图层 = 源　OFFSETGAPTYPE=0。

指定偏移距离或 [通过（T）/ 删除（E）/ 图层（L）] <40.0000>：输入“20”，回车。

选择要偏移的对象或 [退出（E）/ 放弃（U）] < 退出 >：选择要偏移的对象，即矩形框边缘，如图 3-69（a）所示。

指定要偏移的那一侧上的点或 [退出（E）/ 多个（M）/ 放弃（U）] < 退出 >：向左或向右单击空白处，即可以完成物体的偏移，如图 3-69（b）所示。

（a）　　　　（b）

图 3-69　偏移物体的方法

（a）源对象　（b）完成偏移后

为了使用方便,偏移命令可重复偏移多个对象。要退出该命令,可按“Enter”键。

3. 选项说明

“偏移距离”:生成对象距离偏移对象的距离。

“通过”:偏移对象通过选定点。

“删除”:确定是否删除源对象。

“图层”:确定将偏移对象创建在当前图层上,还是源对象所在的图层上。

“退出”:退出偏移命令。

“放弃”:恢复前一个偏移。

3.2.3.4　实例:庭院灯的绘制

完成如图 3-70 所示庭院灯的绘测。

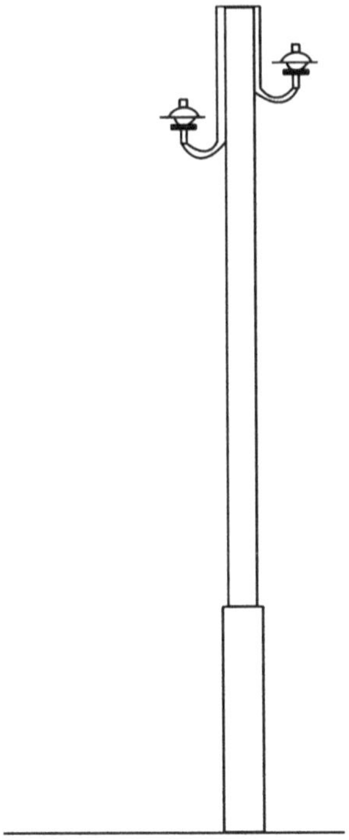

图 3-70　两火喇叭形庭院灯

3.2.4　移动与旋转

3.2.4.1　移动

1. 执行方法

菜单栏:“修改”→“移动”。

工具栏:“修改”→“移动”。

命令行:MOVE(M)。

功能区:单击“默认”选项卡“修改”面板中的“移动”按钮。

2. 操作方法

命令:输入“M”,回车。

选择对象:选取要移动的圆和中心线,如图 3-71(a)所示。

指定基点或[位移(D)]<位移>:选取圆心 A 为基点。

指定第二个点或<使用第一个点作为位移>:移动光标到 B 点,即可完成物体的移动,如图 3-71(b)所示。

(a) (b)

图 3-71 物体的移动

(a)移动前 (b)移动后

当系统提示“指定第二个点”时,也可以通过输入第二个点的绝对或相对坐标指定第二个点。

3.2.4.2 旋转

使对象绕某一指定点旋转指定的角度。

1. 执行方法

菜单栏:“修改”→“旋转” 旋转(R)。

工具栏:“修改”→“旋转”。

命令行:ROTATE(RO)。

功能区:单击“默认”选项卡“修改”面板中的“旋转”按钮。

2. 操作方法

命令:输入“RO”,回车。

UCS 当前的正角方向:ANGDIR= 逆时针 ANGBASE=0。

选择对象:鼠标左键单击要选择的物体,如图 3-72(a)所示,单击鼠标右键向下执行命令。

指定基点:单击鼠标左键任意确定一个旋转的基点。

指定旋转角度或[复制(C)/参照(R)]<0>:输入“45”,回车,即可将物体旋转 45°,如图 3-72(b)所示。

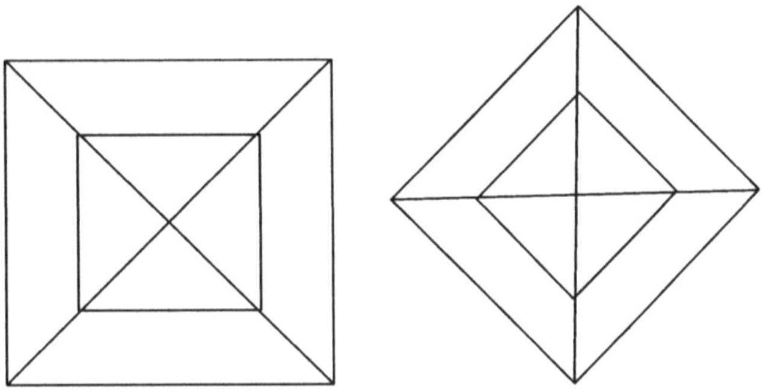

（a） （b）

图 3-72 物体的旋转

（a）旋转前 （b）旋转后

3.2.5 缩放、拉伸与拉长

3.2.5.1 缩放

1. 执行方法

菜单栏:“修改”→“缩放”

。

工具栏:“修改”→“缩放”。

命令行:SCALE(SC)。

功能区:单击“默认”选项卡“修改”面板中的“缩放”按钮。

2. 操作方法

普通视图缩放,具体操作步骤如下。

命令:输入“SC”,回车。

选择对象:单击需要缩放的物体选择对象,如图 3-73(a)所示,单击鼠标右键向下执行命令。

指定基点:单击任意点确定一个缩放的基点。

指定比例因子或 [复制(C)/ 参照(R)]: 输入“0.5”,即可完成缩放,如图 3-73(b)所示样式,下方的物体被缩放为原来物体的 1/2。如果要放大 2 倍,可以输入“2”,要放大 3 倍,输入“3”即可。

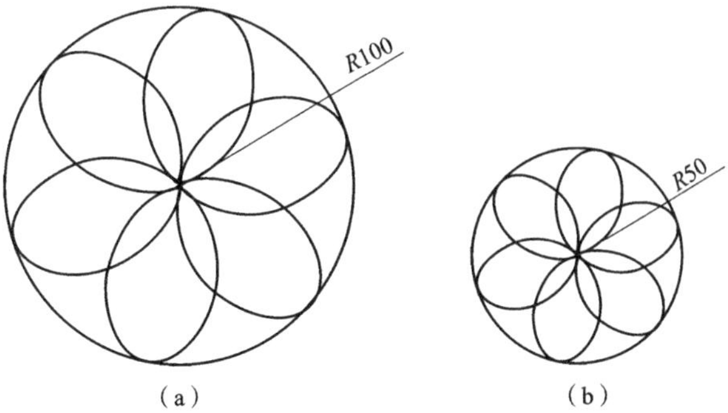

（a） （b）

图 3-73 物体的旋转

（a）缩放前 （b）缩放后

3. 选项说明

“复制(C)”:创建要缩放的对象的副本,即进行缩放的同时保留原对象。

“参照(R)”:按参照长度和指定的新长度缩放对象,即缩放的比例因子 = 新长度值 / 参照长度值。

3.2.5.2 拉伸

拉伸即在某个方向上按照指定的尺寸,调整图形大小及位置。运用拉伸命令可使操作灵活方便。

1. 执行方法

菜单栏:“修改”→“拉伸”拉伸(H)。

工具栏:“修改”→“拉伸”。

命令行:STRETCH(S)。

功能区:单击“默认”选项卡“修改”面板中的“拉伸”按钮。

2. 操作方法

花架宽度为 2 700 mm,如图 3-74(a)所示,将宽度尺寸改为 3 000 mm,操作方法如下。

命令: 输入“S”,回车。

以交叉窗口或交叉多边形选择要拉伸的对象。

选择对象: 按住鼠标左键选择花架右半部分自右至左拖动,不能全部选择,如图 3-74(b)所示。

指定基点或[位移(D)]<位移>:在绘图区域任意指定一点。

指定第二个点或<使用第一个点作为位移>: 向右拖动鼠标,输入需要拉伸的长度;如 3 000,回车即可,花架宽度即由 2 700 mm 改为 3 000 mm。整体修改效果如图 3-74(c)所示。

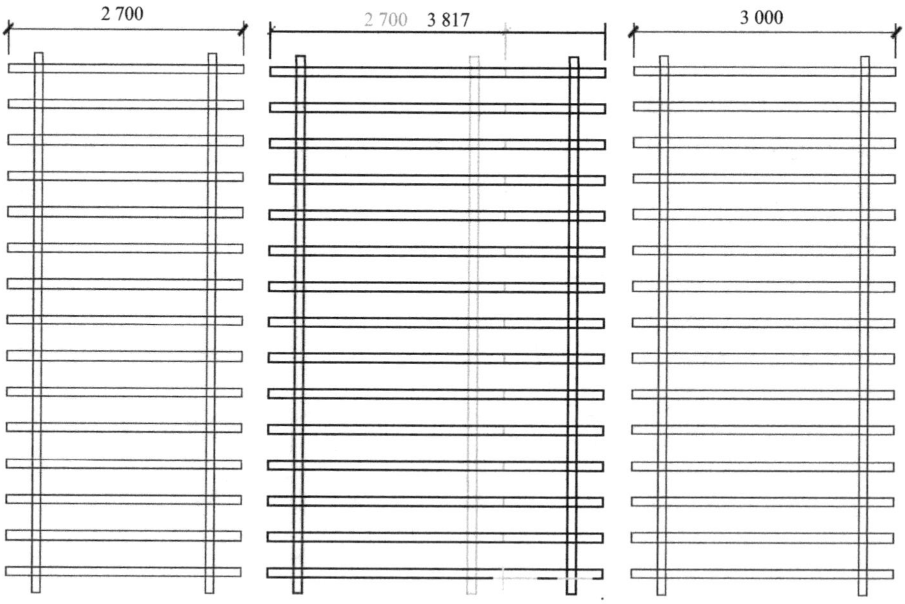

(a) (b) (c)

图 3-74 拉伸物体

(a)花架宽度 (b)交叉选择拉伸 (c)整体拉伸

3.2.5.3 拉长

1. 执行方法

菜单栏:“修改”→“拉长” 拉长(G)。

命令行:LENGTHEN(LEN)。

功能区:单击“默认”选项卡“修改”面板中的“拉伸”按钮。

2. 操作方法

将图 3-75(a)中的直线 1、2、3 拉长为图 3-75(c)所示效果,具体操作步骤如下。

命令: 输入“LEN”,回车。

选择要测量的对象或 [增量(DE)/ 百分比(P)/ 总计(T)/ 动态(DY)] < 增量(DE)>: 选择直线 1。

当前长度:120.0000。

选择要测量的对象或 [增量(DE)/ 百分比(P)/ 总计(T)/ 动态(DY)] < 增量(DE)>: 输入“DE”,回车。

输入长度增量或 [角度(A)] <80.0000>: 80。

选择要修改的对象或 [放弃(U)]:选择直线 1,单击鼠标左键确认,如图 3-75(b)所示。

直线 2 和直线 3 可采取相同的方法完成绘制,如图 3-75(c)所示。

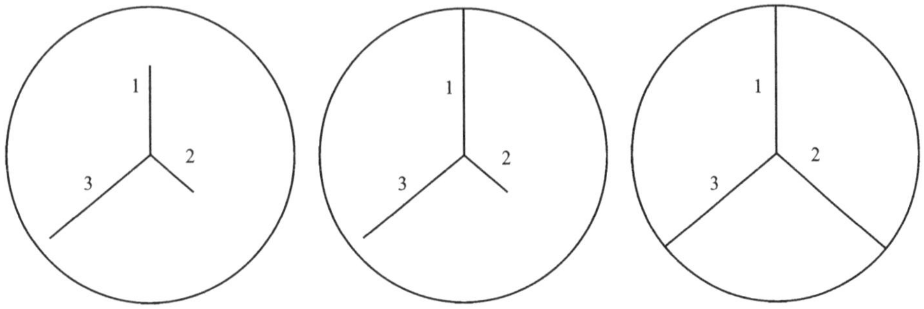

(a) (b) (c)

图 3-75 物体的拉长

(a)初始图形 (b)拉长 1 号线 (c)完成全部线条拉长

3. 选项说明

“选择对象”:显示指定直线的长度,或圆弧的长度和包含角。

“增量(DE)”:执行该选项后,命令行将提示“输入长度增量或 [角度(A)]< 默认值 >:”。

若需要拉长的对象为直线,则直接输入长度增量(输入正值为拉长,输入负值为缩短);若需要拉长的对象为圆弧,则输入“A”,接着输入圆弧对象的包含角增量。

“百分比(P)”:对象将按指定的百分比改变长度,当输入的值小于 100 时,对象长度缩短;值大于 100 时,对象拉长。

“总计(T)”:对象按输入尺寸改变。

“动态(DY)”:执行此选项后,命令行提示“指定新端点”,此时通过鼠标以拖动的方式动态确定线段或圆弧的新端点位置。

3.2.6 修剪与延伸

3.2.6.1 修剪

1. 执行方法

菜单栏:“修改”→“修剪” 修剪(T)。

工具栏:“修改”→“修剪”。

命令行:TRIM(TR)。

功能区:单击“默认”选项卡“修改”面板中的“修剪”按钮。

2. 操作方法

命令:输入“TR”,回车。

当前设置:投影 =UCS,边 = 无。

选择剪切边。

选择对象或 < 全部选择 >:选定如图 3-76(a)所示的五角星各边作为修剪边界。

选择要修剪的对象,或按住“Shift”键选择要延伸的对象,或[栏选(F)/ 窗交(C)/ 投影(P)/ 边(E)/ 删除(R)/ 放弃(U)]:依次选择 *AB*、*BC*、*CD*、*DE*、*EA* 线,即可完成五角星的修剪,如图 3-76(b)所示。

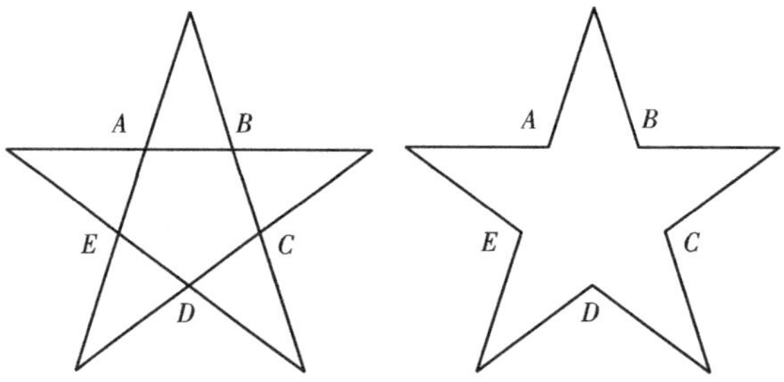

(a) (b)

图 3-76 物体的修剪

(a)初始图形 (b)完成线条修剪

3. 选项说明

“栏选(F)”:依次指定各个栏选点,与栏选点连接线相交的对象将被修剪。

“窗交(C)”:指定两个角点,矩形窗口内部或与之相交的对象将被修剪。

“投影(P)”:指定修剪对象时使用的投影方法,主要用于三维空间绘图。

“边(B)”:设定剪切边的隐含延伸模式。如果在此命令下选择“延伸”模式,即如果剪切边没有与被修剪的对象相交,系统会自动将剪切边延伸(只是隐含延伸,剪切边的实际长度不变),然后进行修剪;如果选择“不延伸”模式,即如果剪切边没有与被修剪的对象相交,就不进行修剪,只有真正相交才进行修剪。

“删除(R)”:将选定的对象删除。此选项提供了一种用来删除不需要的对象的简便方式,而无须退出再用删除命令。

“放弃(U)”:取消上一次的操作。

3.2.6.2　延伸

1. 执行方法

菜单栏:“修改”→“延伸” 延伸(D)。

工具栏:“修改”→“延伸”。

命令行:EXTEND(EX)。

功能区:单击“默认”选项卡“修改”面板中的“延伸”按钮。

2. 操作方法

1)同时延伸多条直线

如图 3-77(a)所示,具体操作步骤如下。

命令: 输入“EX”,回车。

当前设置:投影 =UCS,边 = 无。

选择边界的边...

选择对象或 <全部选择>:单击鼠标左键选择要延伸到的线 *AB*,单击鼠标右键向下执行命令。

选择要延伸的对象,或按住 “Shift” 键选择要修剪的对象,或 [栏选(F)/ 窗交(C)/ 投影(P)/ 边(E)/ 放弃(U)]:F。

单击鼠标左键选择要延伸的线并自上至下绘制线段,如图 3-77(b)所示,单击鼠标右键确定,再次回车,即可完成直线 1、2、3、4 的延伸,如图 3-77(c)所示。

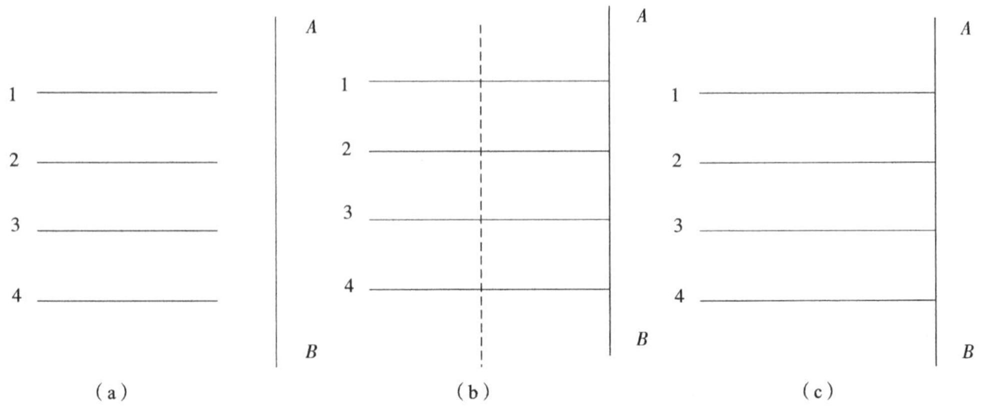

图 3-77　直线的延伸

(a)待延伸线　(b)绘制延伸边界线段　(c)完成直线延伸

2)夹角延伸

完成图 3-78(a)所示图形的闭合。

命令:输入“F”,回车。

当前设置:模式 = 修剪,半径 = 0.0000。

选择第一个对象或[放弃(U)/多段线(P)/半径(R)/修剪(T)/多个(M)]:输入“R”,回车。

指定圆角半径 <0.0000>:输入“0”,回车。

选择第一个对象或[放弃(U)/多段线(P)/半径(R)/修剪(T)/多个(M)]:选择直线 *AB*。

选择第二个对象,或按住“Shift”键选择对象以应用角点或[半径(R)]:选择直线 *CD*,即可完成夹角的延伸,形成闭合实体,如图 3-78(b)所示。

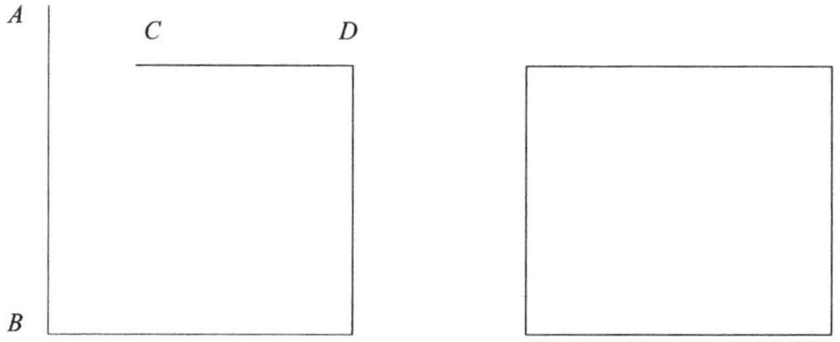

(a) (b)

图 3-78 夹角延伸

(a)未闭合图形 (b)夹角延伸后的闭合图形

3.2.7 打断和合并

3.2.7.1 打断

1. 执行方法

菜单栏:“修改”→“打断” 打断(K)。

工具栏:“修改”→“打断”。

命令行:BREAK(BR)。

功能区:单击“默认”选项卡“修改”面板中的“延伸”按钮。

2. 操作方法

在点 *A*、*B* 处打断矩形,如图 3-79(a)所示,具体操作步骤如下。

命令:输入“BR”,回车。

选择对象:指定点 *A* 的位置。

指定第二个打断点或[第一点(F)]:指定点 *B* 的位置,即可完成图形打断,如图 3-79(b)所示。

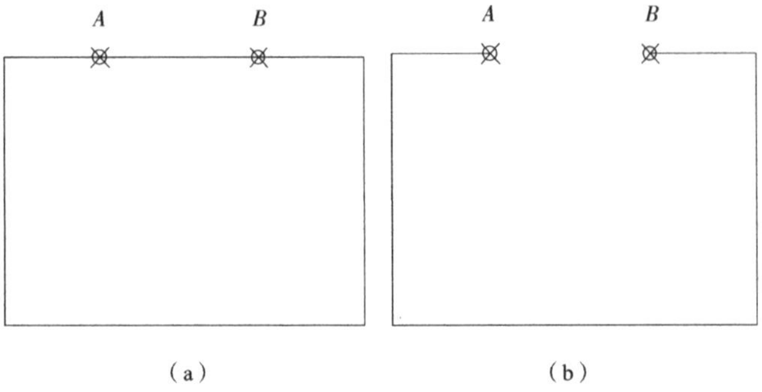

图 3-79 物体的打断

(a)初始图形 (b)线条打断

3.2.7.2 合并

1. 执行方法

菜单栏:“修改”→“合并” 合并(J) 。

工具栏:“修改”→“合并” 。

命令行:JOIN(J)。

功能区:单击“默认”选项卡“修改”面板中的“延伸”按钮 。

2. 操作方法

1)合并直线

命令:输入“J”,回车。

选择源对象或要一次合并的多个对象:选择线段 1、2、3,回车,3 条直线即合并为 1 条直线,如图 3-80 所示。

2)合并圆弧

命令:输入“J”,回车。

选择源对象或要一次合并的多个对象:选择圆弧 *A*、*B*,2 条圆弧即合并为 1 条圆弧,如图 3-81 所示。

合并的直线必须共线,合并的几段圆弧必须在一个圆上,当合并圆弧时,将从源对象的圆弧开始沿逆时针方向合并圆弧。

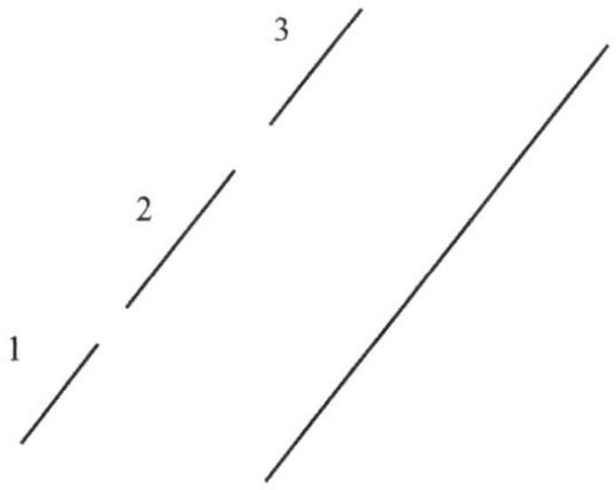

图 3-80 直线的合并

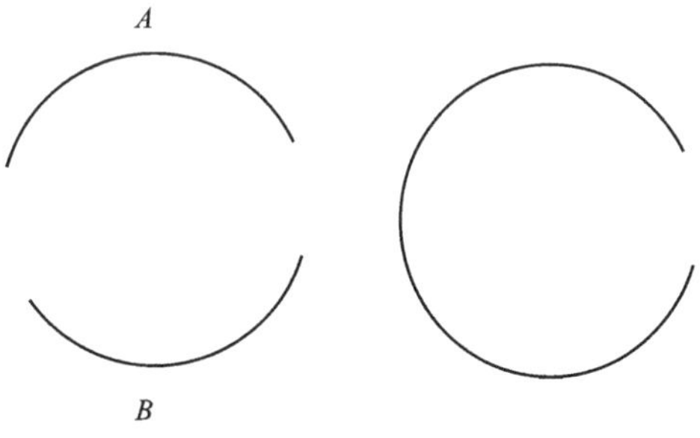

图 3-81 圆弧的合并

3.2.8 分解与夹点编辑

3.2.8.1 分解

1. 执行方法

菜单栏:“修改”→“分解”。

工具栏:“修改”→“分解”。

命令行:EXPLODE(X)。

功能区:单击“默认”选项卡“修改”面板中的“分解”按钮。

2. 操作方法

命令:输入“X”,回车。

选择对象:单击鼠标左键选择要分解的六边形,如图 3-82(a)所示,单击鼠标右键向下执行结束命令即可,如图 3-82(b)所示。

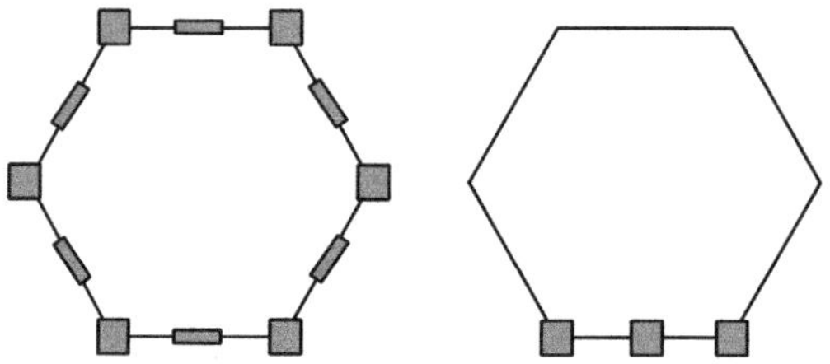

(a) (b)

图 3-82 物体的分解

(a)初始图形 (b)完成图形分解

3.2.8.2 夹点编辑

单击图形对象时,在对象的关键点上会出现一些实心小方块,这些小方块称为夹点。利用夹点功能可快速实现对象的拉伸、移动、修改等,夹点功能是 AutoCAD 提供的一种非常灵活的编辑功能。

1. 执行方法

当用户不执行任何命令而直接选择对象时,就会显示出对象的夹点。在选择对象时,夹点会显示不同的颜色框。

(1)没有选择任何夹点时,预设夹点颜色为蓝色,如图 3-83(a)所示。

(2)单击夹点,夹点框会变成红色,同时也会打开编辑夹点功能,用户可以利用夹点功能对对象进行编辑,如拉伸、移动、比例等,如图 3-83(b)所示。

(3)将光标移动到没有被选择的夹点上方,该夹点会变成浮动夹点,颜色会变成粉红色,同时显示对该夹点所能够进行操作的列表供用户选择。打开动态输入,在浮动夹点的状态下可以显示尺寸的信息,如图 3-83(c)所示。

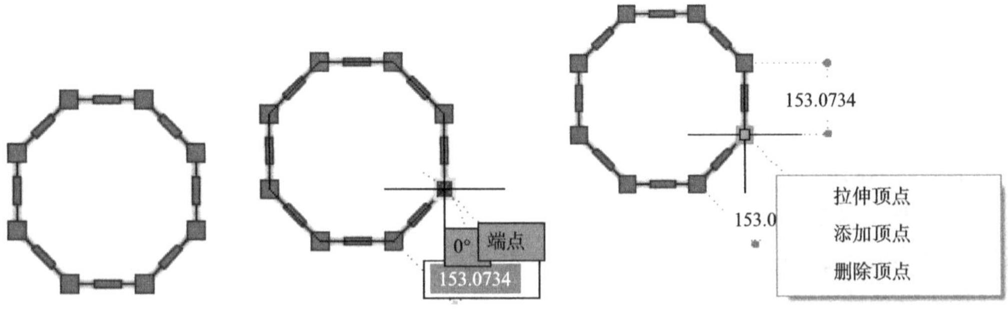

(a) (b) (c)

图 3-83 夹点功能

(a)未选择夹点 (b)选择夹点 (c)夹点动态输入

2. 操作方法

启用夹点后单击鼠标右键,将会显示夹点的编辑菜单。夹点编辑的系统默认为拉伸,用户不需要执行任何命令就可以利用快捷菜单执行编辑功能。

3.3 植物图例绘制及运用

3.3.1 阵列

使用阵列命令可以对对象进行一种有规则的多重复制。在设计图中,经常使用矩形和环形的方式排列对象,用户可以使用阵列(ARRAY)命令将同样的对象重复排列,做复制阵列。在 AutoCAD 2016 中,用户可以选择矩形、路径或环形的阵列形式。指定圆心、距离和每一种形式所需求的方式,以完成阵列操作。

3.3.1.1 执行方法

菜单栏:“修改”→“阵列” 阵列 。

工具栏:“修改”→“阵列”矩形阵列,路径阵列,环形阵列。

命令行:ARRAY(AR)。

功能区:单击“默认”选项卡“修改”面板中的“矩形阵列”按钮或矩形阵列下拉列表中的“路径阵列”按钮和“环形阵列”按钮。

3.3.1.2 操作方法

1. 矩形阵列

矩形阵列可以按指定的行和列,以及对象的间隔距离对对象进行多重复制,具体操作步骤如下。

命令:输入“AR”,回车。

选择对象:选择要阵列的源对象,回车。

选择对象: 输入阵列类型 [矩形(R)/ 路径(PA)/ 极轴(PO)] <矩形>: 输入“R”,回车,如图 3-84 所示。

类型 = 矩形 关联 = 是

选择夹点以编辑阵列或 [关联(AS)/ 基点(B)/ 计数(COU)/ 间距(S)/ 列数(COL)/ 行数(R)/ 层数(L)/ 退出(X)] < 退出 >: COL。

输入列数数或 [表达式(E)] <4>:输入“4”,回车或直接回车,默认。

指定列数之间的距离或 [总计(T)/ 表达式(E)] <75>:输入“80”,回车。

选择夹点以编辑阵列或 [关联(AS)/ 基点(B)/ 计数(COU)/ 间距(S)/ 列数(COL)/ 行数(R)/ 层数(L)/ 退出(X)] < 退出 >:输入“R”,回车。

输入行数或 [表达式(E)] <3>:输入“3”,回车。

指定行数之间的距离或 [总计(T)/ 表达式(E)] <120>:输入“120”,回车。

指定行数之间的标高增量或 [表达式(E)] <0>: 输入“0”,回车。

选择夹点以编辑阵列或 [关联(AS)/ 基点(B)/ 计数(COU)/ 间距(S)/ 列数(COL)/ 行数(R)/ 层数(L)/ 退出(X)] < 退出 >:按“Enter”键确认,结束命令,如图 3-85 所示。

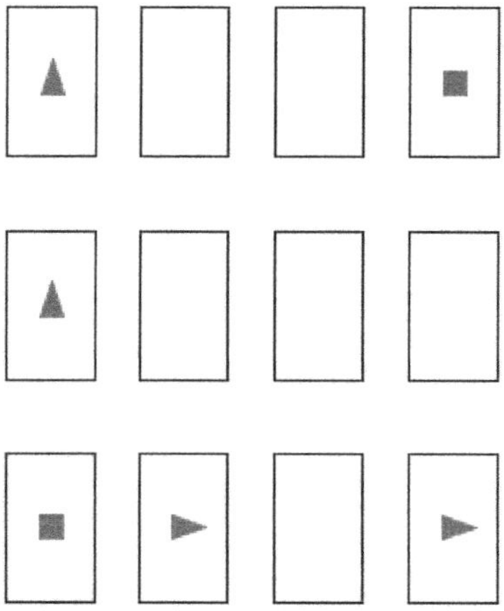

图 3-84 矩形阵列预览

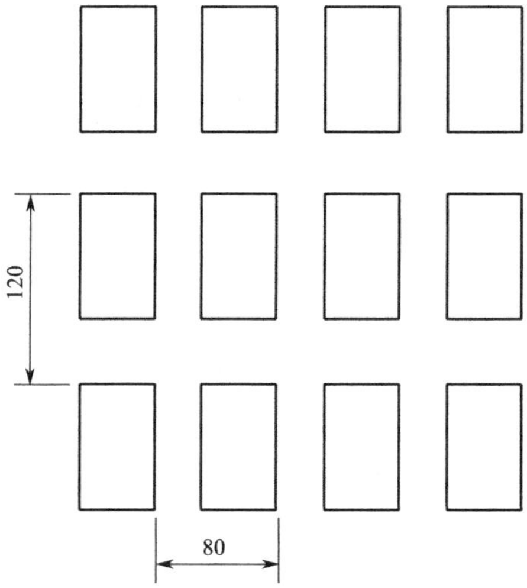

图 3-85 设置行间距和列间距的矩形阵列

在矩形阵列预览中出现六个夹点,其功能基本上对应于命令提示中的“基点(B)/ 计数(COU)/ 间距(S)/ 列数(COL)/ 行数(R)/ 层数(L)”,拖动夹点以调整间距以及行数和列数;同样也可以通过命令提示交互来调整矩形阵列参数。

2. 路径阵列

路径阵列可以定义阵列的路径曲线,以及沿着路径阵列的方向、项目数和间距等。

命令: 输入“AR”,回车。

选择对象: 选择要阵列的对象。

选择对象: 输入阵列类型 [矩形(R)/ 路径(PA)/ 极轴(PO)] < 路径 >: 输入“PA”,回车。

类型 = 路径 关联 = 是。

选择路径曲线:选择路径。

选择夹点以编辑阵列或 [关联(AS)/ 方法(M)/ 基点(B)/ 切向(T)/ 项目(I)/ 行(R)/ 层(L)/ 对齐项目(A)/ 方向(Z)/ 退出(X)] < 退出 >: 输入“I”,回车。

指定沿路径的项目之间的距离或 [表达式(E)] <151.1485>: 输入“155”,回车。

最大项目数 = 6。

指定项目数或 [填写完整路径(F)/ 表达式(E)] <6>:输入“6”,回车,如图 3-86 所示。

选择夹点以编辑阵列或 [关联(AS)/ 方法(M)/ 基点(B)/ 切向(T)/ 项目(I)/ 行(R)/ 层(L)/ 对齐项目(A)/z 方向(Z)/ 退出(X)] < 退出 >:再次回车,结束命令。

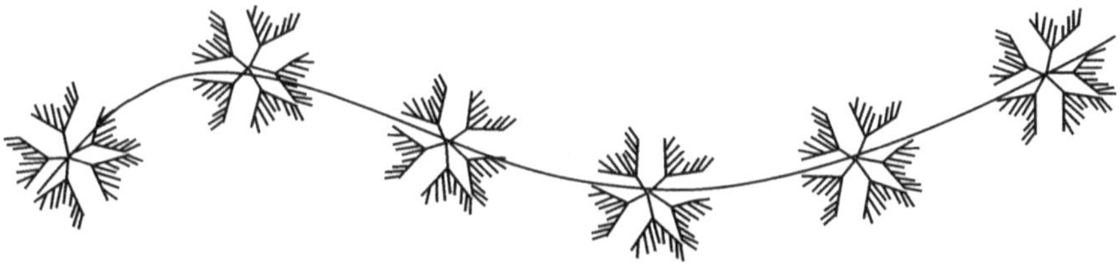

图 3-86 路径阵列

3. 环形阵列

环形阵列可以按指定的数目、旋转角度或对象间的角度进行多重复制,形成由选定的对象组成的环形阵列。

命令: 输入“AR”,回车。

选择对象:选择阵列的对象,如图 3-87(a)所示。

选择对象:输入阵列类型 [矩形(R)/ 路径(PA)/ 极轴(PO)] < 极轴 >: 输入“PO”,回车。

类型 = 极轴 关联 = 是。

指定阵列的中心点或 [基点(B)/ 旋转轴(A)]:选择阵列的中心点,如图 3-87(b)所示。

选择夹点以编辑阵列或 [关联(AS)/ 基点(B)/ 项目(I)/ 项目间角度(A)/ 填充角度(F)/ 行(ROW)/ 层(L)/ 旋转项目(ROT)/ 退出(X)] < 退出 >: 输入“I”,回车。

输入阵列中的项目数或 [表达式(E)] <12>: 输入“12”,回车。

选择夹点以编辑阵列或 [关联(AS)/ 基点(B)/ 项目(I)/ 项目间角度(A)/ 填充角度(F)/ 行(ROW)/ 层(L)/ 旋转项目(ROT)/ 退出(X)] < 退出 >: 输入“A”,回车。

指定项目间的角度或 [表达式(EX)] <30>:回车,默认角度 30° 。

选择夹点以编辑阵列或 [关联(AS)/ 基点(B)/ 项目(I)/ 项目间角度(A)/ 填充角度(F)/ 行(ROW)/ 层(L)/ 旋转项目(ROT)/ 退出(X)] < 退出 >:输入“F”,回车。

指定填充角度(+= 逆时针、-= 顺时针)或 [表达式(EX)] <360>: 回车,默认角度 360° ,

选择夹点以编辑阵列或 [关联(AS)/ 基点(B)/ 项目(I)/ 项目间角度(A)/ 填充角度(F)/ 行(ROW)/ 层(L)/ 旋转项目(ROT)/ 退出(X)] < 退出 >:再次回车,结束命令,完成图形绘制,如图 3-87(c)所示。

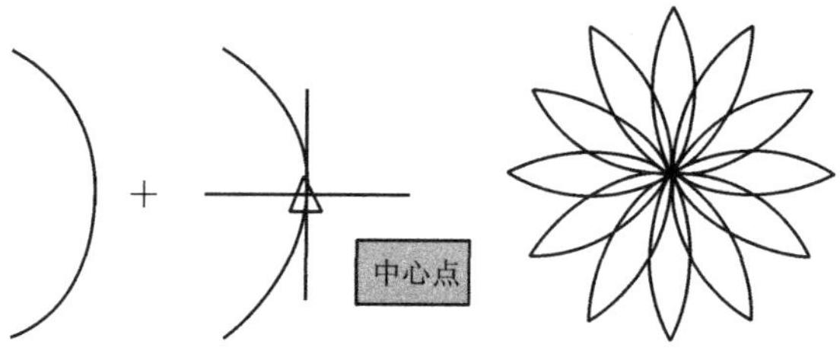

（a） （b） （c）

图 3-87 路径阵列

（a）阵列对象 （b）阵列中心点 （c）完成阵列图形

3.3.2 块

在绘图的过程中，常常会遇到有些要素和图形在同一张图纸中多次出现，或在不同的图纸中反复出现，如道路设计中的植物和小品设施，几乎在任何一张设计图中都有这几种要素的表达形式。如果用以往的手工绘图，需要一笔一笔地画，费工又费力，AutoCAD 绘图通过引用“块”的命令，大大改善了这种局面，提高绘图效率。

3.3.2.1 块的定义

1. 执行方法

菜单栏：“绘图”→“块”→“创建” 创建(M)...。

工具栏：“绘图”→“块”→“创建”。

命令行：BLOCK（B）。

功能区：单击“默认”选项卡“块”面板中的“创建”按钮，如图 3-88 所示，或单击“插入”选项卡“块定义”面板中的“创建块”按钮，如图 3-89 所示。

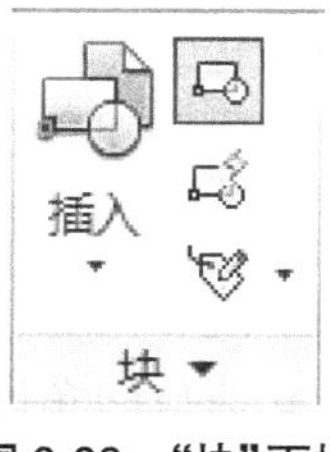

图 3-88 “块”面板

图 3-89 “块定义”面板

2. 操作方法

完成垂柳块的定义，具体操作步骤如下。

命令：输入“B”，回车，弹出“块定义”对话框，如图 3-90 所示。输入块的名称“垂柳”。

指定插入基点：拾取插入基点，回到“块定义”对话框。

选择对象：找到 52 个对象，回车，回到“块定义”对话框，单击 确定 按钮，即完成块的定义。图例定义前后如图 3-91 所示。

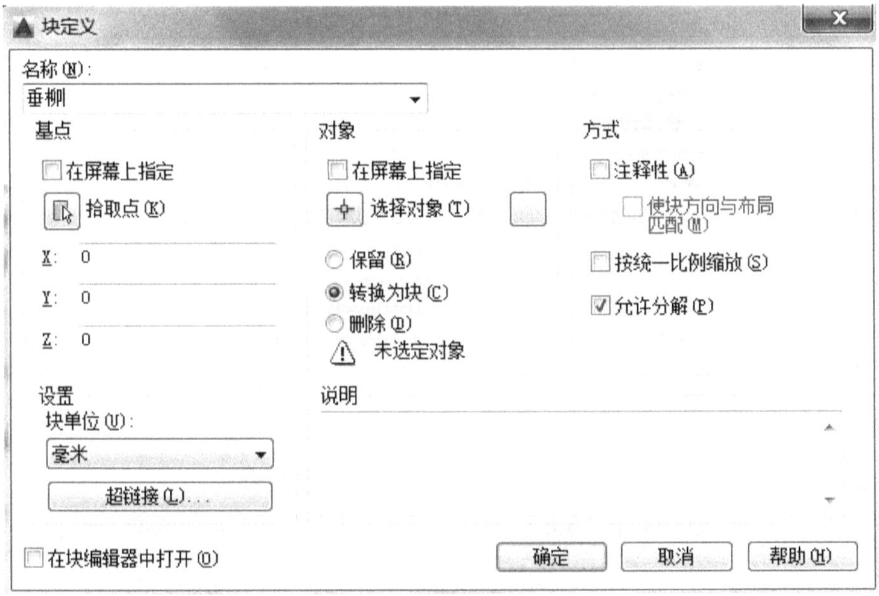

图 3-90 “块定义”对话框

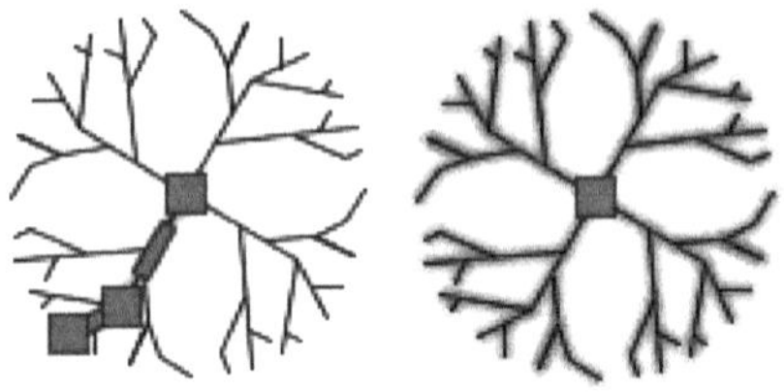

（a） （b）

图 3-91 “垂柳块”的定义

（a）定义前 （b）定义后

3.3.2.2 块的保存

1. 执行方法

命令行：WBLOCK（W）。

功能区：单击“插入”选项卡“块定义”面板中的“写块”按钮。

2. 操作方法

命令：输入“W”，回车，弹出“写块”对话框，如图 3-92 所示。

指定插入基点：拾取插入基点，回到“写块”对话框。

选择对象：找到 23 个对象，回车，回到“写块”对话框，单击确定按钮，即可完成块的保存。

此外，可以对块的名称和保存路径进行修改，单击…，弹出“浏览图形文件”对话框，修改块的名称，选择保存的路径，如图 3-93 所示，单击保存(S)按钮，回到“写块”对话框，单击确定按钮，亦可完成块的保存。

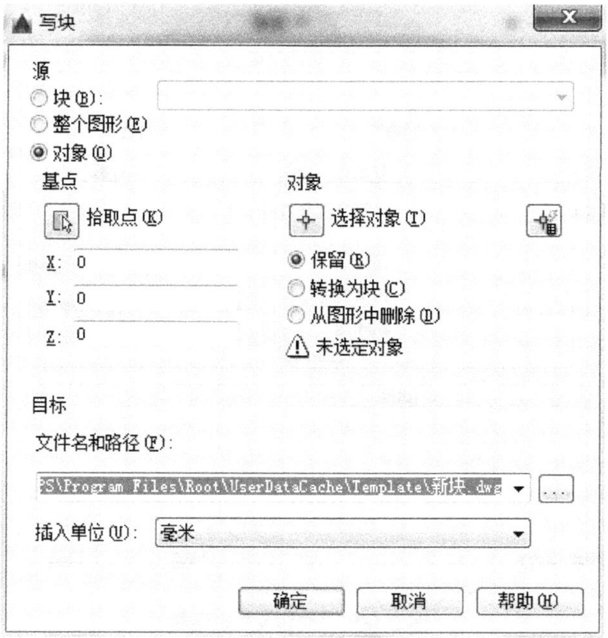

图 3-92 “写块”对话框

图 3-93 修改文件名和路径保存块

3.3.2.3 块的编辑

在应用编辑成块的物体时,会遇到调整样式或颜色等过程,操作方法如下。

(1)打开“参照编辑”工具栏,方法是单击视图上的灰色区域,再单击鼠标右键,弹出下拉列表，如图 3-94 所示，选择“参照编辑”，弹出“参照编辑”工具栏，如图 3-95 所示。

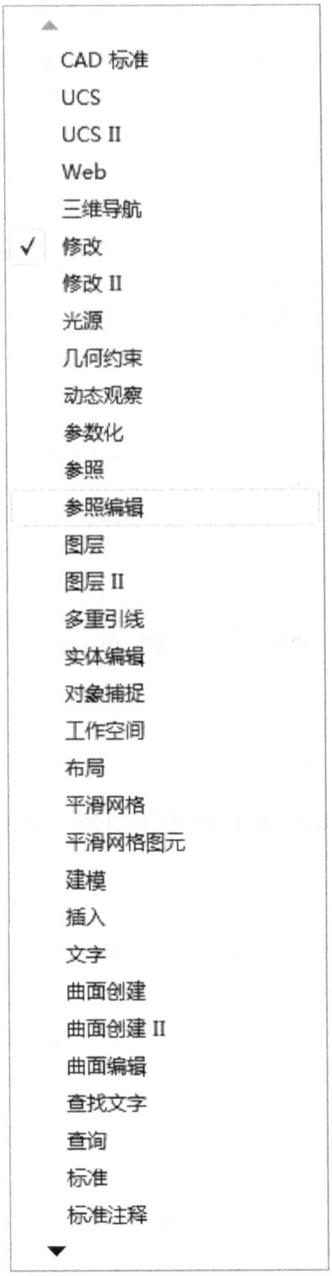

图 3-94　下拉列表

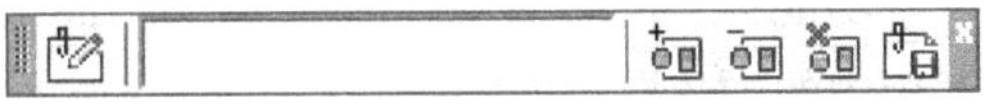

图 3-95　“参照编辑”工具栏

（2）选择“在位编辑参照”按钮并单击要修改的图形，弹出“参照编辑”对话框，如图 3-96 所示，单击“确定”按钮，选择属性进行修改，例如对图形的形态、颜色等都可以进行修改。

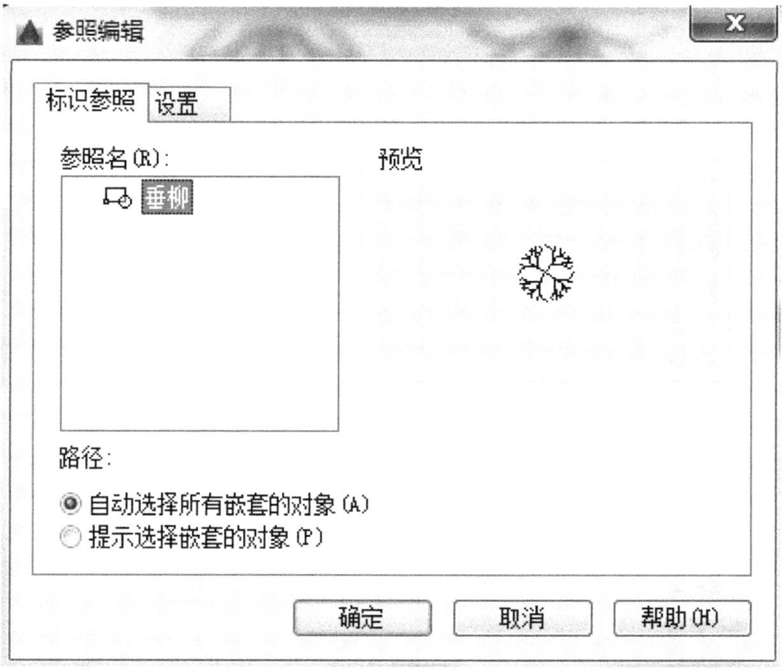

图 3-96 “参照编辑”对话框

(3)通过单击按钮,可以进行添加、减少图形,还可以关闭图形。单击“保存参照编辑”按钮,可以保存锁定图形样式,编辑完成。

3.3.2.4 块的插入

做好的图例编辑成块以后,可以插入所绘制的文件中,方便快捷。下面仍然以原图(垂柳)为例,讲述插入块的操作。

1. 执行方法

菜单栏:“插入”→“块” 块(B)... 。

工具栏:“插入”→“块”或“绘图”→“插入块”。

命令行:INSERT(I)。

功能区:单击“默认”选项卡“块”面板中的“插入”按钮,或单击“插入”选项卡“块”面板中的“插入”按钮。

2. 操作方法

命令:输入“I”,回车,弹出“插入”对话框,如图 3-97 所示,单击“确定”按钮。

指定插入点或 [基点(B)/ 比例(S)/X/Y/Z/ 旋转(R)]:在绘图区域指定插入点,即可完成块的插入。

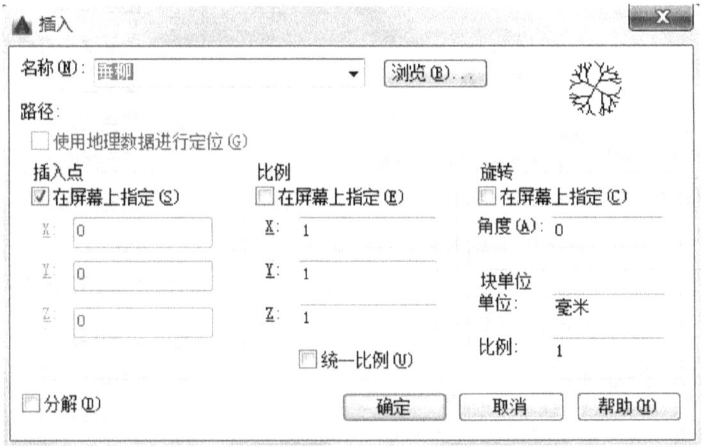

图 3-97 “插入”对话框

3.3.2.5 实例:植物图例的绘制与应用

完成如图 3-98 所示的花坛平面图的绘制。

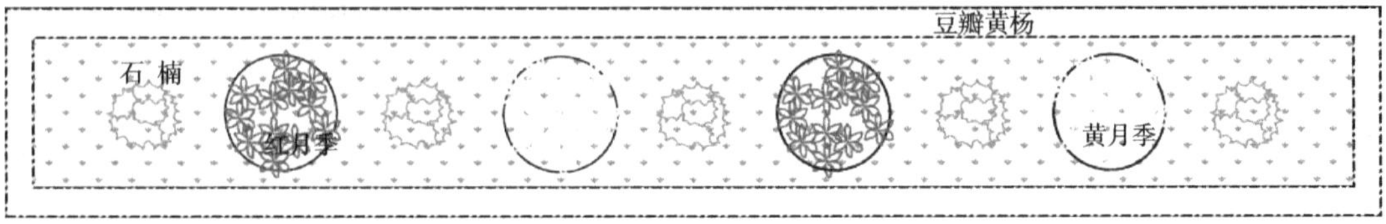

图 3-98 花坛平面图

3.4 平面图形综合绘制

3.4.1 图形单位和图形界限设置

3.4.1.1 图形单位设置

在应用程序菜单中选择“图形实用工具”→“单位”命令 0.0，如图 3-99 所示；或者选择“格式”菜单中的“单位”选项，如图 3-100 所示。AutoCAD 弹出“图形单位”对话框，如图 3-101(a)所示，用户可以根据需要进行绘图单位和精度的设置。

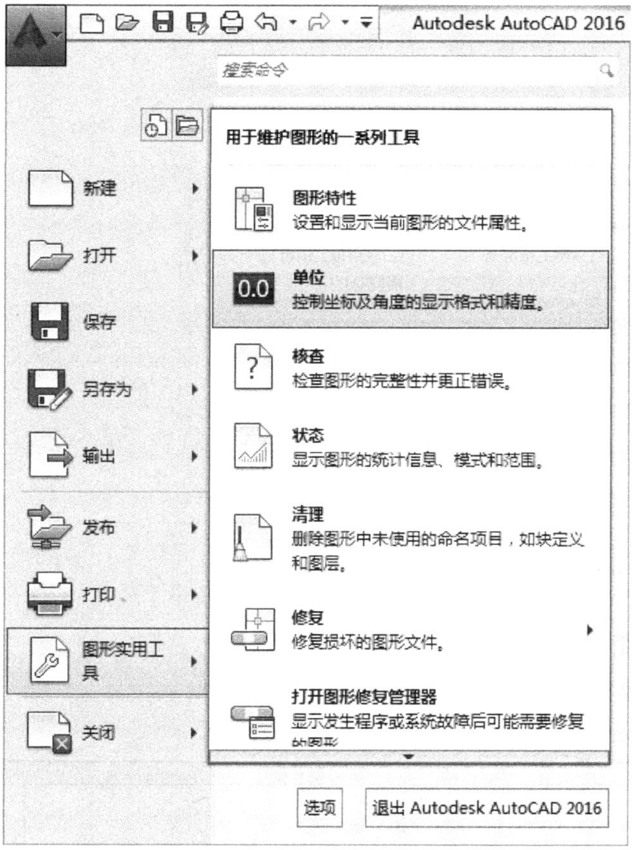

图 3-99 应用程序菜单中的“单位”命令

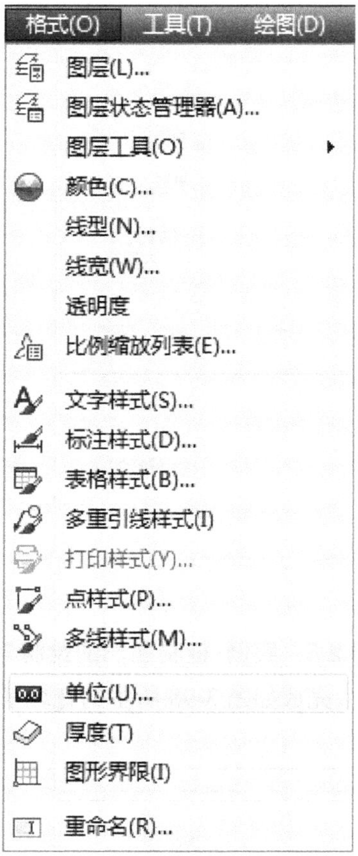

图 3-100 “格式”菜单中的“单位”命令

在“图形单位”对话框中包含“长度单位”“角度单位”和“方向设置”等选项，下面介绍这些选项的含义。

1. 长度单位

AutoCAD 提供 5 种长度单位类型供用户选择，如图 3-101(b)所示。在“长度”选项组的“类型”下拉列表中可以看到“分数”“工程”“建筑”“科学”“小数”5 个选项。一般情况下都采用“小数”的长度单位类型，这是符合国标的长度单位类型。

图形单位是设置了一种数据的计量格式，在 AutoCAD 中的绘图单位本身是无量纲的，用户在绘图的时候可以将单位视为绘制图形的实际单位，如毫米、米、千米等，通常公制图形将这个单位视为毫米(mm)。

在“长度”选项组的“精度”下拉列表中可以选择长度单位的精度，如图 3-101(c)所示。对于道路专业，通常选择“0”，精确到整数位。

确定了长度的“类型”和“精度”后，AutoCAD 在状态栏的左下角将按此种类型和精度显示光标所在位置的点坐标。

图 3-101 “图形单位”对话框

(a)图形单位选择界面 (b)长度类型 (c)长度、精度 (d)角度类型

2. 角度单位

对于角度单位，AutoCAD 同样提供了 5 种类型，如图 3-101(d)所示，即在“角度”选项组的“类型”下拉列表中可以看到“百分度”“度 / 分 / 秒”“弧度”“勘测单位”“十进制度数”5 个选项。通常选择使用“十进制度数”来表示角度值。在“角度”选项组的“精度”下拉列表中可以选择角度单位的精度，通常选择“0”。通过“顺时针”复选框指定角度的测量正方向，默认情况下采用逆时针方式为正方向。

在这里设置的单位精度仅表示测量值的显示精度，并非 AutoCAD 内部计算使用的精度。AutoCAD 使用了更高精度的运算值以保证精确制图。

3. 方向设置

在“图形单位”对话框底部单击“方向”按钮，弹出“方向控制”对话框，如图 3-102 所示。在对话框中定义起始角（0° 角）的方位，通常将“东”作为 0° 角的方向，也可以将其他方向（如北、西、南）或任一角度（选择“其他”，然后在“角度”文本框中输入值）作为 0° 角的方向，单击“确定”按钮退出“方向控制”对话框。

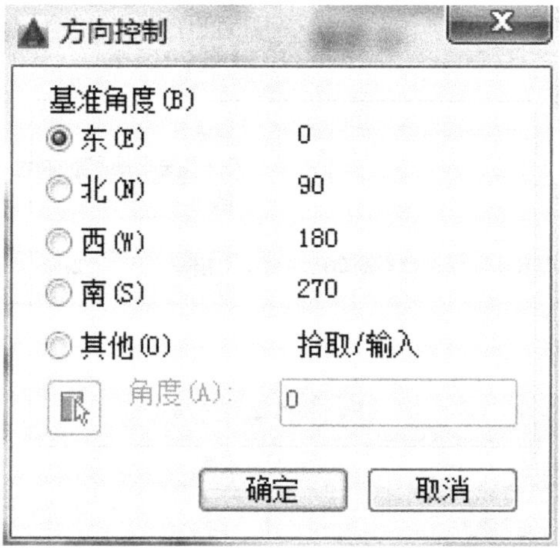

图 3-102 “方向控制”对话框

3.4.1.2 设置绘图区域

在 AutoCAD 中进行设计和绘图的工作环境是一个无限大的空间，即模型空间，它是一个绘图的窗口。在模型空间中进行设计，可以不受图纸大小的约束。通常采用 1∶1 的比例进行图形绘制。

设置图形界限是将所绘制的图形布置在这个区域之内。图形界限可以根据实际情况随时进行调整。调用图形界限命令设置 A2 图纸界限的方法如下。

选择“格式”菜单中的“图形界限”，或者在命令行输入“LIMITS”并按“Enter”键确认，命令行提示如下：

命令：LIMITS。

重新设置模型空间界限：

指定左下角点或 [开（ON）/ 关（OFF）] <0.0000, 0.0000>：输入“0”，0 作为图形左下角点坐标，按“Enter”键确认。

指定右上角点 <594, 420>：输入“594”“420”作为图形右上角点坐标，按“Enter”键确认。

右上角点根据选择的图纸大小来设置，如 A2 图纸为（594，420）。由左下角点和右上角点所确定的矩形区域为图形界限，它也决定能显示栅格的绘图区域。当图形界限设置完毕后，需要单击“视图”→“缩放”→“全部”才能观察整个图形。该界限和打印图纸时的“图形界限”选项以及绘图栅格显示的区域是相同的，只要关闭绘图界限，AutoCAD 并不限制将图线绘制到图形界限外。

3.4.2　图层设置

图层就像是一张张含有文字或图形等元素的透明纸，把它们一张张按顺序叠放在一起，组合起来最终得到一幅完整的画面，如图 3-103 所示。在 AutoCAD 中，图形的每个对象都位于一个图层上，所有图形对象都具有图层、颜色、线型和线宽这 4 个基本属性。

图层中可以加入文本、图片、表格、插件等元素。用户可以任意选择其中一个图层绘制图形，而不会受到其他图层上图形的影响。当需要修改其中某一部分时，可以将要修改的透明纸抽取出来单独进行修改，而不会影响到其他部分。

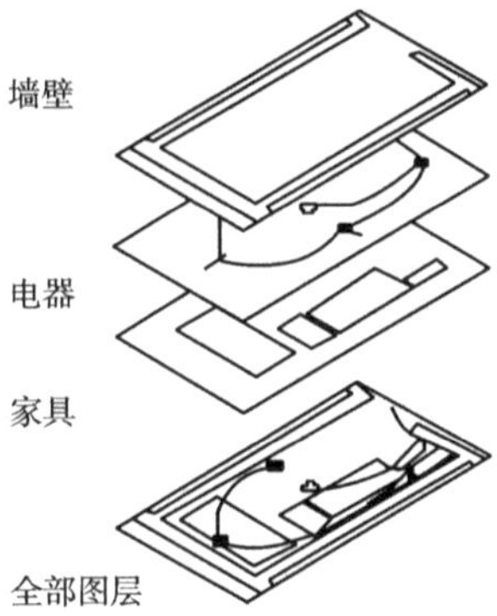

图 3-103　图层示意

3.4.2.1　建立新图层

当打开 AutoCAD 2016 时，系统已自动创建一个名为“0”的图层，0 图层不能被删除。新建的 CAD 文档中只能自动创建一个名为“0”的特殊图层。默认情况下，0 图层将被指定使用 7 号颜色、CONTINUOUS 线型、默认线宽以及 NORMAL 打印样式，并且不能被剔除或重命名。通过创建新的图层，可以将类型相似的对象指定给同一个图层使其相关联。例如，可以将构造线、文字、标注和标题栏置于不同的图层上，并为这些图层指定通用特性。通过将对象分类放到各自的图层中，可以快速、有效地控制对象的显示以及对其进行更改。

1. 执行方法

菜单栏：“格式”→“图层” 图层(L)... 。

工具栏：“图层”→“图层特性管理器”，如图 3-104 所示。

命令行：LAYER（LA）。

功能区：单击“默认”选项卡“图层”面板中的“图层特性”按钮；或单击“视图”选项卡“选项板”面板中的“图层特性”按钮。

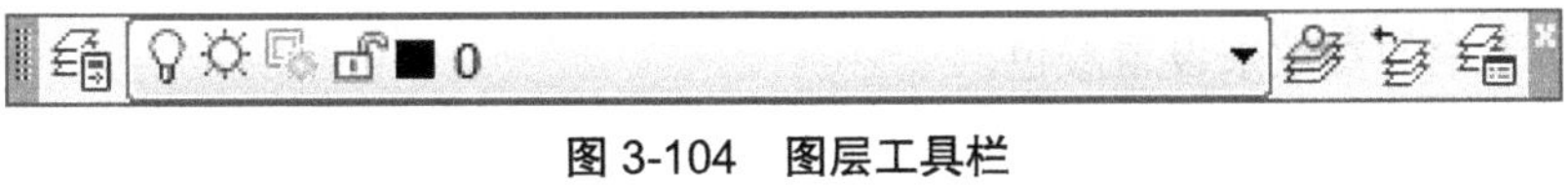

图 3-104　图层工具栏

2. 操作方法

执行上述操作之一，比如：在命令行输入“LA”，回车确认，弹出“图层特性管理器”对话框，如图 3-105 所示。单击“图层特性管理器”对话框中的“新建图层”按钮，即可建立新图层，默认图层名为“图层 1”。可根据绘图需要更改图层名，比如“园路”。在一个图形中可以创建的图层数以及在每个图层中可以创建的对象数实际上是无限的，图层最长可使用 255 个字符的字母数字命名，图层特性管理器按图层名的字母顺序排列图层。

如果要建立不止一个图层，无须重复单击“新建”按钮。更有效的方法是：在建立一个新图层“图层 1”后，修改图层名，在其后输入“,”，这样系统会自动建立一个新图层“图层 1”。修改图层名，再输入一个逗号，又可建立一个新的图层，这样可以依次建立多个图层。也可以按两次“Enter”键，建立一个新的图层。

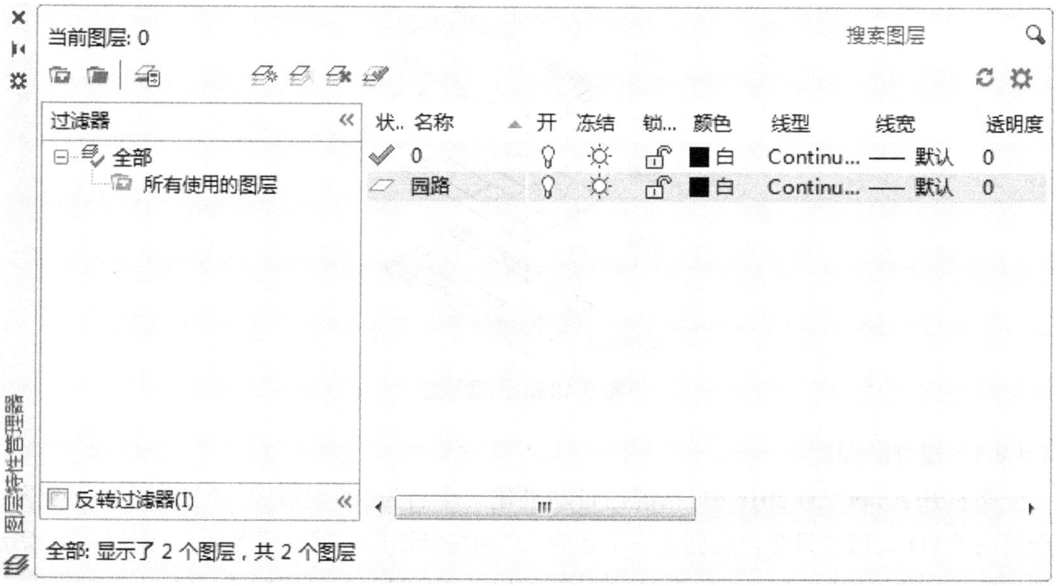

图 3-105 “图层特性管理器”对话框

在每个图层属性设置中，包括图层状态、图层名称、关闭 / 打开图层、冻结 / 解冻图层、锁定 / 解锁图层、图层线条颜色、图层线条线型、图层线条宽度、打印样式、打印、冻结新视口、透明度以及说明共 13 个参数。

1)设置图层线条颜色

在工程图中，整个图形包含多种不同功能的图形对象，如实体、剖面线与尺寸标注等，为了便于直观地区分它们，就有必要针对不同的图形对象使用不同的颜色，例如实体层使用白色、剖面线层使用青色等。

要改变图层的颜色时，单击图层所对应的颜色图标，弹出“选择颜色”对话框，如图 3-106 所示。它是一个标准的颜色设置对话框，可以使用“索引颜色”“真彩色”和“配色系统”3 个选项卡中的参数来设置颜色。

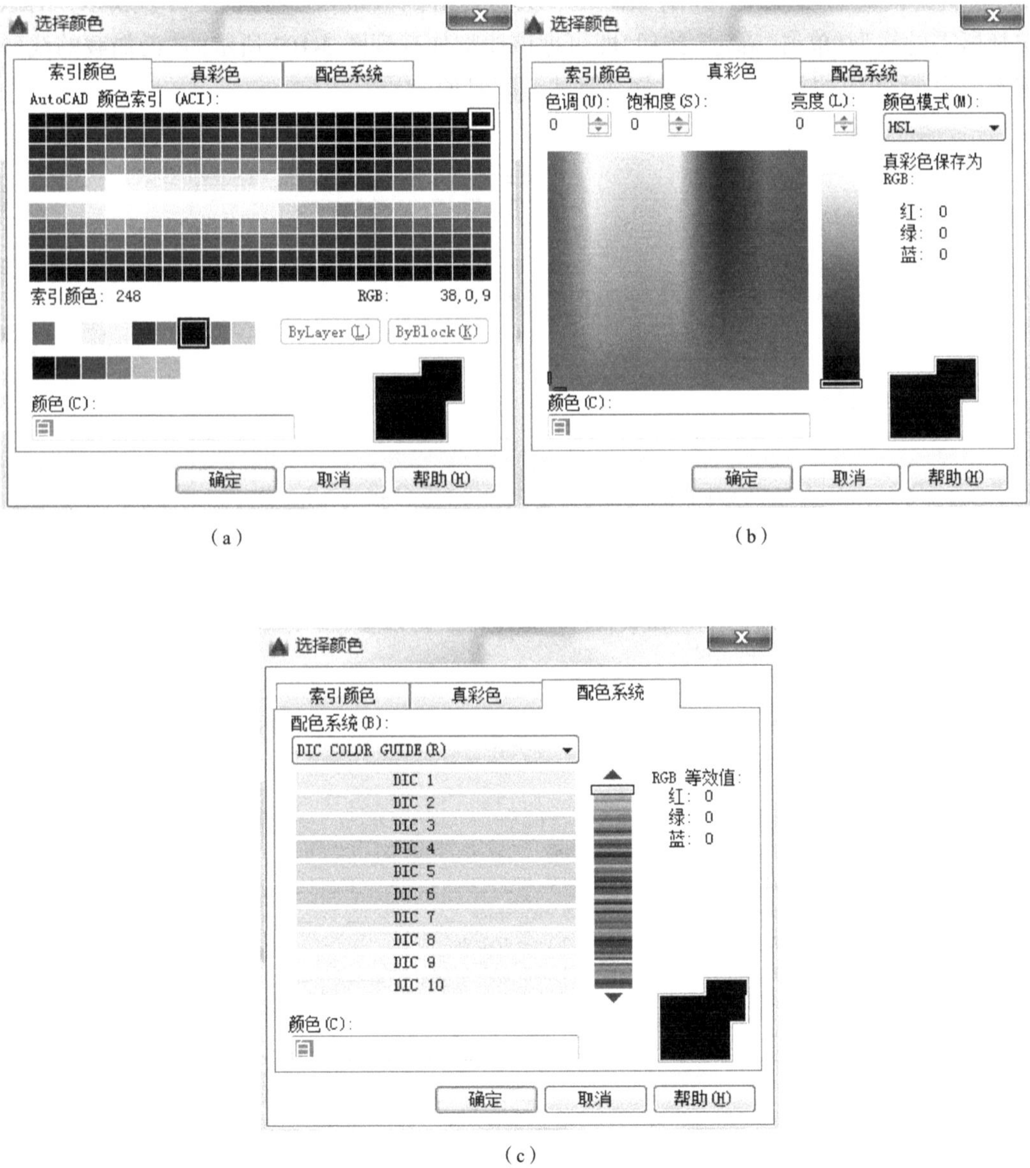

(a) (b) (c)

图 3-106 “选择颜色”对话框

(a)“索引颜色”选项卡 (b)“真彩色”选项卡 (c)“配色系统”选项卡

2)设置图层线型

线型是指作为图形基本元素的线条的组成和显示方式,如实线、点画线等。在许多绘图工作中,常常以线型划分图层,为某一个图层设置适合的线型。在绘图时,只需将该图层设为当前工作层,即可绘制出符合线型要求的图形对象,极大提高绘图效果。

单击图层所对应的线型图标,弹出“选择线型”对话框,如图 3-107 所示。默认情况下,在“已加载的线型”列表框中，系统中只添加了 Continuous 线型。单击“加载”按钮，弹出“加载或重载线型”对话框，如图 3-108 所示，可以看到 AutoCAD 提供了许多线型，用鼠标选择所需的线型，单击“确定”按钮，即可把该线型加载到图 3-107 所示的“已加载的线型”列表框中，也可以按住“Ctrl”键选择几种线型同时加载。

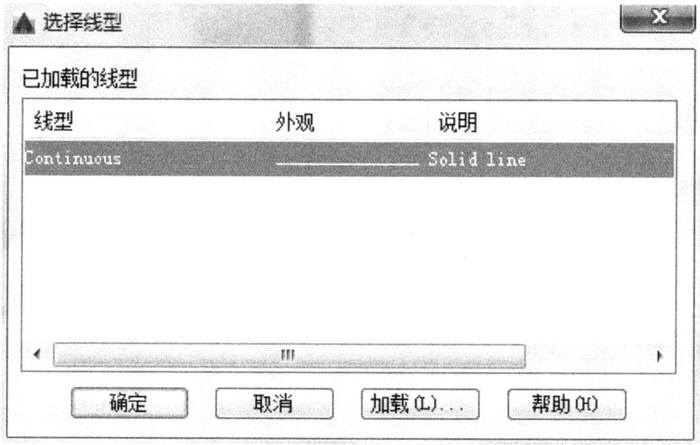

图 3-107 “选择线型”对话框

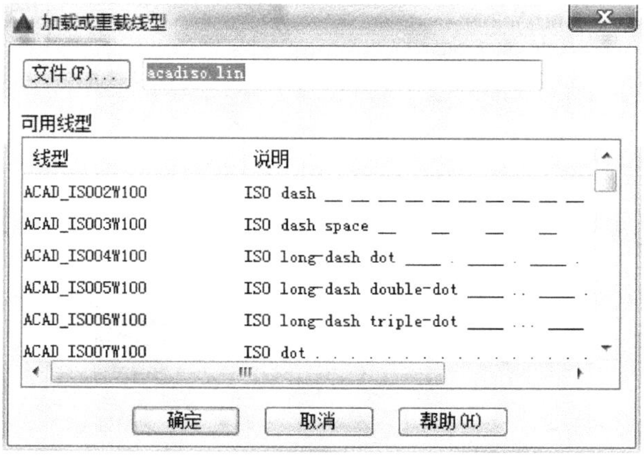

图 3-108 “加载或重载线型”对话框

3)设置图层线宽

一般图层使用默认打印线宽 0.25 mm 即可，但在道路制图中部分图线要使用其他的线宽。表 3-1 中列出了道路制图中常用图线的线宽。

表 3-1 道路制图中常用图线的线宽

线型名称	线　　宽	线　　宽	用余
粗实线	0.9/0.8		(1)水位线； (2)景观建筑平面、剖面被剖切部分轮廓线； (3)景观建筑里面外轮廓线
中实线	0.5/0.4		(1)园林道路； (2)标注尺寸起止符号和剖切符号； (3)广场等场地轮廓
细实线	0.2/0.1		(1)广场、本体及草坪等填充内容； (2)本体等深线； (3)植物
虚线	0.2	- - - - - - - - - -	(1)微地形； (2)不可见的轮廓线
点划线	0.2		(1)景观建筑定位轴线； (2)中心线和对称线等
折断线	0.18		断开的建筑物或道路等不需要全部表达的界限

进行线宽设置时，单击—— 默认按钮，弹出如图 3-109 所示“线宽”对话框；单击选择目标线宽，单击“确定”，完成线宽的设置。

在状态栏为“模型”状态时，显示的线宽与计算机的像素有关。线宽为零时，显示为一个像素的线宽。单击状态栏中的“显示 / 隐藏线宽”按钮，显示的图形线宽与实际线宽成比例，如图 3-110 所示。但线宽不随着图形的放大和缩小而变化。线宽功能关闭时，不显示图形的线宽，图形的线宽均以默认宽度值显示。

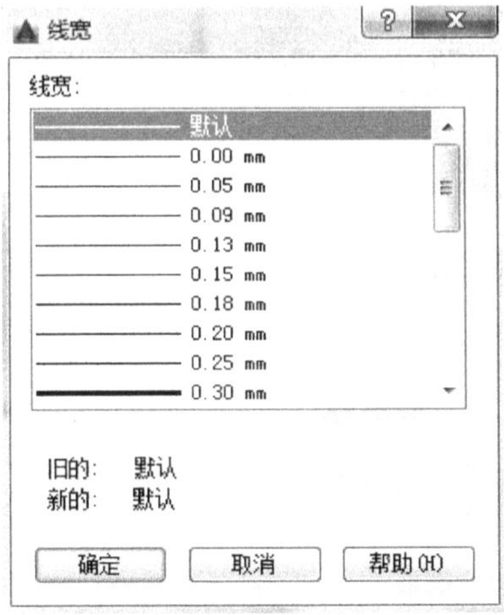

图 3-109 “线宽”对话框

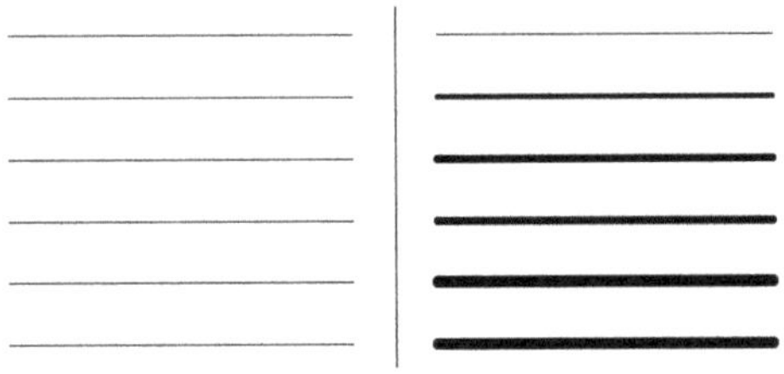

图 3-110 线宽显示效果

重复以上步骤，可新建更多的图层。完成图层创建后，在“图层特性管理器”窗口中单击“确定”按钮，结束图层的定义。在作图过程中也可以随时添加新的图层或更改图层特性。

图层的使用有以下几点需要注意。

（1）用户使用图层的数量不受限制，但在够用的基础上越少越好。

（2）不同的图层定义不同的颜色。图形对象的各种属性都应尽量与图层一致，这样有助于提高绘图的清晰度、准确率和效率。

（3）在创建图层的过程中，新图层将继承上一个图层的特性，包括颜色、线型、线宽等，如果想创建一个具有默认属性的新图层，先选中"0"层，然后开始创建新的图层。

3.4.2.2 设置图层

除了前面讲述的通过图层管理器设置图层的方法外，还有其他几种简便方法可以设置图层的颜色、线宽、线型等参数。

1. 直接设置图层

可以直接通过命令行或菜单设置图层的颜色、线型、线宽等参数。

1）设置颜色

A. 执行方法

菜单栏："格式"→"颜色"。

命令行：COLOR（COL）。

B. 操作方法

执行上述操作之一后，系统弹出"选择颜色"对话框，如图 3-111 所示。

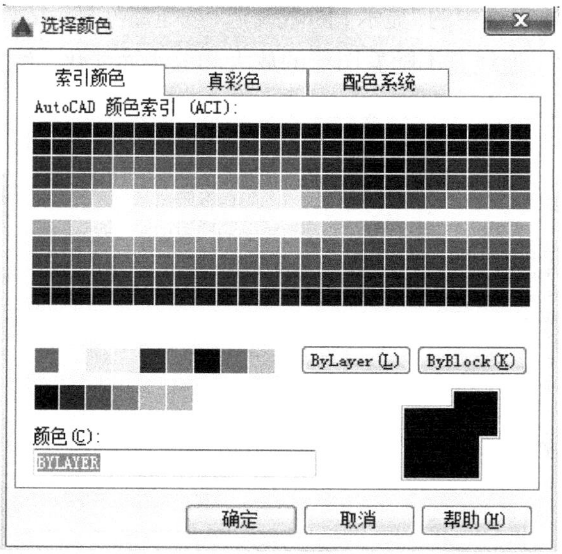

图 3-111 "选择颜色"对话框

2）设置线型

A. 执行方法

菜单栏："格式"→"线型"。

命令行：LINETYPE。

B. 操作方法

执行上述操作之一后，系统弹出“线型管理器”对话框，如图 3-112 所示。

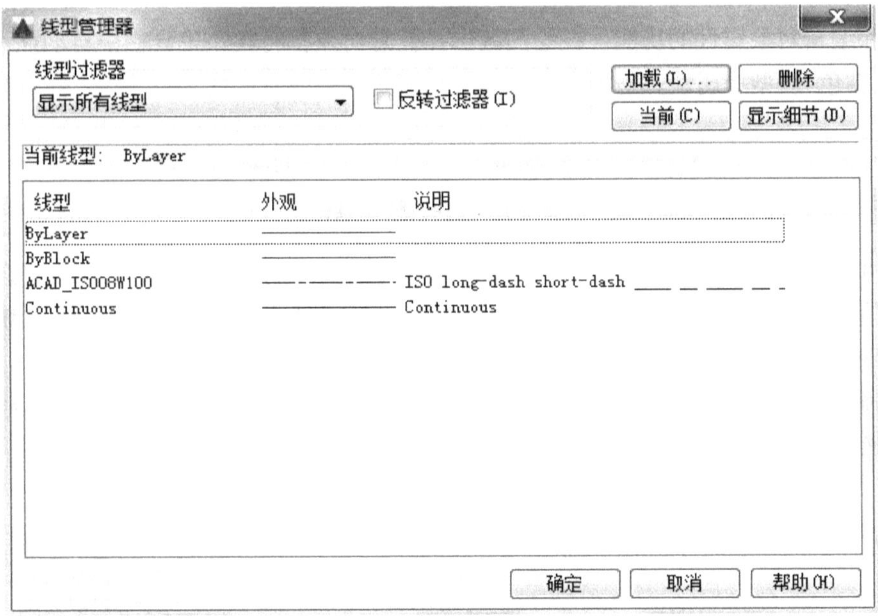

图 3-112 “线型管理器”对话框

3)设置线宽

A. 执行方法

菜单栏：“格式”→“线宽”。

命令行：LINEWEIGHT 或 LWEIGHT(LW)。

B. 操作方法

执行上述操作之一后，系统弹出“线宽设置”对话框，如图 3-113 所示。

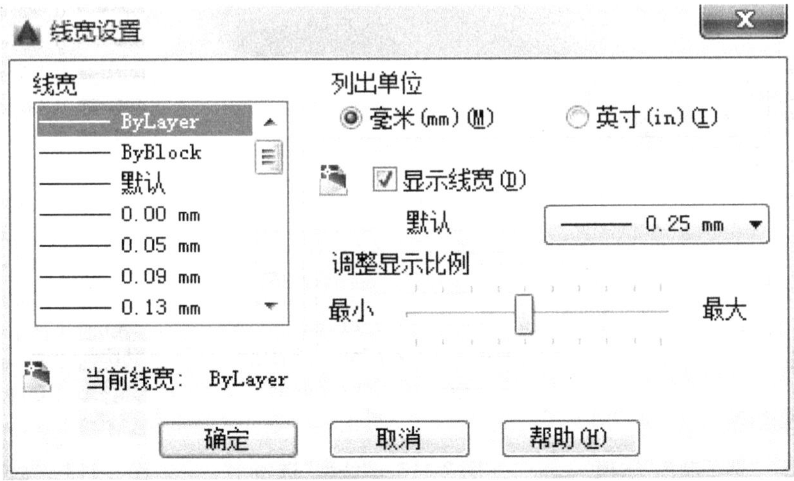

图 3-113 “线宽设置”对话框

2. 利用“特性”工具栏设置图层

AutoCAD 提供了一个“特性”工具栏，如图 3-114 所示。用户能够控制和使用工具栏中的对象特性工具快速查看和改变所选对象的颜色、线型、线宽等特性。“特性”工具栏增强了查看和编辑对象属性的功能。在绘图区选择任意对象都将在该工具栏中自动显示它所在的图层、颜色、线型等属性。

图 3-114 “特性”工具栏

也可以在“特性”工具栏的“颜色”“线型”“线宽”和“打印样式”下拉列表中选择需要的参数值。如果在“颜色”下拉列表中选择“选择颜色”选项，如图 3-115 所示，系统就会弹出“选择颜色”选项。同样，如果在“线型”下拉列表中选择“其他”选项，如图 3-116 所示，系统就会弹出“线型”选项。如果在“线宽”下拉列表中选择“其他”选项，如图 3-117 所示，系统就会弹出“线宽”选项。

图 3-115 “选择颜色”选项

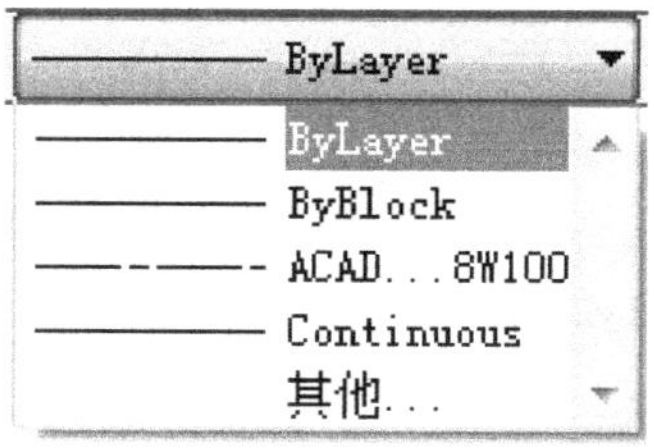

图 3-116 “线型”选项

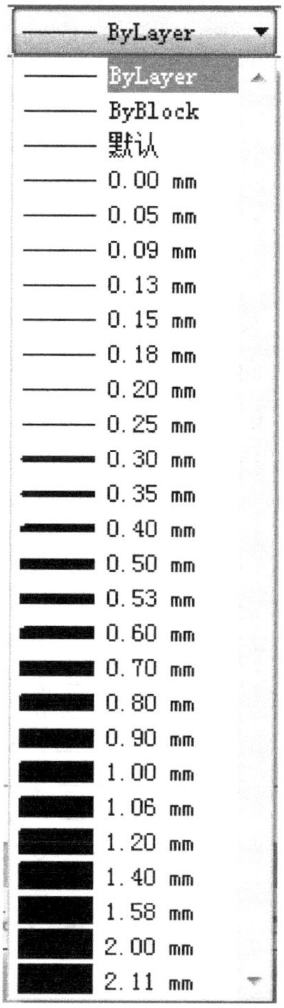

图 3-117 “线宽”选项

3. 用“特性”对话框设置图层

1)执行方法

修改菜单栏:“格式”→“特性”。

命令行:DDMODIFY 或 PROPERTIES。

标准工具栏:“特性”▣。

功能区:单击“视图”选项卡“选项板”面板中的“特性”按钮▣,如图 3-118 所示;或单击“默认”选项卡“特性”面板中的“对话框启动器”按钮↘。

图 3-118 “选项板”面板

2)操作方法

执行上述操作之一后,系统弹出“特性”对话框,如图 3-119 所示。在其中可以方便地设置或修改颜色、图层、线型、线宽等属性。

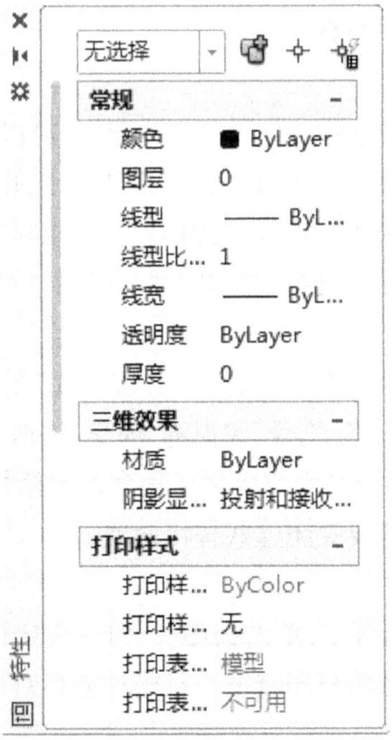

图 3-119 “特性”对话框

3.4.2.3 控制图层

1. 切换当前图层

不同的图形对象需要绘制在不同的图层中。在绘制前，需要将工作图层切换到所需的图层上来，单击“图层”工具栏中的“图层特性管理器”按钮，弹出“图层特性管理器”对话框，选择图层，单击“置为当前”按钮即可完成设置。

2. 删除图层

在“图层特性管理器”对话框的图层列表框中选择要删除的图层，单击“删除图层”按钮即可删除该图层。从图形文件定义中删除选定的图层时，只能删除未参照的图层。参照图层包括图层 0 及 DEFPOINTS、包含对象（包括块定义中的对象）的图层、当前图层和依赖外部参照的图层。不包含对象（包括块定义中的对象）的图层、非当前图层和不依赖外部参照的图层都可以删除。

3. 关闭 / 打开图层

在“图层特性管理器”对话框中，单击图标，可以控制图层的可见性。图层打开时，图标小灯泡呈鲜艳的颜色，该图层上的图形可以显示在屏幕上或绘制在绘图仪上。单击该属性图标后，图标小灯泡呈灰暗色，该图层上的图形不显示在屏幕上，而且不能被打印输出，但仍然作为图形的一部分保留在文件中。

4. 冻结 / 解冻图层

在“图层特性管理器”对话框中，单击图标，可以冻结图层或将图层解冻。图标呈雪花灰暗色时，该图层处于冻结状态；图标呈太阳鲜艳色时，该图层处于解冻状态。冻结图层上的对象不能显示，也不能打印，同时也不能编辑修改。在冻结了图层后，该图层上的对象不影响其他图层上对象的显示和打印。

5. 锁定 / 解锁图层

在“图层特性管理器”对话框中，单击或图标，可以锁定图层或将图层解锁。锁定图层后，该图层上的图形依然显示在屏幕上并可打印输出，也可以在该图层上绘制新的图形对象，但不能对该图层上的图形进行编辑修改操作。可以对当前图层进行锁定，也可以对锁定图层上的图形对象进行查询或捕捉。锁定图层可以防止对图形的意外修改。

6. 打印样式

在 AutoCAD 2016 中，可以使用一个名为“打印样式”的对象特性。打印样式控制对象的打印特性，包括颜色、抖动、灰度、笔号、虚拟笔、淡显、线型、线宽、线条端点样式、线条连接样式和填充样式。打印样式功能给用户提供了很大的灵活性，用户可以设置打印样式来替代其他对象特性，也可以根据需要关闭这些替代设置。

7. 打印 / 不打印

在“图层特性管理器”对话框中，单击图标，可以设定该图层是否打印，以保证在图形可见性不变的条件下，控制图形的打印特征。打印功能只对可见的图层起作用，对已经被冻结或被关闭的图层不起作用。

8. 新视口冻结

新视口冻结功能用于控制在当前视口中图层的冻结和解冻，解冻选项不解冻图形中设置为"关"或"冻结"的图层，对于模型空间视口不可用。

9. 透明度

透明度用来控制所有对象在选定图层上的可见性。对单个对象应用透明度时，对象的透明度特性将替代图层的透明度设置。

10. 说明

（可选）描述图层或图层过滤器。

3.4.2.4　实例：花架

绘制花架平面图、正立面图和侧立面图，并进行尺寸标注。具体要求如下。

1. 图层设置

图层设置要求见表 3-2。

表 3-2　图层设置要求

图层名称	颜色	线型	线宽	打印
轴线	4 号色	ACAD_ISO02W100	缺省	是
建筑	白色	Continuous	0.6	是
标注	120 号色	Continuous	缺省	是

2. 花架平面图、正立面图和侧立面图的绘制

完成如图 3-120 所示花架平面图、正立面图和侧立面图的绘制。

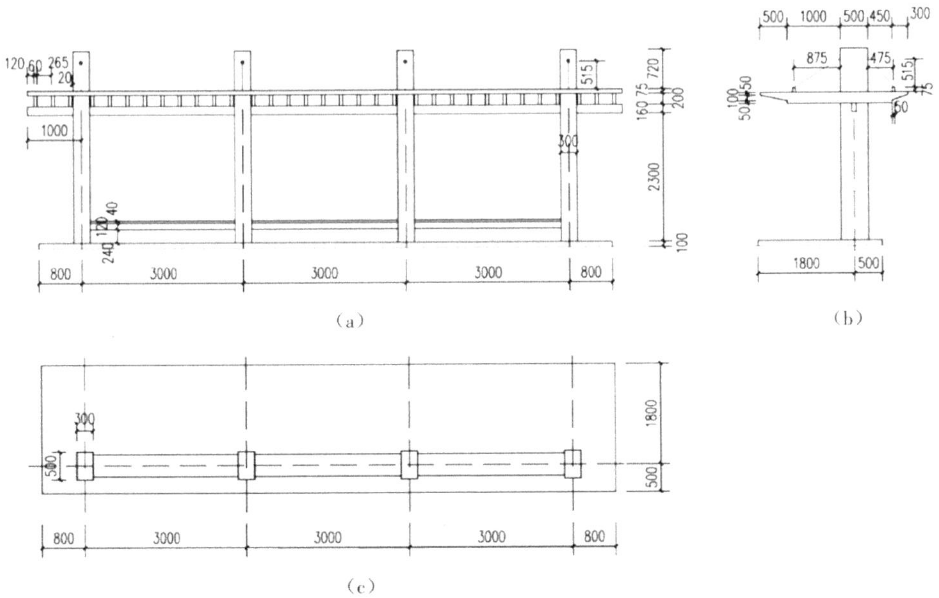

图 3-120　花架平面图、正立面图和侧立面图

（a）花架正立面图　（b）花架侧立面图　（c）花架平面图

3.4.3 综合实例

完成图 3-121 桌凳平面图、图 3-122 花钵平面图的绘制。

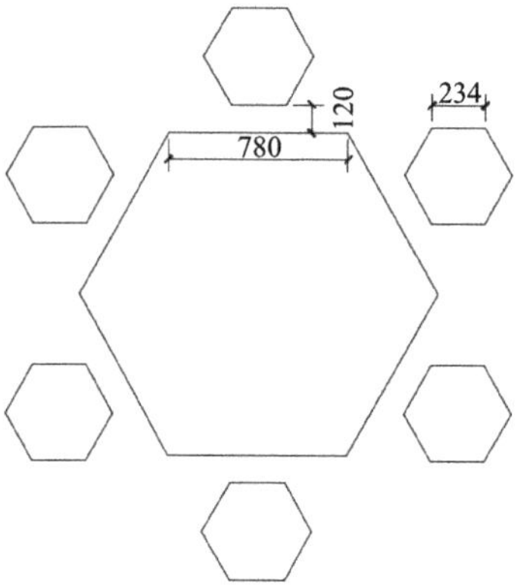

图 3-121 桌凳平面图

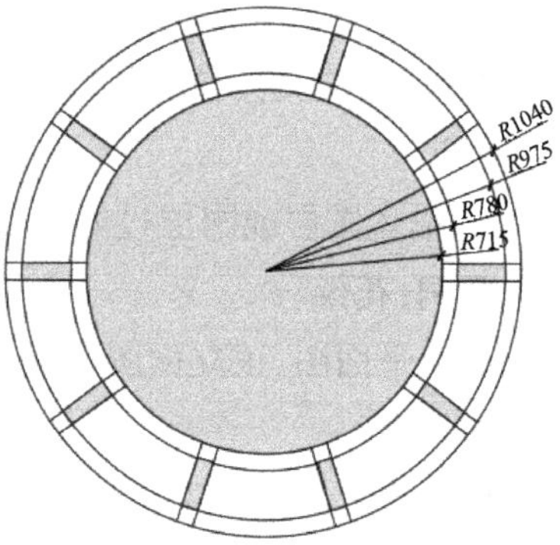

图 3-122 花钵平面图

4　标注与表格

一个完整的图样通常包含一些文字、尺寸注释来标注图样中的一些图形信息和非图形信息。AutoCAD 中提供的文字、尺寸标注和表格,有助于顺利完成图纸的绘制和识读。本章的总体目标是:了解尺寸标注的组成,熟悉文字样式、标注样式的设置,掌握图形的文字书写、尺寸标注和表格的使用,提高绘图效率。

4.1　文字

文字对象是 AutoCAD 图形中很重要的元素,是工程制图中不可缺少的组成部分。在一个完整的图样中,通常包含一些文字注释来标注图样中的一些非图形信息,如道路图纸设计说明、文字标注、标题栏等,它们能够向大家传达图纸的信息内容。

4.1.1　文字标注的一般要求

道路制图中常选用长仿宋字体,字体种类在够用的基础上尽量减少,并保持统一。常用的英文字体有 simplex.shx,中文字体有 gbcbig.shx、仿宋黑体等。文字应尽可能不与图形内容相重叠,且文字内容要创建相应文字图层。

图纸上文字的规格,即汉字的字高用字号表示,如高为 5 mm 的字就为 5 号字。常用的字号有 3、5、7、10、14、20 等。规定汉字的字高应不小于 3.5 mm。绘图时应选用的字号可通过计算得出。如要打印 1∶200 的图纸,文字高度为 5 mm,那么在绘制时选用字高的计算方法为

$$5 \div (1:200)=1000$$

4.1.2　文字标注

4.1.2.1　文字样式设置

文字样式就是给文字设置一定的字体、字号、倾斜角度、方向和其他文字特征,然后给包含这些文字特征的文字取名,即“样式名”。在道路绘图过程中,仅一种“文字样式”是远远不够用的,因此要根据需要设置多种“文字样式”。下面以道路中常用字体为例,讲解创建文字样式的方法。

1. 执行方法

菜单栏:“格式”→“文字样式” 文字样式(S)... 。

工具栏:“文字”→“文字样式”。

命令行:STYLE(ST)。

功能区：单击“默认”选项卡“注释”面板中的“文字样式”按钮，如图 4-1 所示；或单击“注释”选项卡“文字”面板上的“文字样式”下拉菜单中的“管理文字样式”按钮，如图 4-2 所示；或单击“注释”选项卡“文字”面板中“对话框启动器”按钮，如图 4-3 所示。

图 4-1 “注释”面板

图 4-2 “文字”面板

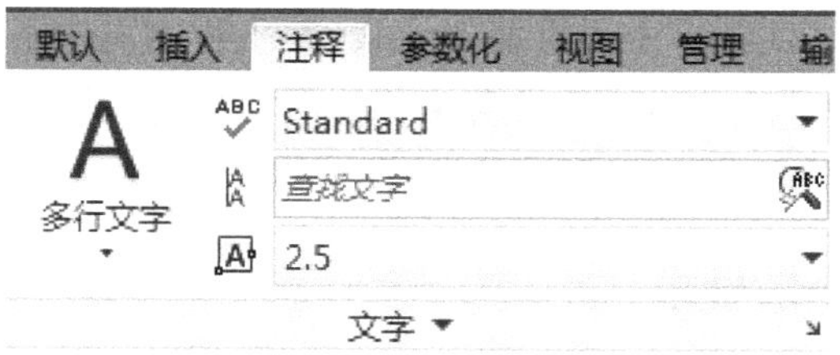

图 4-3 “注释”选项卡

2. 操作方法

命令：输入“ST”，回车，系统弹出“文字样式”对话框，如图 4-4 所示。

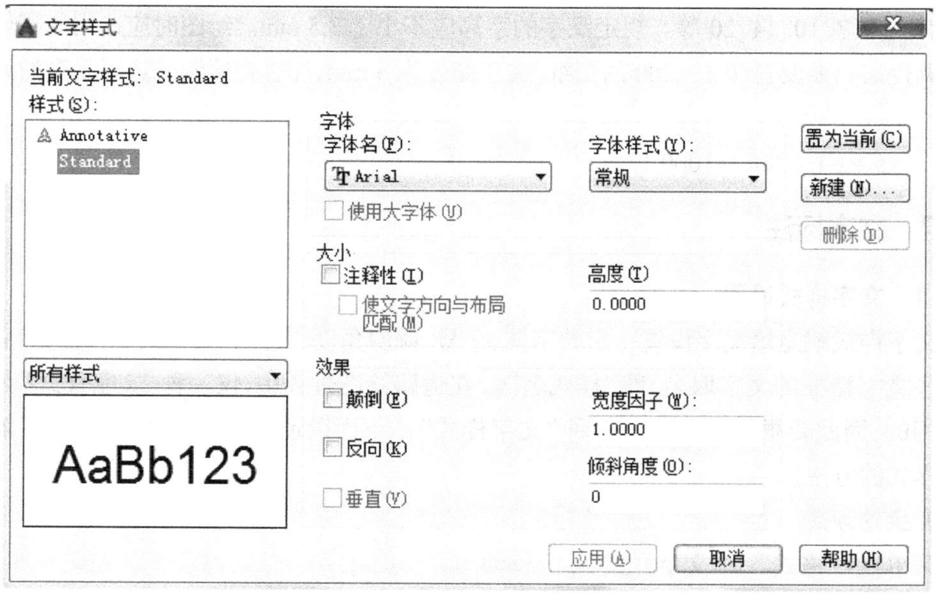

图 4-4 “文字样式”对话框

3. 选项说明

“样式”选项区：用于显示文字样式的名称，创建新的文字样式，为已有的文字样式命名以及删除文字。列表框中列出了当前可以使用的文字样式，默认的文字样式为“Standard（标准）”。

“新建”按钮：单击该按钮将打开如图 4-5 所示的“新建文字样式”对话框。在该对话框中，可创建新的文字样式名称。

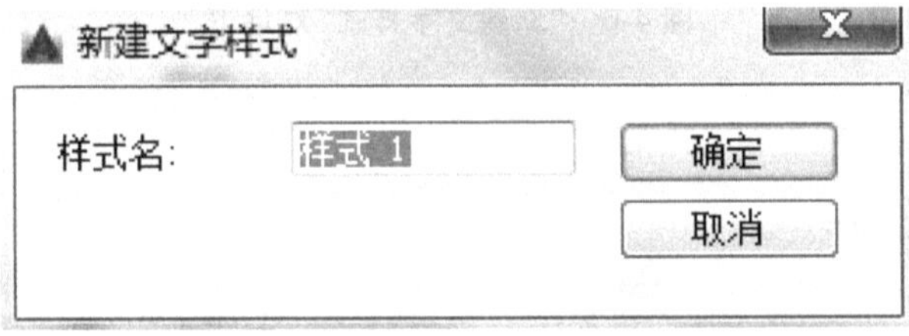

图 4-5 “新建文字样式”对话框

“删除”按钮：可以删除已存在的文字样式，但不能删除已经被使用了的文字样式和默认的 Standard 样式。

如果将文字的字高设为 0，在标注文字时，系统都将提示输入文字高度。输入大于 0 的高度值则为该样式设置固定的文字高度。

“效果”选项区：用于设置文字的显示效果。

“颠倒”复选框：用于设置是否将文字倒过来书写。

“反向”复选框：用于设置是否将文字反向书写。

“垂直”复选框：用于设置是否将文字垂直书写，但垂直效果对汉字字体无效。

“宽度因子”文本框：用于设置文字字符的高度和宽度之比。

“倾斜角度”文本框：用于设置文字的倾斜角度。

“预览”选项区：可以预览所选择或所设置的文字样式效果。

设置完文字样式后，单击“应用”按钮即可应用文字样式。然后单击“关闭”按钮，关闭“文字样式”对话框。

创建道路图中汉字文字样式。

（1）单击“格式”→“文字样式”按钮，弹出“文字样式”对话框；单击对话框中的“新建”按钮，弹出“新建文字样式”对话框，如图 4-6 所示。输入“长仿宋”样式名，单击“确定”按钮，返回“文字样式”对话框。

（2）在“字体”选项区域中不选择“使用大字体”复选框，改为“长仿宋”字体。

（3）在“宽度因子”文本框中设置为 0.7，其他默认。

（4）单击“应用”按钮完成文字样式的创建，如图 4-7 所示。如不创建其他样式，单击“关闭”按钮退出该对话框，结束操作。

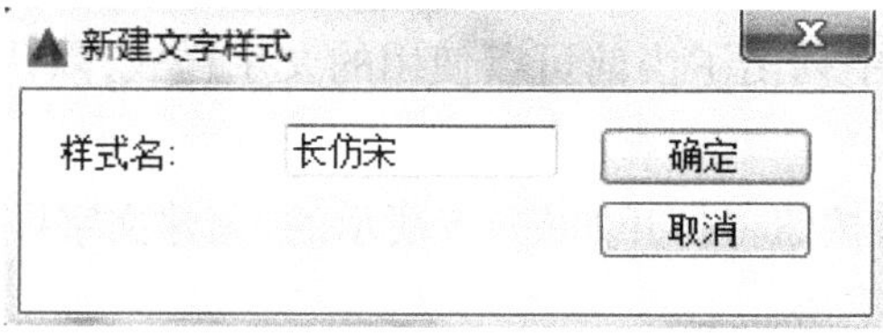

图 4-6 “新建文字样式”对话框

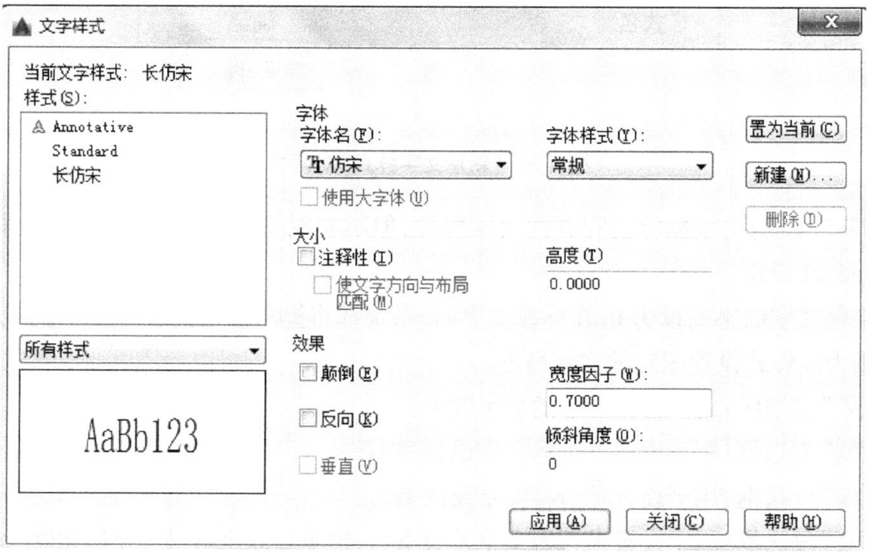

图 4-7 “文字样式”对话框

4.1.2.2 单行文字

1. 执行方法

菜单栏:“绘图”→“文字”→“单行文字” A| 单行文字(S)。

工具栏:“文字”→“单行文字” A|。

命令行:DTEXT(DT)。

功能区:单击“默认”选项卡“注释”面板中的“单行文字”按钮A|;或单击“注释”选项卡“文字”面板中的“单行文字”按钮A|。

2. 操作方法

命令:输入“DT”,回车,系统弹出“文字样式”对话框。

当前文字样式:“长仿宋”;文字高度:2.5000;注释性:否;对正:左。

指定文字的起点或 [对正(J)/样式(S)]:在绘图区域任意指定一点作为文本的起始点。

指定文字的旋转角度 <0>:输入文字的旋转角度,默认是“0”,然后完成文字的书写。

3. 选项说明

“指定文字的起点”:用于确定文字行的位置。默认情况下,以单行文字行基线的起点来创建文字。

“对正(J)”:用于设置文字的排列方式。提示信息后输入“J”,命令行显示如下提示信息。

输入选项 [左(L)/ 居中(C)/ 右(R)/ 对齐(A)/ 中间(M)/ 布满(F)/ 左上(TL)/ 中上(TC)/ 右上(TR)/ 左中(ML)/ 正中(MC)/ 右中(MR)/ 左下(BL)/ 中下(BC)/ 右下(BR)]:

用户可以直接选择对齐的选项来确定文本的对齐方式。对齐方式决定文本的哪一部分与所选的插入点对齐。

“样式(S)”:用于设置当前使用的文字样式。选择该选项时,命令行提示如下提示信息。

输入样式名或 [?]< 长仿宋 >:用户可以直接输入文字样式的名称。若输入“?”,则在 AutoCAD 文本窗口中显示当前图形中已有的文字样式。

在使用 AutoCAD 2016 绘图的过程中,有些字符无法正常通过标准键直接书写出来,例如文字的上画线、下画线、直径符号等。在单行文字输入中,需要采用特定的代码来输入这些字符,以实现这些标注要求。AutoCAD 的控制符一般由两个百分号(%%)和一个字母组成,常用的控制符如表 4-1 所示。

表 4-1 AutoCAD 常用控制符

控制符	功能	样例
%%O	打开或关闭文字上画线	道路 AutoCAD/AutoCAD
%%U	打开或关闭文字下画线	道路 AutoCAD
%%D	标注度(°)符号	90°
%%P	标注正负公差(±)符号	135±0.027
%%C	标注直径(Φ)符号	Φ60
%%%	标注 %	30%

在“输入文字:”提示下,输入控制符时,这些控制符也临时显示在屏幕上,当结束文本创建命令时,控制符将从屏幕上消失,转换成相应的特殊符号。

4. 实例:创建如图 4-8 所示的单行文字

命令:输入“DT”,回车。

当前文字样式:“Standard”;文字高度:2.5000;注释性:否;对正:左。

指定文字的起点或 [对正(J)/ 样式(S)]:在绘图区域单击确定文字的起始点。

指定高度 <2.5000>:输入字体高度。

指定文字的旋转角度 <0>:直接按“Enter”键确认,弹出输入文本框。

输入内孔 %%U 直径 %%U 为 %%C5%%P0.01,然后按“Enter”键结束单行文字命令。

图 4-8 使用控制符创建单行文字

4.1.2.3 多行文字

1. 执行方法

菜单栏:“绘图”→“文字”→“多行文字” A 多行文字(M)... 。

工具栏:“文字”→“多行文字” A。

命令行:TEXT(T)或 MTEXT(MT)。

功能区:单击“默认”选项卡“注释”面板中的“多行文字”按钮 A;或单击“注释”选项卡“文字”面板中的“多行文字”按钮 A。

2. 操作方法

命令:输入“T”或“MT”,回车。

当前文字样式:“Standard”;文字高度:3.5;注释性:否。

指定第一角点:在绘图区域指定第一个角点。

指定对角点或 [高度(H)/对正(J)/行距(L)/旋转(R)/样式(S)/宽度(W)/栏(C)]:指定对角点,弹出一个输入多行文字的矩形区域,如图 4-9 所示。

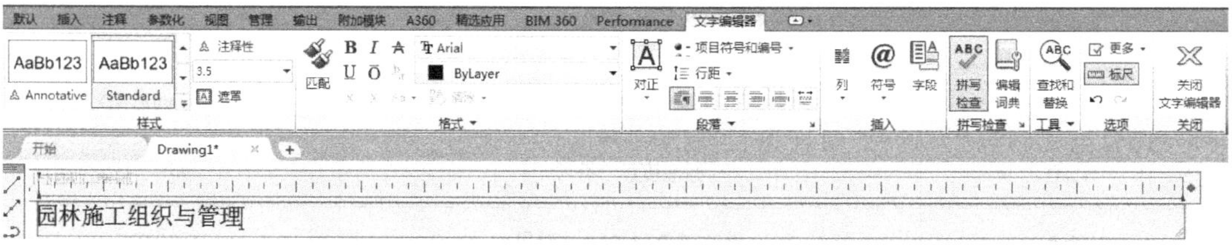

图 4-9 “文字编辑器”选项卡和多行文字编辑器

3. 实例

按要求书写如图 4-10 所示文字。

(1)标题文字:黑体,高度 10。

(2)说明文字:汉字仿宋,英文及数字 gbenor.shx,高度为 5。

图 4-10　文字

4.1.3　编辑文字

文字输入的内容和样式不可能一次就达到用户要求，也需要进行反复调整和修改。此时就需要在原有文字基础上对文字对象进行编辑处理。

AutoCAD 2016 提供了两种对文字进行编辑修改的方法，一种是文字编辑（DDEDIT）命令，另外一种就是“特性”工具。

1. 文字编辑命令

1）执行方法

菜单栏：“修改”→“对象”→“文字”→“编辑” 编辑(E)...。

工具栏：“文字”→“编辑”。

命令行：DDEDIT（ED）。

2）操作方法

命令：输入“ED”，回车。

选择注释对象：选择想要修改的文本，同时光标变为拾取框，单击选择对象，对其进行修改。

如果选择的文本是用“TEXT”命令创建的单行文本，则亮显该文本，此时可对其进行修改；如果选择的文本是用“MTEXT”命令创建的多行文本，选择后则打开多行文字编辑器，可对各项设置或内容进行修改。

2. 特性工具

（1）单行文字的编辑太过简单，只能修改文字的内容，如果还想进一步修改其他的文字特性，可以使用 AutoCAD 2016 的“快捷特性”工具或者“特性”工具。开启状态栏上的快捷特性，直接选择文字对象，就会打开“快捷特性”选项板，如图 4-11 所示，可根据需要对文字的图层、内容、样式、注释性、对正、高度、旋转进行修改。

（2）先选择文字对象，按“Ctrl+L”组合键或在右键快捷菜单中选择“特性”命令，弹出“特性”选项板，如图 4-12 所示。此方式不但可以修改文字的内容、文字样式、注释性、高度、旋转、宽度比例、倾斜、颠倒、反向等文字样式管理器中的全部项目，而且连颜色、图层、线型等基本特性也可以修改。当然，打开“特性”选项板后再选择文字对象也可以实现文字编辑。

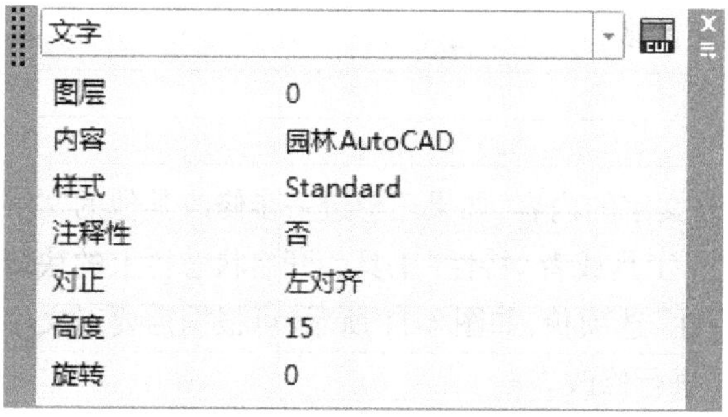

图 4-11 “快捷特性”选项板

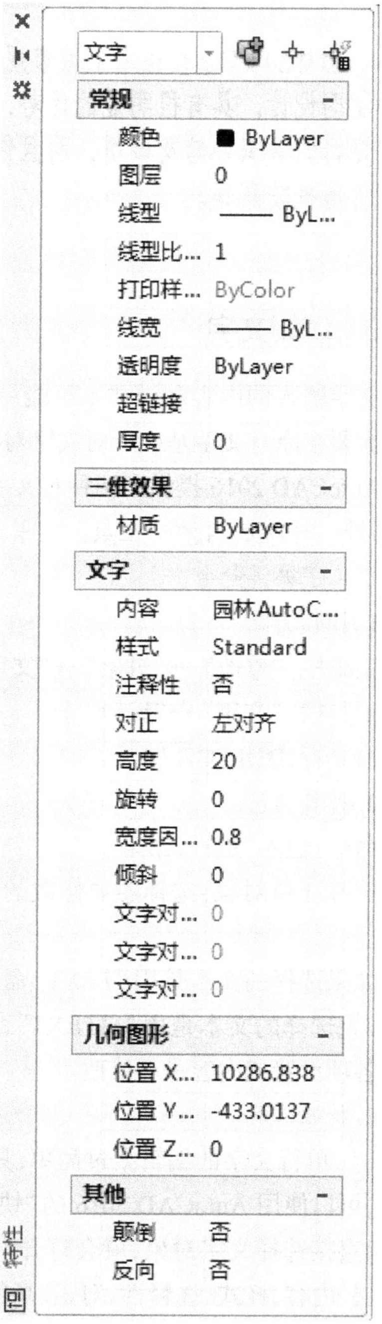

图 4-12 “特性”选项板

4.2 尺寸标注

尺寸标注是向图形中添加测量注释的过程。尺寸标注类型包括水平、垂直、对齐、角度、坐标、基线和连续标注等。

在设计图中,如果没有尺寸就不能清楚地表达设计意图,更不能为施工提供依据,因此尺寸标注是设计图中不可缺少的组成部分。在 AutoCAD 2016 中,可通过工具栏调出尺寸标注工具条中的标注命令,如图 4-13 所示。

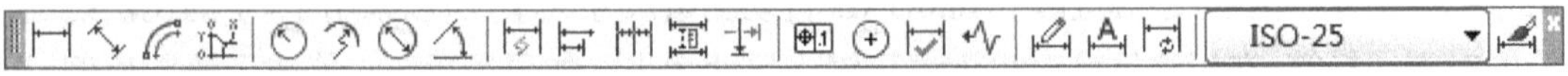

图 4-13 “尺寸标注”工具条

4.2.1 尺寸标注的基本知识

1. 尺寸标注的组成

尺寸标注虽然形式多样,但一个完整的标注尺寸由尺寸线、尺寸界线、起止符号、标注文字几部分组成,如图 4-14 所示。这 4 个部分一般是以块的形式出现的,它们是一个整体。在标注尺寸时,要根据标注要求设置尺寸样式。

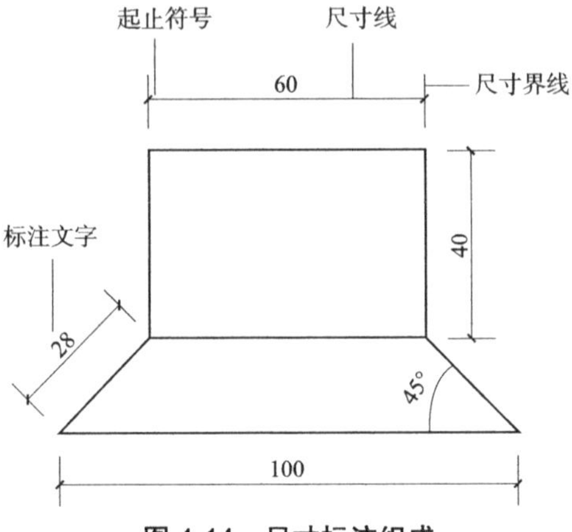

图 4-14 尺寸标注组成

尺寸线:与所标注对象平行,在两尺寸界线之间,用于表示标注的范围和方向;通常在角度标注中尺寸线是圆弧。

尺寸界线:一般垂直于尺寸线,并从被标注的对象延伸到尺寸线,表示标注的范 围。

起止符号(箭头):在尺寸线的两端,用于表示尺寸线的起始位置, AutoCAD 提供的图块,默认的是箭头,一般以建筑标识表示。该符号用于指定测量开始和结束的位置。定义的箭头符号,在建筑制图中通常采用斜短划线或圆点表示。

标注文字:写在尺寸线上方或中断处,用以表示所标注图形的具体大小,在进行尺寸标注时表示实际测量值的文字串。可以对文字进行修改等操作。

2. 尺寸标注的基本原则

不同专业图纸的尺寸标注必须满足相应的技术标准,以使得尺寸标注清晰易识。建筑工程图中尺寸标注应符合建筑制图标准。一般情况下,为了便于统一尺寸标注和绘图,在 AutoCAD 中标注尺寸时应该遵守以下的规则。

(1)由于尺寸标注样式设定较为烦琐,应将设定好的标注样式保存到常用的样板文件中。

(2)图形对象的大小以尺寸数值所表示的大小为准。图上的尺寸单位,除标高及总平面图以 m 为单位外,其他均必须以 mm 单位,即以 1:1 的比例绘图效果最好,这样也便于尺寸标注操作。由于尺寸标注时 AutoCAD 自动测量尺寸大小,所以采用 1:1 的比例绘图,绘图时无须换算,在标注尺寸时也无须再键入尺寸大小。如果最后统一修改了绘图比例,相应的应该修改尺寸标注的测量单位比例因子。

(3)充分利用捕捉功能准确标注尺寸。

(4)为标注建立专用图层。建立专用的图层,可以控制尺寸的显示和隐藏,和其他的图线可以迅速分开,便于修改、预览。

(5)为尺寸文本建立专门的文字样式。对照国家标准,应该设定好字符的高度、宽度、倾斜角度等。设定好字符的尺寸标注所用文字应符合文字注写要求,通常数字高不小于 2.5 mm,中文字高不小于 3.5 mm,尺寸线和尺寸界线采用细实线,起止符号采用中实线,但半径、直径、角度与弧长的尺寸起止符宜用箭头表示。尺寸数字和图线重合时,必须将图线断开。如果图线不便于断开,应该调整尺寸标注的位置。如可能,尺寸标注应集中放置整齐,以便查找。放置时,小尺寸应离图样较近,大尺寸应离图样较远。

4.2.2 设置尺寸标注样式

标注样式是标注设置的命名集合,可用来控制标注的外观,如箭头样式、文字位置和尺寸公差等。在标注对象时,为了便于各个尺寸标注的统一管理, AutoCAD 2016 为用户提供了尺寸标注样式,通过尺寸标注样式可以方便地对尺寸标注的各个部分和其他参数进行设置。

1. 执行方法

菜单栏:“格式”→“标注样式” 标注样式(D)... 或“标注”→“标注样式” 标注样式(S)...。

工具栏:“标注”→“标注样式”。

命令行:DIMSTYLE(DST)。

功能区:单击“默认”选项卡“注释”面板中“标注样式”按钮;或单击“注释”选项卡“标注”面板上的“标注样式”下拉菜单中的“标注管理样式”按钮;或单击“注释”选项卡“标注”面板中的“对话框启动器”按钮。

2. 操作方法

执行标注样式命令后,系统打开如图 4-15 所示的“标注样式管理器”对话框。利用此对话框可以方便、直观地浏览和设置尺寸标注样式，包括建立新的标注样式、修改已经存在的标注样式、设置当前尺寸标注样式、重命名样式以及删除已经存在的标注样式等。

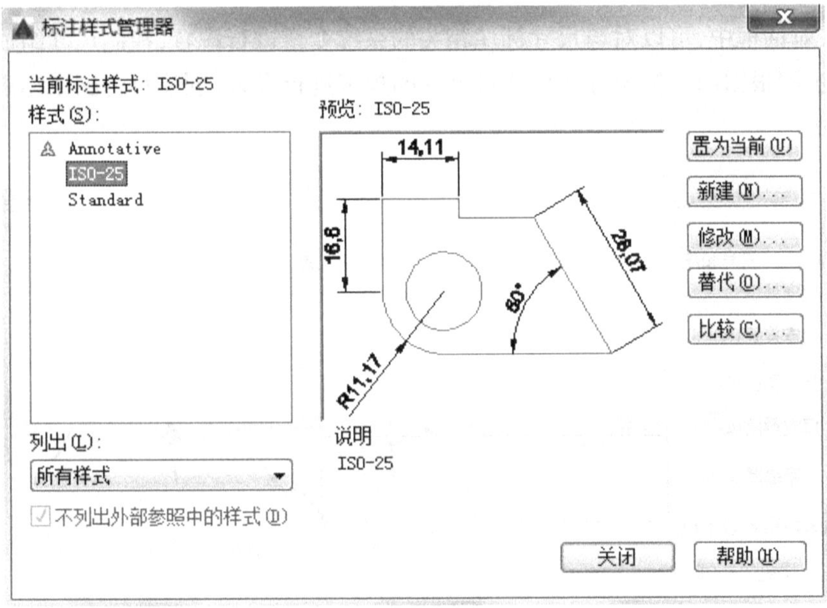

图 4-15 “标注样式管理器”对话框

3. 选项说明

“置为当前”：单击该按钮，把在“样式”列表中选中的样式设置为当前样式。

“新建”：定义一个新的尺寸标注样式。单击该按钮，弹出“创建新标注样式”对话框，如图 4-16 所示。利用此对话框可创建一个新的尺寸标注样式。

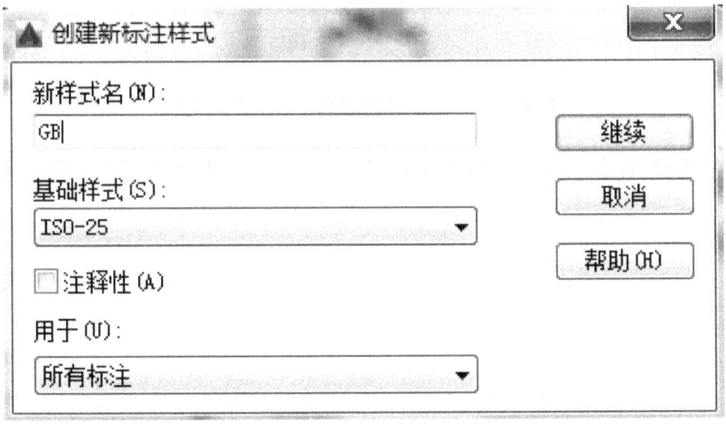

图 4-16 “创建新标注样式”对话框

“新样式名”：可根据电脑绘图人员的需要自行定义，如“GB”等。

“基础样式”：指某新建标注样式是以此基础样式进行修改得来的，基础样式提供了一组尺寸标注的默认系统变量，基础样式与新建标注样式互不关联。此处选择系统默认的

ISO-25。

“用于”:指新定义的标注样式是针对何种尺寸类型的,如:线性标注、角度标注或直径标注,默认为所有标注。选择“继续”按钮,自动弹出如图 4-17 所示“新建标注样式: GB”对话框,在该对话框中,可以对与尺寸标注相关的系统变量进行设置,控制尺寸组成部分的外观。下面步骤根据国家标准标注样式对尺寸的规定进行设置,创建符合国家标准规定的尺寸标注样式。

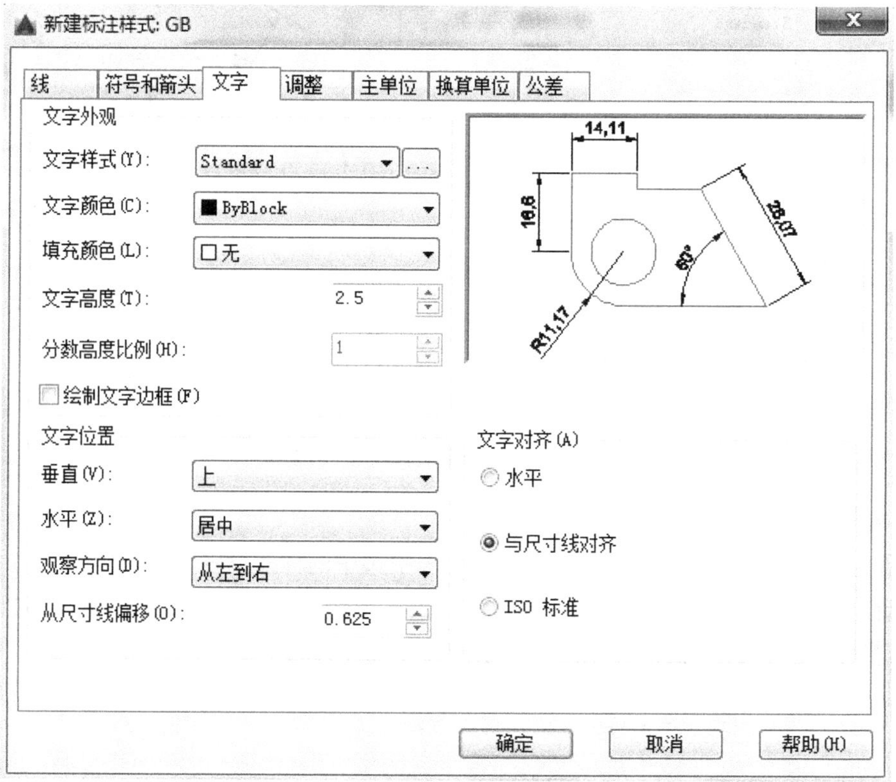

图 4-17 “创建新标注样式:GB”对话框

(1)设置直线选项卡参数。选择直线选项卡,设置尺寸线、尺寸界线各变量值,如图 4-18 所示。

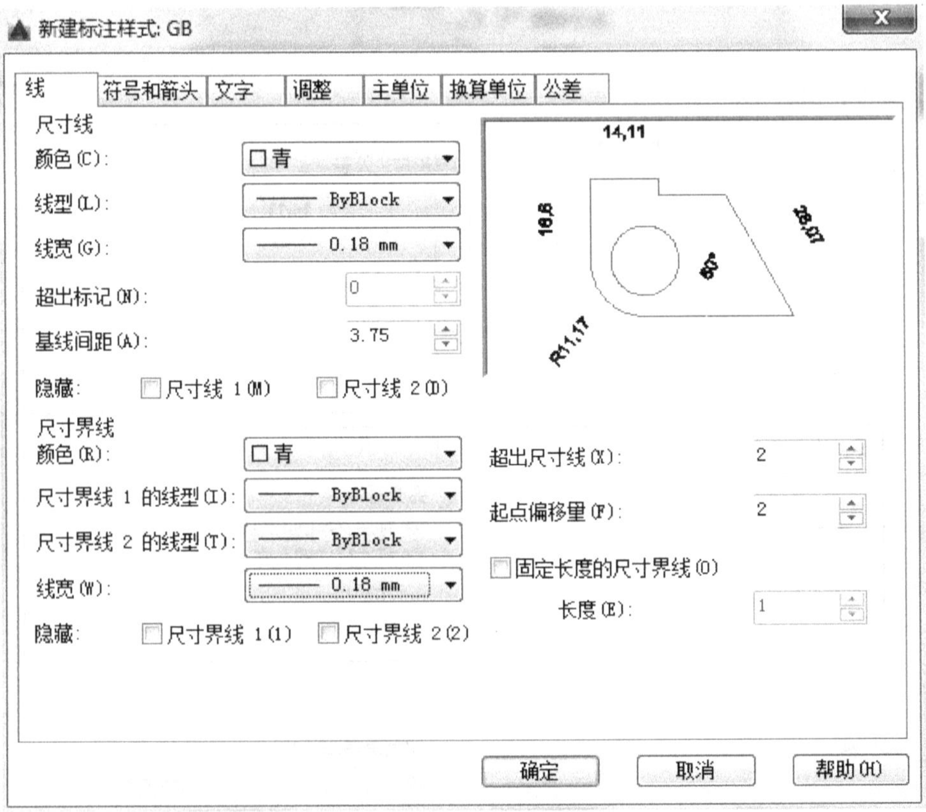

图 4-18 修改直线标注样式

“尺寸线”:在该栏中设置尺寸线的颜色、线型、线宽等参数。

“超出标记”:数值框数值为尺寸线超出尺寸界线的距离,通常数值为 0。

“基线间距”:数值框数值为基线尺寸与标注尺寸线之间的距离,也可以选中“隐藏”选项后的“尺寸线 1”和“尺寸线 2”复选框,隐藏尺寸线。

“尺寸界线”:在该栏中设置尺寸界线的颜色、线型、线宽等参数。

“超出尺寸线”:数值框数值为尺寸界线超出尺寸线的距离。

“起点偏移量”:数值框数值为尺寸界线距离标注对象的距离,也可选中“隐藏”选项后的“尺寸线 1”和“尺寸线 2”复选框,隐藏尺寸线,也可以设定“固定长度的尺寸界线”数值。

(2)设置符号和箭头选项卡参数。选择符号和箭头选项卡,设置箭头和圆心标记的外观各变量值,如图 4-19 所示。

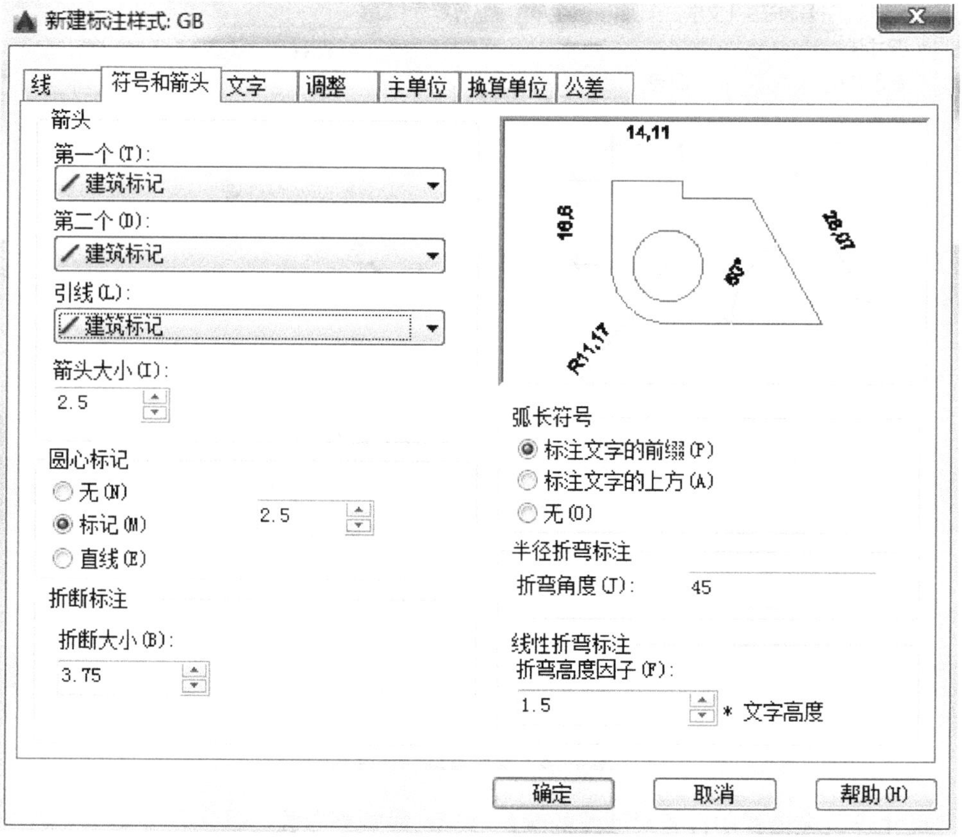

图 4-19 修改符号和箭头标注样式

“箭头”:在该栏中对标注箭头的形式、大小等参数进行设置。

“第一个”和“第二个”:下拉列表框中分别设置尺寸标注的第一标注箭头和第二标注箭头的样式。

“引线”:下拉列表框中可设置引线标注的箭头样式。

“箭头大小”:数值框中输入标注箭头的大小。

“圆心标记”:在该栏中设置圆心标记的类型和大小。

(3)设置文字选项卡参数。选择文字选项卡,设置尺寸标注中文字的外观、位置和对齐方式。各变量如图 4-20 所示。

图 4-20 修改文字标注样式

"文字外观":在该栏中指定标注文字的外观样式。

"文字样式":在下拉列表框中选择当前已有的文字样式,可单击其后的□按钮,在弹出的"文字样式"对话框(图 4-21)中设置相应参数。

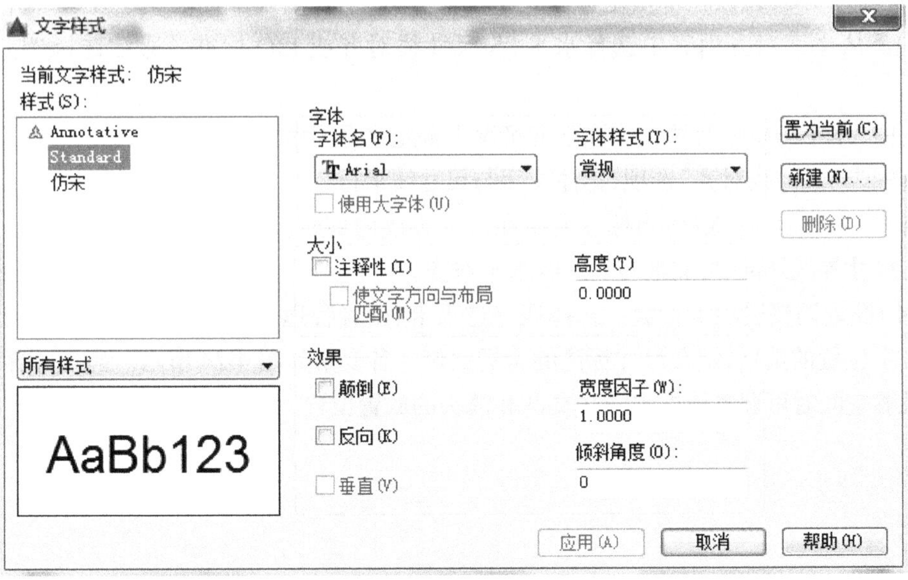

图 4-21 "文字样式"对话框

“文字高度”:数值框内输入标注文字的高度。

“分数高度比例”:数值框中设定分数形式字符与其他字符的比例(只有选择了支持分数的标注格式时,此项才可用)。

若选中“绘制文字边框”复选框,则标注后的文字会加上边框的效果。

“文字位置”:在该栏中指定标注文字在尺寸线上的位置,控制尺寸标注文字的位置。

“垂直”:下拉列表框中控制标注文字相对尺寸线的垂直对齐位置,控制尺寸标注文字沿尺寸线垂直方向的调整。下拉列表中有“居中”“上”“外部”“JIS”和“下”选项供选择,如图 4-22 所示。

“水平”:在下拉列表框中选择,以控制标注文字在尺寸线方向上相对于尺寸界线的水平位置,控制尺寸标注文字沿尺寸线和尺寸界线方向的调整。可以从水平列表中选择“居中”“第一条尺寸界线”“第二条尺寸界线”“第一条尺寸界线上方”和“第二条尺寸界线上方”,如图 4-23 所示。

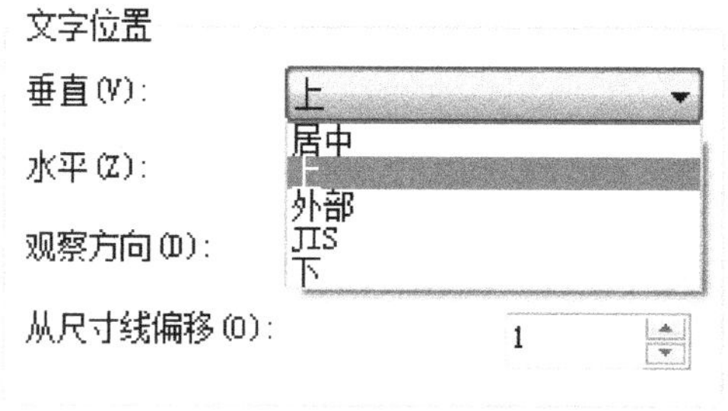

图 4-22 文字垂直位置

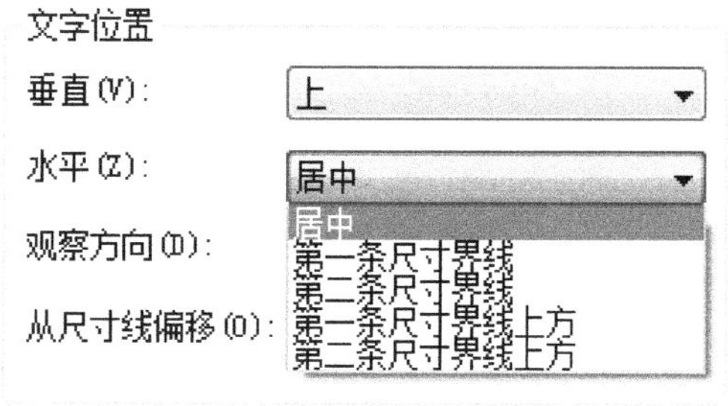

图 4-23 文字水平位置

“从尺寸线偏移”:数值框中输入标注文字距离尺寸线的距离,显示和设置当前文字从尺寸线偏移的距离值。通常文字不能太接近尺寸线。

“文字对齐”:在该栏中指定标注文字的对齐方式,控制尺寸标注文字在尺寸界线内外的方向。从文字对齐列表中选择水平、与尺寸线对齐或 ISO 标准。通常选择“与尺寸线对齐”。

选中“水平”选项,标注文字在任何情况下都是水平显示的。

选中“与尺寸线对齐”选项,标注文字与尺寸线平行。

选中“ISO 标准”选项,当标注文字在尺寸界线内部时,其文本与尺寸线对齐。当标注文字在尺寸界线外部时,文本与尺寸线水平对齐。

(4)设置调整选项卡参数。选择调整选项卡,设置管理 AutoCAD 绘制尺寸线、尺寸界线和文字位置的选项,定义尺寸标注的全局比例。各变量如图 4-24 所示。当尺寸界线之间没有足够空间时可调整该栏中标注文本和箭头的放置位置。

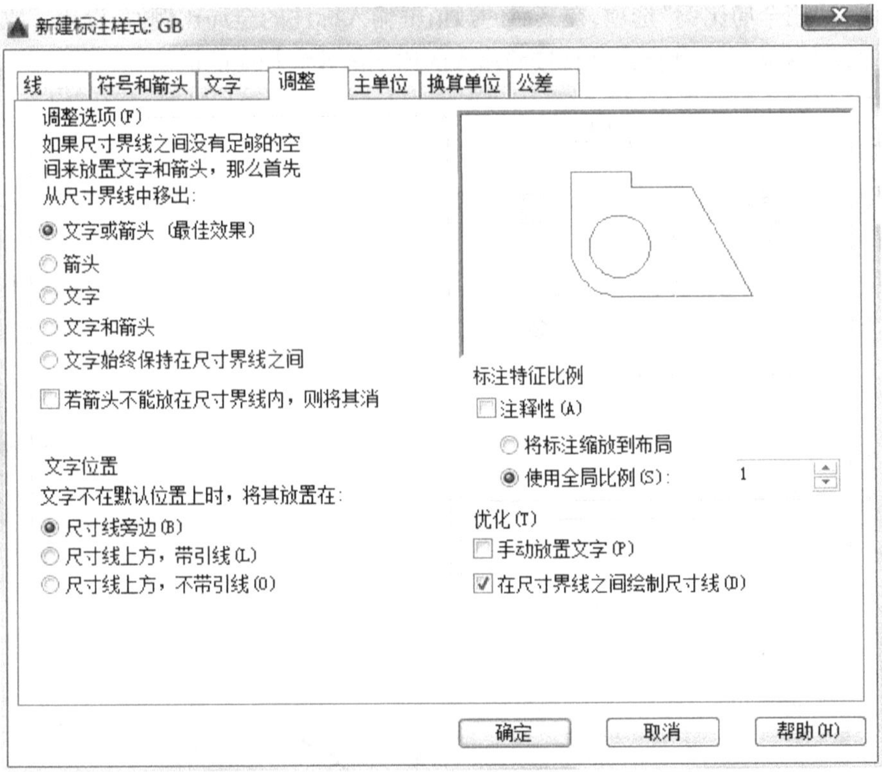

图 4-24 调整标注样式

“调整选项”:在如图 4-24 所示的调整选项卡对话框中,可控制尺寸标注文字、箭头、引线和尺寸线的位置。

选中“文字或箭头(最佳效果)”, AutoCAD 自动将文字或箭头移出,以最佳效果确定移出内容。

选中“箭头”选项,将箭头放置在尺寸界线内,若不能放置箭头,则将标注文本及箭头一同放置在尺寸界线外。

选中“文字”选项,将标注文字放置在尺寸界线内,若不能放置文本,则将标注文本及箭头一同放置在尺寸界线外。

选中“文字始终保持在尺寸界线之间”选项,标注文本将始终放置在尺寸界线内。

选中“若箭头不能放在尺寸界线内,则将其消”选项,若尺寸界线之间不能放置箭头,则不显示标注箭头。

“文字位置”:文字不在默认位置上时,将其放置在“尺寸线旁边”“尺寸线上方,带引线”“尺寸线上方,不带引线”。

选中“尺寸线旁边”选项,则文字标注位置在尺寸线旁边。

选中“尺寸线上方,带引线”选项,则文本位置在尺寸线上方,并加一条引线相连。

选中“尺寸线上方,不带引线”选项,则将文本放置在尺寸线上方,且不加引线。

“标注特征比例”:在该栏中控制尺寸标注的全局比例。

选中“使用全局比例”选项，在其后的数值框输入标注的全局比例值，设置了比例值后，该标注样式为基础的尺寸标注都将按照输入的比例值放大相应的倍数。

选中“将标注缩放到布局”选项，则根据模型空间视窗口比例设置标注比例。

“优化”：在该栏中对尺寸标注的部分参数进行调整。

选中“手动放置文字”选项，将忽略所有水平对正设置，并将文字放置在“尺寸线位置”提示中的指定位置。

选中“在尺寸界线之间绘制尺寸线”选项，在标注对象时，在尺寸界线之间绘制尺寸线。

(5)设置主单位选项卡参数。选择主单位选项卡，设置线性尺寸和角度尺寸单位格式的精度。各变量如图 4-25 所示。

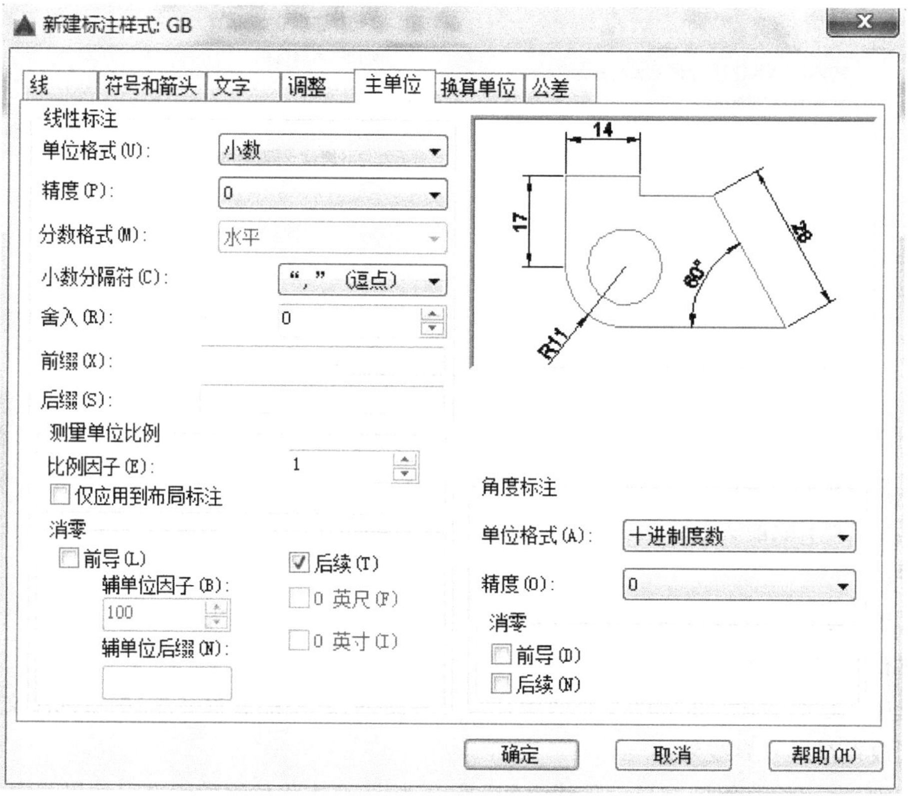

图 4-25 修改主单位标注样式

“线性标注”区：设置线性标注主单位的格式和精度。

“单位格式”：设置除了角度标注之外的所有尺寸类型的单位格式。下拉列表中可选择“科学”“小数”“工程”“建筑”和“分数”等单位格式，通常为默认的小数单位格式。

“精度”：设置尺寸文字的小数位数。根据绘图精度的要求，通常选择“0”。

“分数格式”：设置分数的格式。此项必须在单位格式选为分数时再进行选择，下拉列表中可选择对角、水平和非堆叠。

“小数分隔符”：为小数格式设置分隔符。下拉列表中可选择句号(。)、逗号(，)或空格

( )。

“舍入”:为除角度标注之外的所有尺寸类型设置舍入规则。

“前缀”和“后缀”:输入控制文字或显示特殊符号的控制码。如在“前缀”选项中输入“%%c”,则该标注样式在图形窗口中的尺寸文字前面显示直径符号 Φ;在后缀选项中输入“%%d”,则该标注样式在图形窗口中的尺寸文字后面显示度数符号(°)。

“测量单位比例”:该设置比较重要,如果在同一图中有不同比例的几幅图,应该分别创建不同比例的尺寸标注样式进行标注。

“比例因子”:为除角度标注之外的所有尺寸类型线性标注设置比例因子,此比例因子的大小与图中其他不同比例的图之间相关联。如:此处输入“0.2”,该标注样式的尺寸把实际测量值为 100 mm 的尺寸标注为“20”。

“消零”:控制前导零和后续零是否一致。

“角度标注”区:显示并设置角度标注的当前角度格式。

“单位格式”:下拉列表中可选择十进制度数、度 / 分 / 秒,百分度和弧度。

“精度”: 显示和设置角度标注的十进制位数。

“消零”:控制前导零和后续零是否一致。

对于道路绘图而言,以上内容设置掌握即可,其他设置应用较少,因此不再赘述。按照图片调整完每一组设置后,单击“确定”按钮回到“标注样式管理器”,如图 4-26 所示,单击右上角“置为当前”按钮,“关闭”即可完成标注样式设置。这样当前的标注样式为 GB,标注出的样式特征符合国家标准标注样式的设置特征。

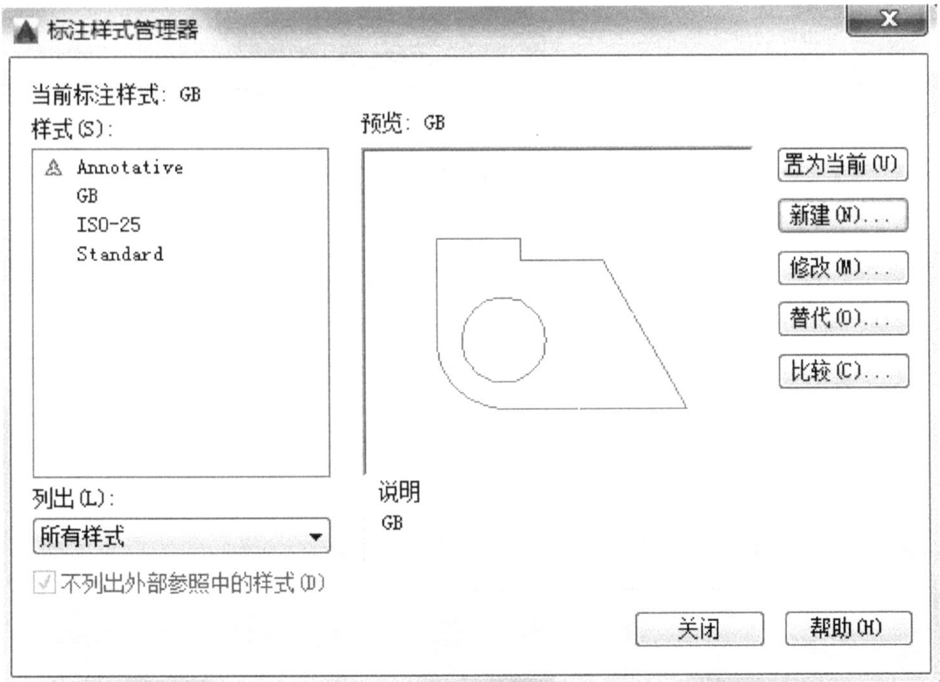

图 4-26 “标注样式管理器”对话框

“修改”按钮:修改一个已存在的尺寸标注样式。单击该按钮,弹出“修改标注样式”对话框,可以对已有标注样式进行修改。

“替代”按钮:设置临时覆盖尺寸标注样式。单击该按钮,弹出“替代当前样式:ISO-25”对话框,如图 4-27 所示。用户可改变选项的设置并覆盖原来的设置,但这种设置只对指定的尺寸标注起作用,而不影响当前尺寸变量的设置。

“比较”按钮:比较两个尺寸标注样式在参数上的区别,或浏览一个尺寸标注样式的参数设置。单击该按钮,弹出“比较标注样式”对话框,如图 4-28 所示。可以把比较结果复制到剪贴板上,然后再粘贴到其他的 Windows 应用软件上。

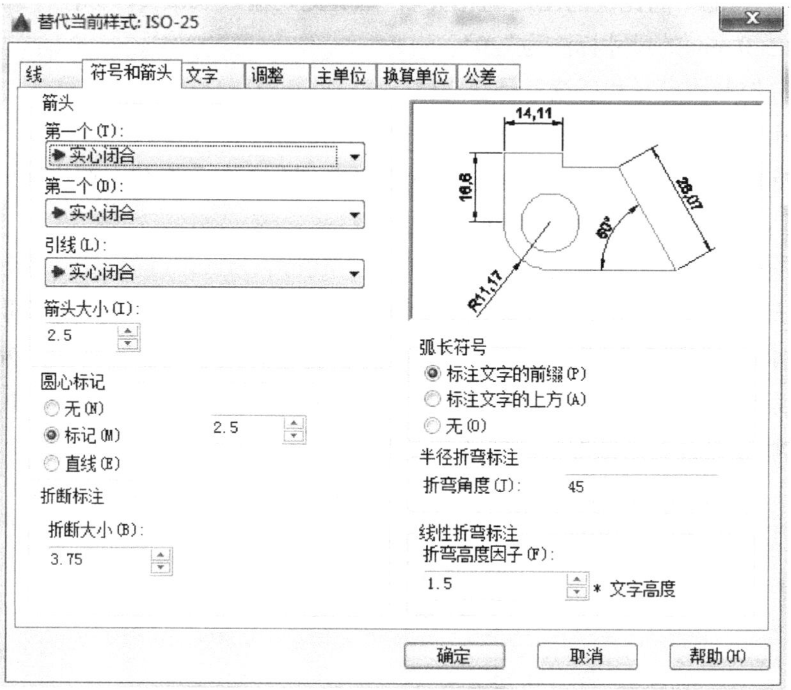

图 4-27 “替代当前样式:ISO-25”对话框

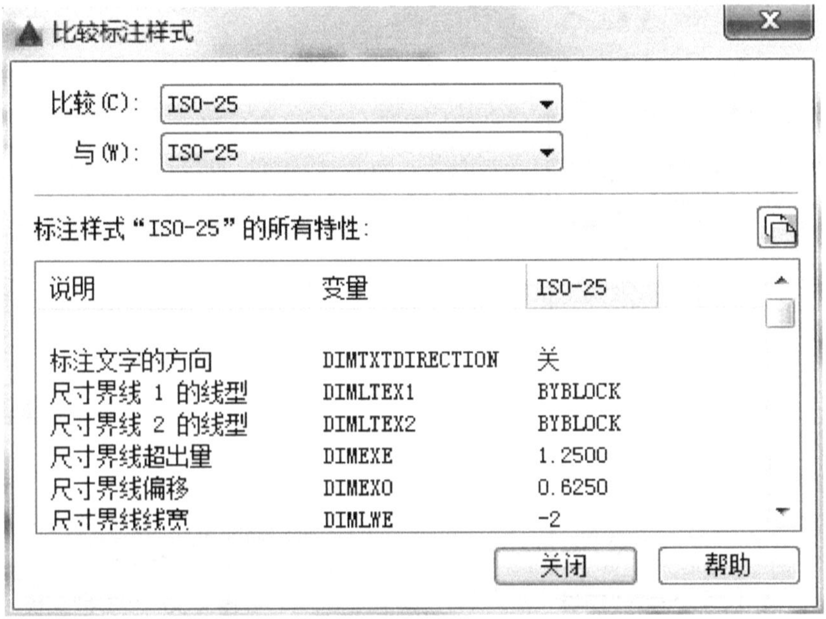

图 4-28 “比较标注样式”对话框

4.2.3 尺寸标注

正确进行尺寸标注是设计绘图工作中非常重要的一个环节。AutoCAD 2016 提供了方便快捷的尺寸标注方法,可通过执行命令实现,也可利用菜单或工具按钮来实现。下面重点介绍如何对各种类型的尺寸进行标注。

4.2.3.1 线性标注

1. 执行方法

菜单栏:“标注”→“线性” 线性(L)。

工具栏:“标注”→“线性”。

命令行:DIMLINEAR(DLI)。

功能区:单击“默认”选项卡“注释”面板中的“线性”按钮,如图 4-29 所示;或单击“注释”选项卡“标注”面板中的“线性”按钮,如图 4-30 所示。

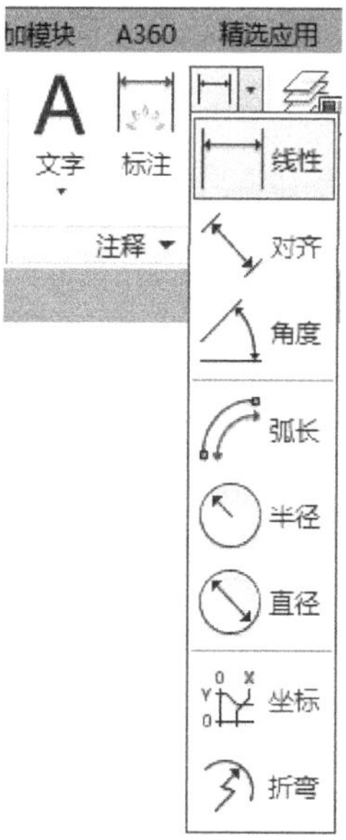

图 4-29 “注释”面板

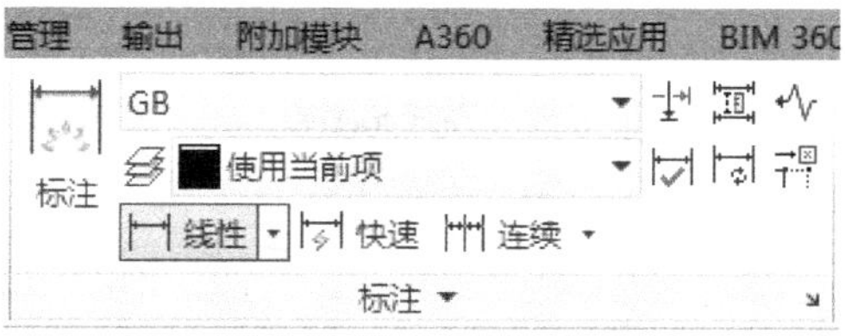

图 4-30 “标注”面板

2. 操作方法

选择相应的菜单项或工具图标,或在命令行输入“DLI”后回车,AutoCAD 提示:

指定第一个尺寸界线原点或 < 选择对象 >:

指定第二条尺寸界线原点:

指定尺寸线位置或

[多行文字(M)/ 文字(T)/ 角度(A)/ 水平(H)/ 垂直(V)/ 旋转(R)]:

标注文字 =(尺寸数字)

3. 选项说明

在此提示下有两种选择,直接按“Enter”键选择要标注的对象或指定尺寸界线的起始点。

1)直接按“Enter”键

光标变为拾取框,命令行中的提示如下。

选择标注对象:

指定尺寸线位置或

[多行文字(M)/ 文字(T)/ 角度(A)/ 水平(H)/ 垂直(V)/ 旋转(R)]:

标注文字 =(尺寸数字)

2)指定第一条尺寸界线起始点

指定第一条与第二条尺寸界线的起始点。

4.2.3.2 对齐标注

1. 执行方式

菜单栏:“标注”→“对齐”
。

工具栏:“标注”→“对齐”。

命令行:DIMALIGNED(DAL)。

功能区:单击“默认”选项卡“注释”面板中的“对齐”按钮或单击“注释”选项卡“标注”面板中的“对齐”按钮。

2. 操作方法

命令:输入“DAL”,回车

指定第一个尺寸界线原点或 <选择对象>:

指定第二条尺寸界线原点:

指定尺寸线位置或

[多行文字(M)/文字(T)/角度(A)]:

标注文字 =(尺寸数字)

3. 选项说明

这种命令标注的尺寸线与所标注轮廓线平行,标注起始点到终点之间的距离尺寸。

4.2.3.3 基线标注

基线标注用于产生一系列基于同一条尺寸界线的尺寸标注,适用于长度尺寸标注、角度标注和坐标标注等。在使用基线标注方式之前,应该先标注出一个相关的尺寸。

1. 执行方式

菜单栏:“标注”→“基线” 基线(B)。

工具栏:“标注”→“基线”。

命令行:DIMASELINE(DBA)。

功能区:单击“注释”选项卡“标注”面板中的“基线”按钮。

2. 操作方法

命令:输入“DBA”,回车。

指定第二个尺寸界线原点或 [选择(S)/放弃(U)] <选择>:

标注文字 =(尺寸数字)

3. 选项说明

(1)指定第二条尺寸界线原点:直接确定另一个尺寸的第二条尺寸界线的起点,以上次标注的尺寸为基准标注出相应的尺寸。

(2)设置(S):在上述提示下直接按“Enter”键,命令行中的提示与操作如下:

选择基准标注:(选择作为基准的尺寸标注)

4.2.3.4 连续标注

连续标注又叫尺寸链标注,用于产生一系列连续的尺寸标注。后一个尺寸标注均把前一个标注的第二条尺寸界线作为它的第一条尺寸界线。连续标注适用于长度尺寸标注、角度标注和坐标标注等。在使用连续标注方式之前,应该先标注出一个相关的尺寸。

1. 执行方式

菜单栏:“标注”→“连续” 连续(C)。

工具栏:“标注”→“连续”。

命令行:DIMCONTINUE(DCO)。

功能区:单击“注释”选项卡“标注”面板中的“连续”按钮。

2. 操作方法

命令:输入“DCO”,回车。

指定第二个尺寸界线原点或[选择(S)/放弃(U)]< 选择 >:

标注文字 =(尺寸数字)

3. 选项说明

此提示下的各选项与基线标注中完全相同,此处不再赘述。

4.2.3.5 引线标注

AutoCAD 提供了引线标注功能,利用该功能不仅可以标注特定的尺寸,如圆角、倒角等,还可以在图中添加多行旁注、说明。在引线标注中指引线可以是折线,也可以是曲线;指引线端部可以有箭头,也可以没有箭头。

利用“QLEADER”命令可快速生成指引线及注释,而且可以通过“命令行优化”对话框进行用户自定义,由此可以消除不必要的命令行提示,取得最高的工作效率。

1. 执行方式

命令行:QLEADER(LE)。

2. 操作方法

命令:输入“LE”,回车

指定第一个引线点或[设置(S)]< 设置 >:

指定下一点:

指定下一点:

指定文字宽度 <0>:

输入注释文字的第一行 < 多行文字(M)>:

3. 选项说明

1)“指定第一个引线点”

根据命令行中的提示确定一点作为指引线的第一点,命令行中的提示如下:

指定下一点:(输入指引线的第二点)

指定下一点:(输入指引线的第三点)

AutoCAD 提示用户输入的点的数目由“引线设置”对话框确定,如图 4-31 所示。输入完指引线的点后,命令行中的提示如下:

指定文字宽度 <0>:(输入多行文本的宽度)

输入注释文字的第一行 < 多行文资(M)>:

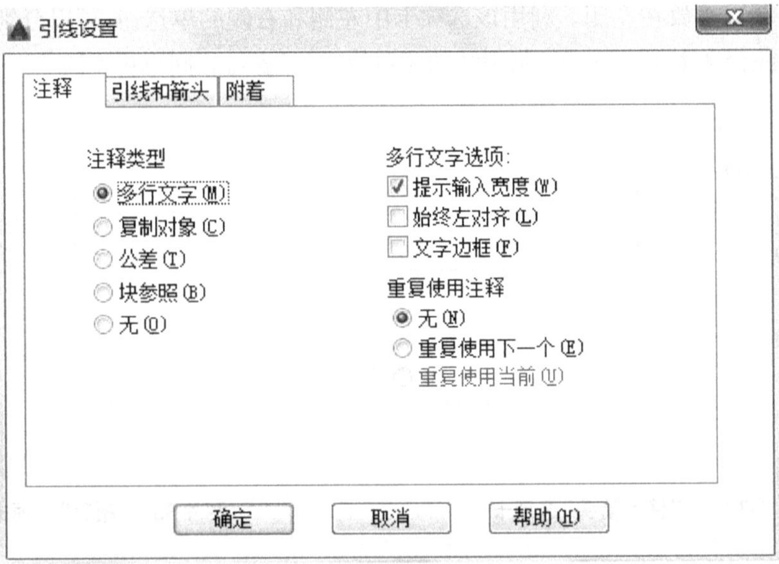

图 4-31 “引线设置”对话框

此时,有以下两种方式进行输入选择。

(1)输入注释文字的第一行:在命令行中输入第一行文本。此时,命令行中的提示如下:

输入注释文字的下一行:(输入另一行文本)

输入注释文字的下一行:(输入另一行文本或按“Enter”键)

(2)多行文字(M):打开多行文字编辑器,输入、编辑多行文字。输入全部注释文本后直接按“Enter”键,系统结束“QLEADER”命令,并把多行文本标注在指引线的末端附近。

“设置(S)”

在上面的命令行提示下直接按“Enter”键或输入“S”,弹出“引线设置”对话框,允许对引线标注进行设置。该对话框中包含“注释”“引线和箭头”和“附着”3 个选项卡,下面分别进行介绍。

(1)“注释”选项卡:用于设置引线标注中注释文本的类型、多行文本的格式并确定注释文本是否多次使用。

(2)“引线和箭头”选项卡:用于设置引线标注中引线和箭头的形式,如图 4-32 所示。其中,“点数”选项组用于设置执行“QLEADER”命令时提示用户输入的点的数目。例如,设置点数为“3”,执行“QLEADER”命令时当用户在提示下指定 3 个点后,AutoCAD 自动提示用户输入注释文本。设置的点数要比用户希望的指引线段数多 1。如果勾选“无限制”复选框, AutoCAD 会一直提示用户输入点直到连续按“Enter”键两次为止。“角度约束”选项组用于设置第一段和第二段指引线的角度约束。

(3)“附着”选项卡:用于设置注释文本和指引线的相对位置,如图 4-33 所示。如果最后一段指引线指向右边,系统自动把注释文本放在右侧;如果最后一段指引线指向左边,系统自动把注释文本放在左侧。利用该选项卡中左侧和右侧的单选钮，可以分别设置位于左侧和右侧的注释文本与最后一段指引线的相对位置，二者可相同也可不同。

图 4-32 “引线和箭头”选项卡

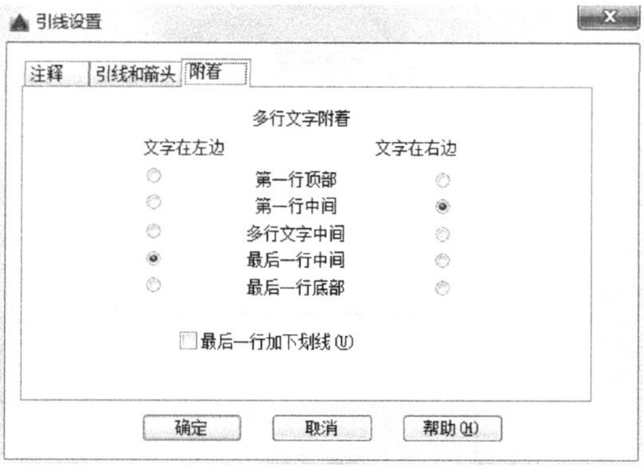

图 4-33 “附着”选项卡

4.2.3.6 角度标注

1. 执行方法

菜单栏：“标注”→“角度” 角度(A)。

工具栏：“标注”→“角度”。

命令行：DIMANGULAR(DAN)。

功能区：单击“注释”选项卡“标注”面板中的“角度”按钮。

2. 操作方法

命令：输入“DAN”，回车。

选择圆弧、圆、直线或 < 指定顶点 >：

选择第二条直线：

指定标注弧线位置或 [多行文字(M)/ 文字(T)/ 角度(A)/ 象限点(Q)]：

标注文字 =(尺寸数字)

4.2.3.7 半径标注

1. 执行方法

菜单栏：“标注”→“半径” 半径(R)。

工具栏：“标注”→“半径”。

命令行：DIMRADIUS(DRA)。

功能区：单击“注释”选项卡“标注”面板中的“半径”按钮。

2. 操作方法

命令：输入“DRA”，回车。

选择圆弧或圆：单击圆形的边线，向一侧移动鼠标并单击鼠标左键，回车结束命令。

标注文字 =(尺寸数字)。

4.2.3.8　直径标注

1. 执行方法

菜单栏："标注"→"直径"

。

工具栏："标注"→"直径"⃠。

命令行：DIMDIAMETER（DDI）。

功能区：单击"注释"选项卡"标注"面板中的"直径"按钮⃠。

2. 操作方法

命令：输入"DDI"，回车。

选择圆弧或圆：单击圆形的边线，向一侧移动鼠标并单击鼠标左键，回车结束命令。

标注文字 =（尺寸数字）。

4.2.3.9　圆心标注

1. 执行方法

菜单栏："标注"→"圆心标记"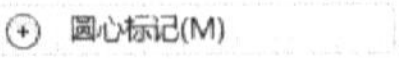

。

工具栏："标注"→"圆心标记"⊕。

命令行：DIMCENTER（DCE）。

功能区：单击"注释"选项卡"标注"面板中的"圆心标记"按钮⊕。

2. 操作方法

命令：输入"DCE"，回车。

选择圆弧或圆：单击圆形的边线。

4.2.3.10　实例：入口广场铺装平面大样和广场砖断面

绘制图 4-34 所示入口广场铺装平面大样、图 4-35 所示广场砖断面图形，并完成尺寸标注。

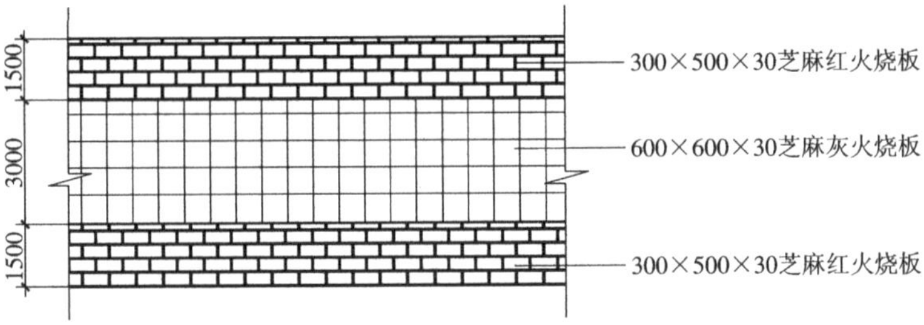

图 4-34　入口广场铺装平面大样

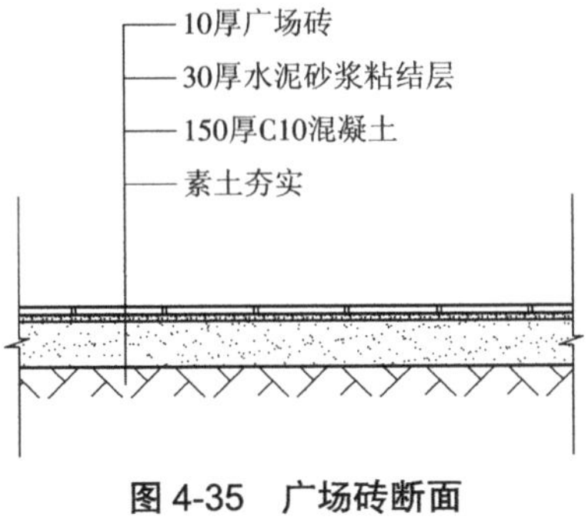

图 4-35　广场砖断面

4.3 表格

在 AutoCAD 中使用表格功能创建表格非常便捷，用户可以直接插入设置好样式的表格，而不用单独进行绘制。在道路制图中可以利用表格命令快速完成苗木表的绘制。

4.3.1 设置表格样式

表格的样式用来控制表格的外观。用户可以使用默认的表格形式，也可以定义新的表格样式并保存这些设置以供将来使用。

1. 执行方法

菜单栏："格式"→"表格样式" 表格样式(B)... 。

工具栏："样式"→"表格样式"。

命令行：TABLESTYLE。

功能区：单击"默认"选项卡"注释"面板中的"表格样式"按钮，如图 4-36 所示；或单击"注释"选项卡"表格"面板上的"表格样式"下拉菜单中的"管理表格样式"按钮 管理表格样式...，如图 4-37 所示；或单击"注释"选项卡"表格"面板中"对话框启动器"按钮，如图 4-38 所示。

图 4-36 "注释"面板

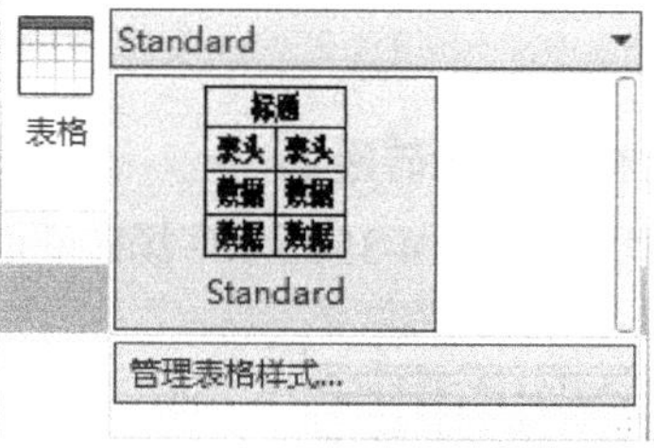

图 4-37 "表格"面板

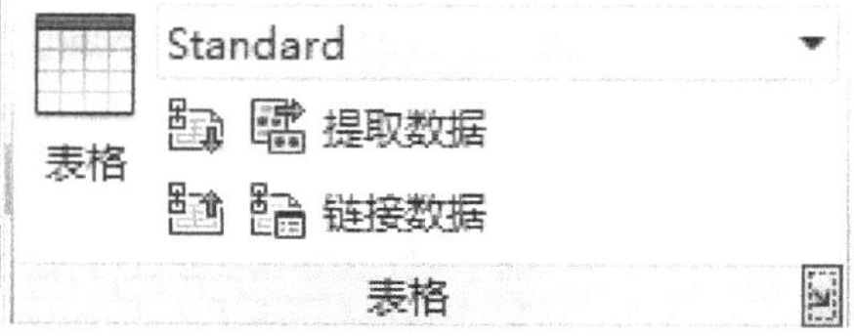

图 4-38 对话框启动器

2. 操作方法

命令：输入"TABLESTYLE"，弹出如图 4-39 所示的"表格样式"对话框。

单击"新建"按钮，打开如图 4-40 所示的"创建新的表格样式"对话框，输入新的样式名称如"苗木表"，单击"继续"。

在系统打开的如图 4-41 所示的"新建表格样式：苗木表"对话框中设置参数。

设置完成后单击"确定"按钮，回到"表格样式"对话框中，单击"置为当前"，再单击"关闭"按钮，完成表格样式的设置。

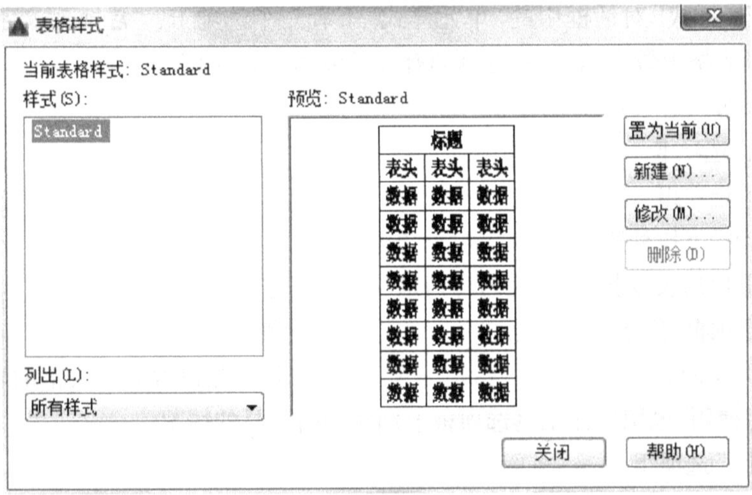

图 4-39　“表格样式”对话框

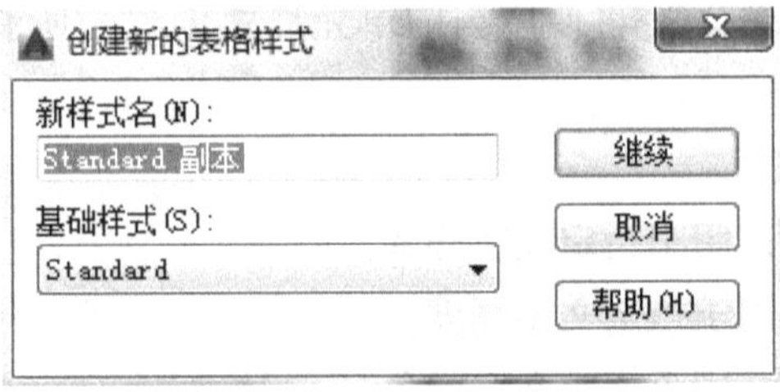

图 4-40　“创建新的表格样式”对话框

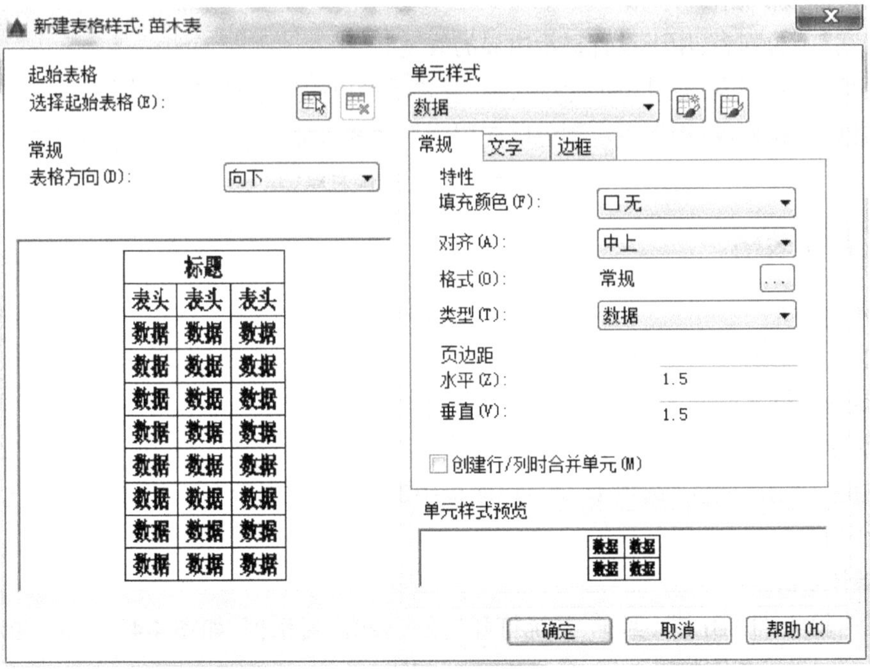

图 4-41　“新建表格样式”对话框

“新建表格样式”对话框中的“单元样式”下有三个选项卡：“常规”“文字”和“边框”，分别用于控制表格中数据、表头和标题的有关参数，如图 4-41 所示。

3. 选项说明

1)“常规”选项卡

A.“特性”选项组

“填充颜色”下拉列表：用于指定填充颜色。

“对齐”下拉列表：用于为单元内容指定一种对齐方式。

“格式”选项框：用于设置表格中各行的数据类型和格式。

“类型”下拉列表：将单元样式指定为标签或数据，可在包含起始表格的表格样式中插入默认文字时使用，也用于在工具选项板上创建表格工具的情况。

B.“页边距”选项组

“水平”文本框：设置单元中的文字或块与左右单元边界之间的距离。

“垂直”文本框：设置单元中的文字或块与上下单元边界之间的距离。

“创建行 / 列时合并单元”：将使用当前单元样式创建的所有新行或列合并到一个单元中。

● “文字”选项卡

“文字样式”下拉列表：用于指定文字样式。

“文字高度”文本框：用于指定文字高度。

“文字颜色”下拉列表：用于指定文字颜色。

“文字角度”文本框：用于设置文字角度。

● “边框”选项卡

“线宽”下拉列表：用于设置显示边界的线宽。

“线型”下拉列表：通过单击边框按钮，设置线型以应用于指定的边框。

“颜色”下拉列表：用于指定颜色以应用于显示的边界。

“双线”复选框：勾选该复选框，指定选定的边框为双线。

4.3.2 创建表格

1. 执行方法

菜单栏：“绘图”→“表格”。

工具栏：“绘图”→“表格”。

命令行：TABLE。

功能区：单击“默认”选项卡“注释”面板中的“表格”按钮；或单击“注释”选项卡“表格”面板中的“表格”按钮。

2. 操作方法

命令：输入“TABLE”，回车，系统打开“插入表格”对话框，如图 4-42 所示。在“插入表格”对话框中进行相应的设置后，单击“确定”按钮。

指定插入点：在绘图区域指定插入点，系统会自动插入一个空表格，并显示“文字编辑器”选项卡，用户可以逐行逐列输入相应的文字或数据，如图 4-43 所示。

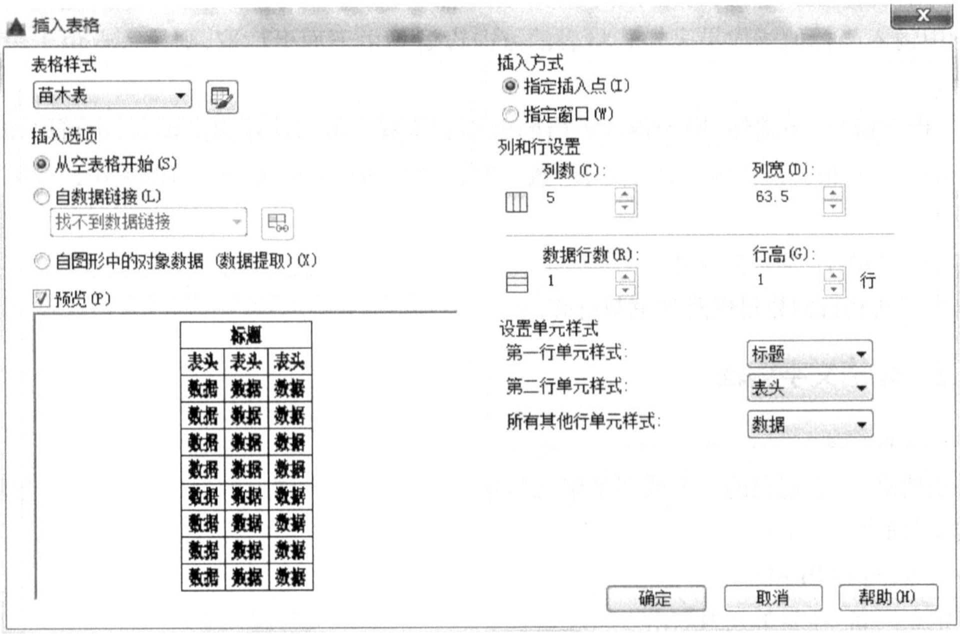

图 4-42 “插入表格”对话框

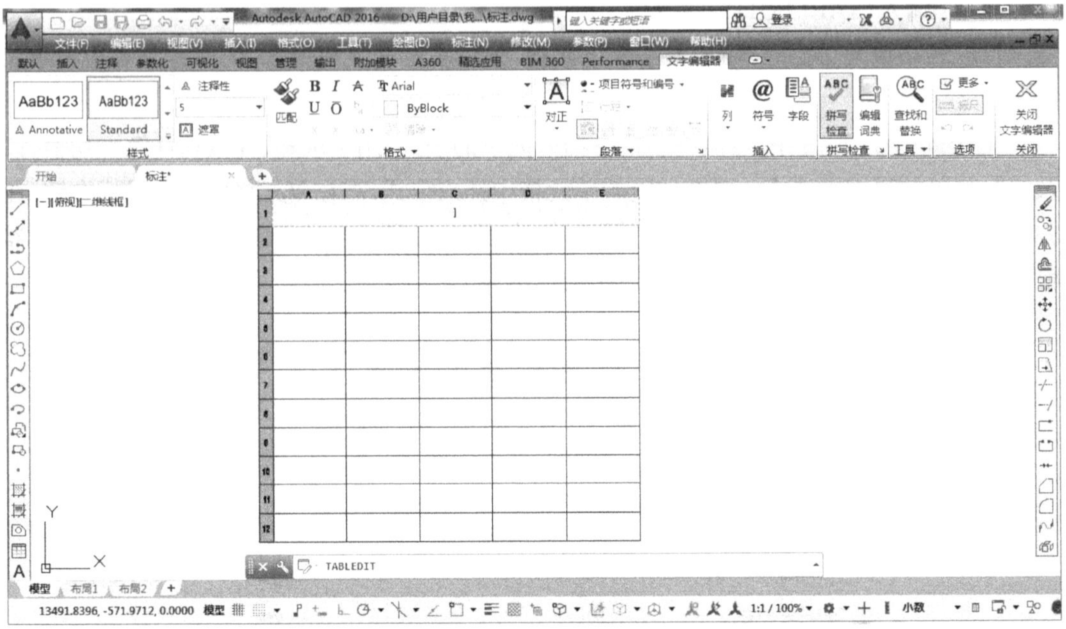

图 4-43 插入表格

3. 选项说明

1)“表格样式”选项组

可以在下拉列表中选择一种表格样式，也可以通过单击后面的按钮来新建或修改表格样式。

2)"插入方式"选项组

"指定插入点"单选钮:用于指定表格左上角的位置。可以使用定点设备,也可以在命令行中输入坐标值。如果表样式将表的方向设置为由下而上读取,则插入点位于表的左下角。

"指定窗口"单选钮:用于指定表格的大小和位置。可以使用定点设备,也可以在命令行中输入坐标值。点选该单选钮时,行数、列数、列宽和行高取决于窗口的大小以及列和行的设置。

3)"列和行设置"选项组

指定列和行的数目以及列宽与行高。

4.3.3　表格文字编辑

1. 执行方法

快捷菜单:选定表的一个或多个单元后单击鼠标右键,在弹出的"快捷菜单"中选择"编辑文字"命令 

命令行:TABLEDIT。

定点设备:在表单元内双击。

2. 操作方法

命令: 输入"TABLEDIT",回车。

拾取表格单元:选择要输入文字的单元格,弹出多行文字编辑器,用户可以对指定单元格进行文字编辑。

在 AutoCAD 2016 中,可以在表格中插入简单的公式,用于求和、计数和计算平均值,以及定义简单的算术表达式。要在选定的单元格中插入公式,需在单元格中单击鼠标右键,在弹出的快捷菜单中选择"插入点→公式"命令,如图 4-44 所示。也可以使用多行文字编辑器输入公式。选择一个公式项后,命令行中的提示如下:

选择表格单元范围的第一个角点:在表格内指定一点;

选择表格单元范围的第二个角点:在表格内指定另一点。

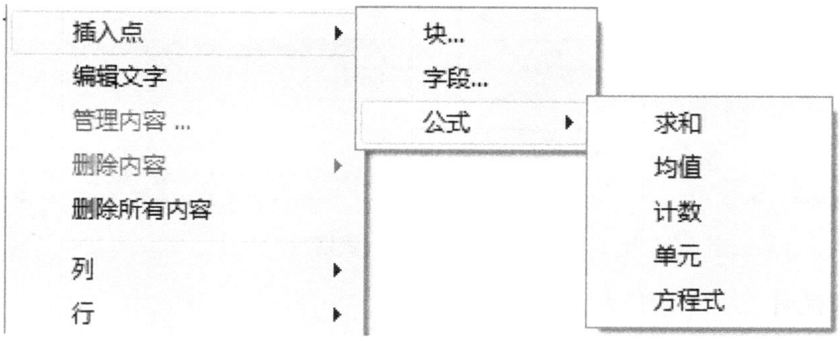

图 4-44　快捷菜单插入公式

5　图形管理工具

在绘图过程中,用户要及时了解图形信息,通过模块化绘图来提高绘图效率。该项目的总体目标是:熟悉设计中心功能,掌握图形常用的查询工具。

5.1　查询工具

AutoCAD 2016 中提供了多种查询功能,包括距离(Distance)、半径(Radius)、角度(Angle)、面积(Area)、体积(Volume)、面域/质量特性(Massprop)、点坐标(ID)、时间(Time)等,这些查询命令在工具菜单栏"查询"中,如图 5-1 所示;或在功能区"默认"选项卡的"实用工具"面板中,如图 5-2 所示。应用这些查询命令可以方便地了解系统的运行状态、图形对象的数据信息及几何信息。善用这些查询功能可以给用户绘制图纸带来很大的方便。

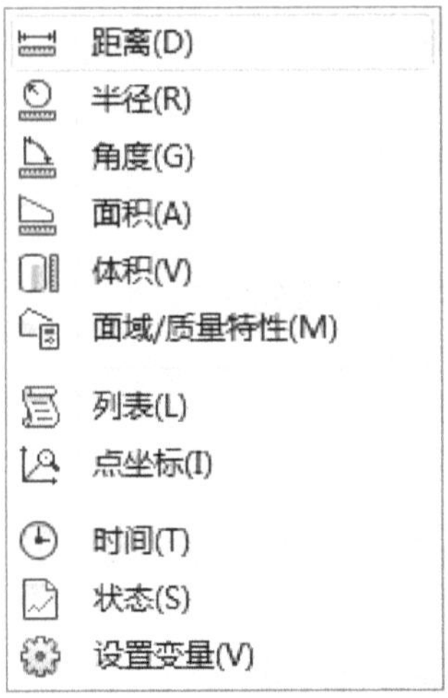

图 5-1　"查询"工具栏

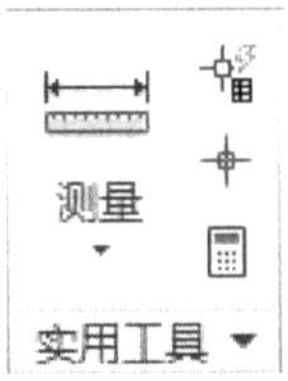

图 5-2　"实用工具"面板

5.1.1　查询点坐标

查询任意位置点的绝对坐标值。

1. 执行方法

菜单栏:"工具栏"→"查询"→"点坐标" 点坐标(I)。

命令行:ID。

功能区:单击"默认"选项卡"实用工具"面板中的"点坐标"按钮。

2. 操作方法

命令：输入“ID”，回车。

指定点：拾取要查询的点，显示该点的绝对坐标值：$X = 3094.4203$，$Y = 1261.3366$，$Z = 0.0000$，如图 5-3 所示，按“Enter”键，结束命令。

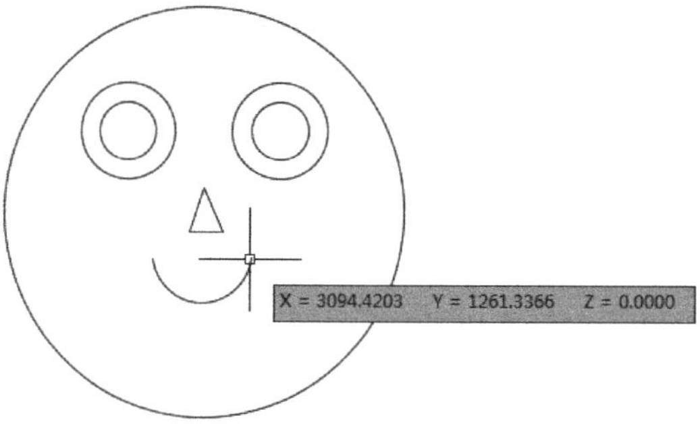

图 5-3 点坐标查询

5.1.2 查询距离

查询距离是测量两点之间的距离或多点之间的总长。

1. 执行方法

菜单栏：“工具栏”→“查询”→“距离” 距离(D)。

命令行：DIST（DI）。

功能区：单击“默认”选项卡“实用工具”面板中的“距离”按钮。

2. 操作方法

命令：输入“DI”，回车。

指定第一点：指定被查询直线端点。

指定第二个点或 [多个点（M）]：指定被查询直线另一端点，如图 5-4 所示，系统显示如下：

距离 = 50.0000，XY 平面中的倾角 = 0，与 XY 平面的夹角 = 0

X 增量 = 50.0000，Y 增量 = 0.0000，Z 增量 = 0.0000

按“Enter”键，结束命令。

在“指定第二个点或 [多个点（M）]：如果输入“M”，则将基于现有直线段和查询直线段计算总距离。总长将随光标移动进行更新，并显示在工具提示中。最后给定的距离为总长度，如图 5-5 所示。

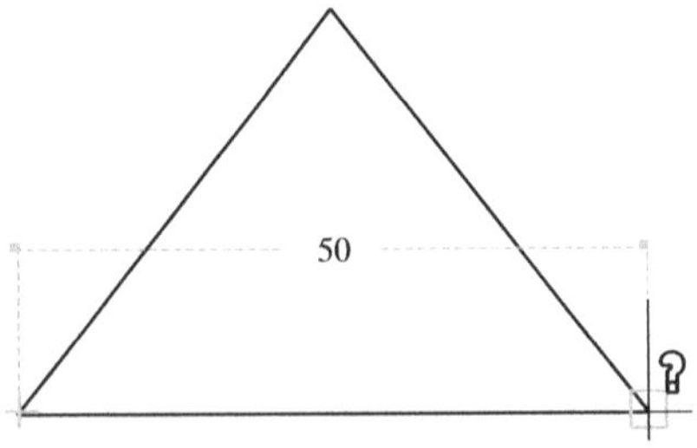

图 5-4 查询一条直线距离

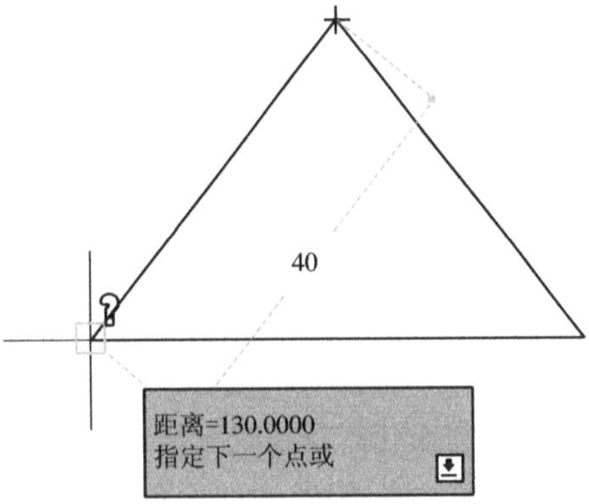

图 5-5 查询多条直线总长

5.1.3 查询半径

1. 执行方法

菜单栏:“工具栏”→“查询”→“半径”

命令行:MEASUREGEOM(MEA)→R

功能区:单击“常用”选项卡“实用工具”面板中的“半径”按钮。

2. 操作方法

命令:输入“MEA”,回车。

输入选项[距离(D)/半径(R)/角度(A)/面积(AR)/体积(V)]<距离>:输入“R”,回车

选择圆弧或圆:选择要查询的圆,如图 5-6 所示,系统显示如下:

半径 = 20.0000

直径 = 40.0000

按“Enter”键,结束命令。

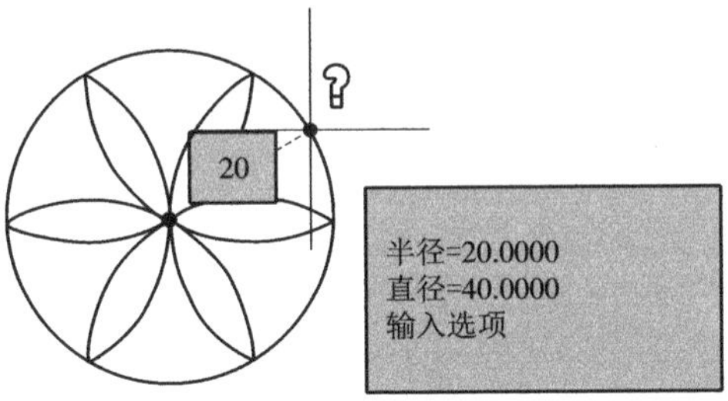

图 5-6 查询圆的半径

5.1.4 查询角度

1. 执行方法

菜单栏:“工具栏”→“查询”→“角度”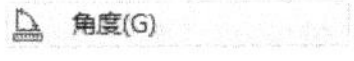。

命令行:MEASUREGEOM(MEA)→ A。

功能区:单击“默认”选项卡“实用工具”面板中的“角度”按钮。

2. 操作方法

1)查询两直线的夹角

命令:输入“MEA”,回车。

输入选项[距离(D)/半径(R)/角度(A)/面积(AR)/体积(V)]<距离>:输入“A”,回车。

选择圆弧、圆、直线或<指定顶点>:选择夹角的第一条直线 *AC*。

选择第二条直线:选择夹角的第二条直线 *AB*,如图 5-7 所示,系统显示结果如下:

角度 = 51°。

按“Enter”键,结束命令。

2)查询圆弧的角度

命令:输入“MEA”,回车。

输入选项[距离(D)/半径(R)/角度(A)/面积(AR)/体积(V)]<距离>:输入“A”,回车。

选择圆弧、圆、直线或<指定顶点>:选择要查询的圆弧,如图 5-8 所示,系统显示如下:

角度 = 214°。

按“Enter”键,结束命令。

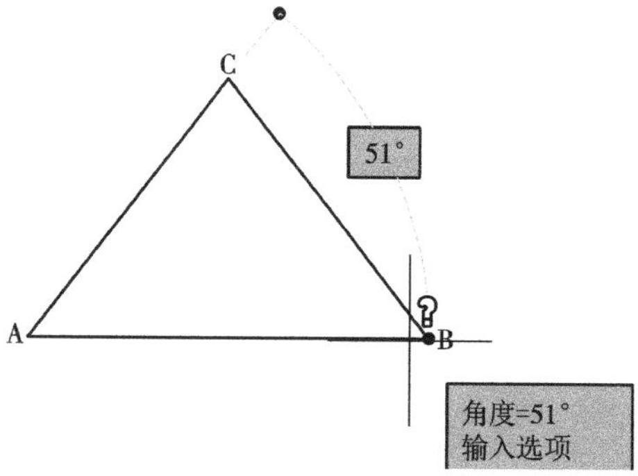

图 5-7 查询两直线夹角

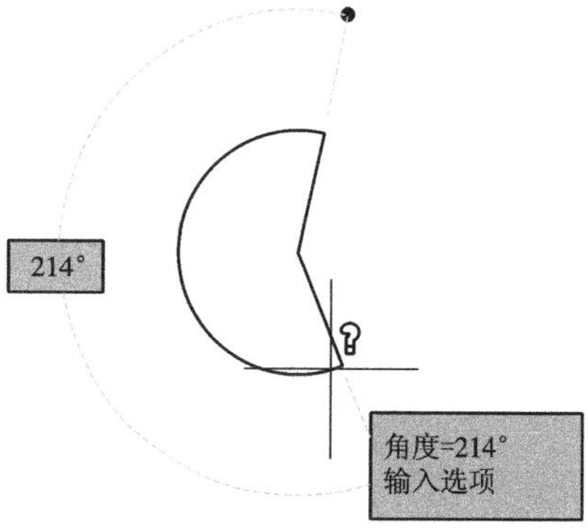

图 5-8 查询圆弧角度

5.1.5 查询面积

此命令可以计算和显示点序列或封闭对象的面积和周长。如果需要计算多个对象的组合面积,则可在选择集中每次加或减一个选择对象的面积,并计算总面积。

1. 执行方法

菜单栏:“工具栏”→“查询”→“面积” 面积(A)。

命令行:AREA(AA)。

功能区:单击“默认”选项卡“实用工具”面板中的“面积”按钮。

2. 操作方法

1)查询封闭图形的面积

命令:输入“AA”,回车。

指定第一个角点或 [对象(O)/ 增加面积(A)/ 减少面积(S)] < 对象(O)>: 输入“O”,回车。

选择对象:选择多段线图形,如图 5-9 所示,系统显示结果如下:

区域 = 1642.4518,周长 = 178.4837。

2)按序列点查询面积

命令:输入“AA”,回车。

指定第一个角点或 [对象(O)/ 增加面积(A)/ 减少面积(S)]< 对象(O)>:选择点 1,回车。

指定下一个点或 [圆弧(A)/ 长度(L)/ 放弃(U)/ 总计(T)] < 总计 >:依次选择点 2,3,4,5,6,回车,如图 5-10 所示,系统显示结果如下:

区域 = 1642.4518,周长 = 178.4837

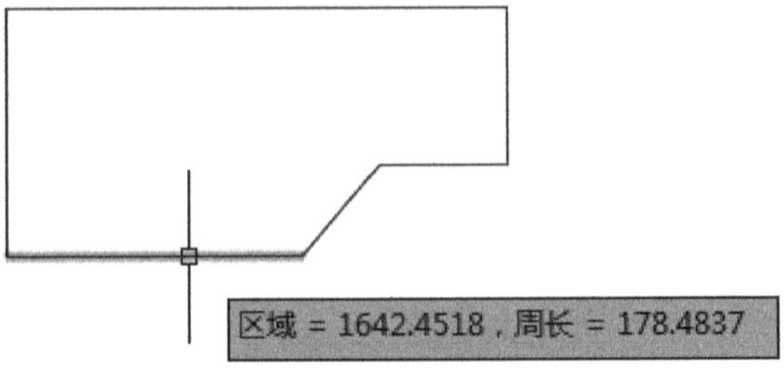

图 5-9　查询封闭图形的面积

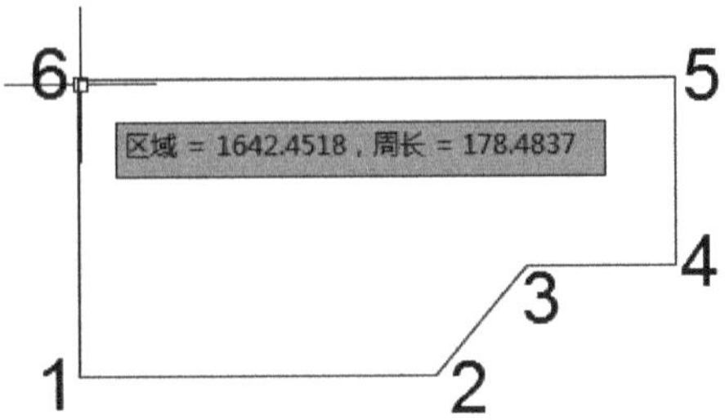

图 5-10　按序列点查询面积

5.1.6　查询体积

1. 执行方法

工具菜单栏:“工具栏”→“查询”→“体积” 

命令行:VOLUME(VOL)。

功能区:单击“默认”选项卡“实用工具”面板中的“体积”按钮。

2. 操作方法

命令: 输入“VOLUME”,回车。

选择对象:找到 1 个,如图 5-11 所示。

选择对象:

---------------- 实体 ----------------

质量:　126818.8760

体积:　126818.8760

边界框:　X: −61.1073 — −2.4005

　　　　Y: −149.8596 — −77.8527

Z：-30.0000 — 0.0000

质心： X：-31.7539

Y：-113.8562

Z：-15.0000

惯性矩： X：1736824450.1761

Y：202341570.5962

Z：1863074695.1583

惯性积： XY：-458497857.9392

YZ：-216586711.2321

ZX：-60404865.5675

旋转半径： X：117.0270

Y：39.9439

Z：121.2057

主力矩与质心的 X、Y、Z 方向：

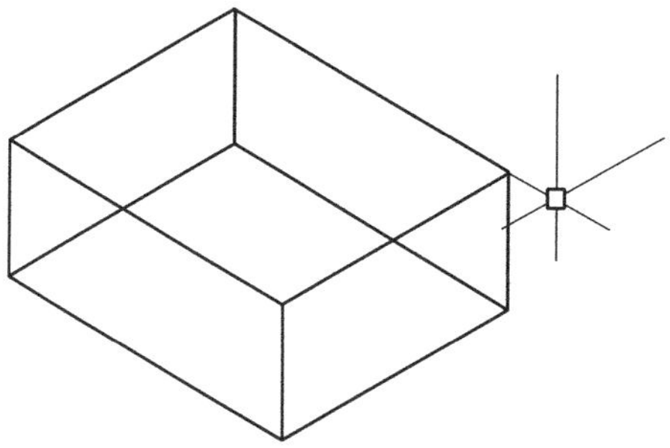

图 5-11 查询四棱柱体积

5.1.7 查看对象的信息

使用 List 命令查询图形上选择对象的信息，该信息会显示在文本窗口中。使用 List 命令得到的所有对象信息都是在建立对象时设置的，用户选择对象时可以看到下列信息：对象类型，图层，空间（模型或图纸），处理码（在图形数据库是默认的），几何数值（位置、尺寸等）。

1. 执行方法

命令行：LIST（LI）。

功能区：单击“默认”选项卡“特性”面板中的“列表”按钮。

2. 操作方法

命令：输入“LI”，回车。

选择对象：选择要查看的对象，如图 5-10 所示，按 Enter 键，文本窗口会列出选择对象的相关信息，显示结果如下：

选择对象：

LWPOLYLINE 图层: "0"

空间: 模型空间

句柄 = 3c0

闭合

固定宽度 0.0000

面积 1642.4518

周长 178.4837

于端点 X=3269.7648 Y=1321.2349 Z=0.0000

于端点 X=3269.7648 Y=1291.2159 Z=0.0000

于端点 X=3306.5703 Y=1291.2159 Z=0.0000

于端点 X=3316.3851 Y=1302.2432 Z=0.0000

于端点 X=3332.0274 Y=1302.2432 Z=0.0000

于端点 X=3332.0274 Y=1321.2349 Z=0.0000

5.2 设计中心

AutoCAD 设计中心与 Windows 系统中的资源管理类似，是一个直观、高效的管理工具。用户利用设计中心可以方便地管理 AutoCAD 的相关资源。通过设计中心，用户不仅可以查看、参照自己的设计，还可以调用图形中的块、图层定义、尺寸和文字样式等内容，甚至可以提取硬盘驱动器、网络驱动器或 Internet 上的图形文件所包含的命名对象。

5.2.1 启动设计中心

在 AutoCAD 中，设计中心是一个与绘图窗口相对独立的窗口，因此在使用时应先启动 AutoCAD 设计中心。

1. 执行方法

菜单栏：“工具”→“选项板”→“设计中心” 设计中心(D) Ctrl+2 。

工具栏：“标准”→设计中心。

命令行：ADCENTER。

快捷键：Ctrl+2。

功能区：单击“视图”选项卡“选项板”面板中的“设计中心”按钮。

2. 操作方法

执行该命令后，系统打开设计中心。第一次启动设计中心时，它默认打开的选项卡为“文件夹”。显示区采用大图标显示，左边的资源管理器采用 tree view 显示方式显示系统的树形结构，在浏览资源的同时，在内容显示区显示所浏览资源的有关细目或内容，如图 5-12 所示。

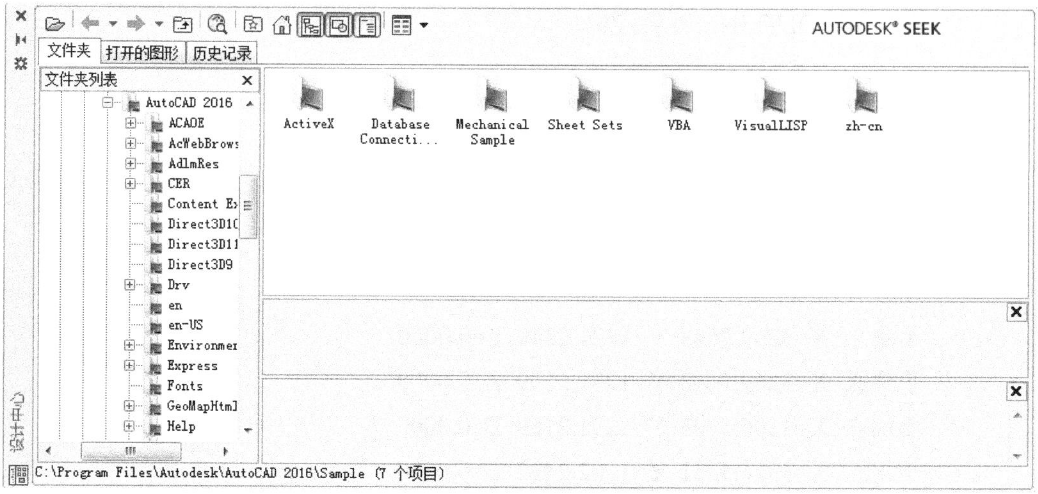

图 5-12 AutoCAD 设计中心的资源管理器和内容显示区

可以依靠鼠标拖动边框来改变 AutoCAD 设计中心资源管理器和内容显示区以及 AutoCAD 绘图区的大小,但内容显示区的最小尺寸应能显示两列大图标。

如果要改变 AutoCAD 设计中心的位置,可在设计中心工具条的上部用鼠标拖动它,松开鼠标后, AutoCAD 设计中心便处于当前位置,到新位置后,仍可以用鼠标改变各窗口的大小,也可以通过设计中心边框左边下方的“自动隐藏”按钮来自动隐藏设计中心。

5.2.2 插入图片

可以将图片插入到图形当中。当将一个图块插入图形当中时,块定义就被拷贝到图形数据库中。在一个图块被插入图形之后,如果原来的图块被修改,则插入图形中的图块也随之改变。

当其他命令正在执行时,不能插入图块到图形当中。AutoCAD 设计中心提供了插入图块的两种方法:利用鼠标指定比例和旋转方式,精确指定坐标、比例和旋转角度方式。

1. 利用鼠标指定比例和旋转方式插入图块

系统根据鼠标检出的线段的长度与角度确定比例与旋转角度。插入图块的步骤如下。

(1)从文件夹列表或查找结果列表选择要插入的图块,按住鼠标左键,将光标拖动到打开的图形。松开鼠标左键,此时被选择的对象被插入当前被打开的图形中。利用当前设置的捕捉方式,可以将对象插入任何存在的图形中。

(2)单击鼠标左键,指定一点作为插入点,移动鼠标,鼠标位置点与插入点之间距离为缩放比例。单击鼠标左键确定比例。用同样的方法移动鼠标,鼠标指定位置与插入点连线与水平线角度为旋转角度。被选择的对象就根据鼠标指定的比例和角度插入图形中。

2. 精确指定坐标、比例和旋转角度方式插入图块

利用该方法可以设置插入图块的参数,具体方法如下。

(1)从文件夹列表或查找结果列表框选择要插入的对象,拖动对象到打开的图片。

(2)在相应的命令行提示下输入比例和旋转角度等数值。被选择的对象根据指定的参

数插入图形中。

5.2.3 图形复制

1. 在图形之间复制图块

利用 AutoCAD 设计中心可以浏览和装载需要复制的图块，然后将图块复制到剪贴板，利用剪贴板将图块粘贴到图形当中。具体方法如下。

（1）在控制板选择需要复制的图块，单击鼠标右键打开快捷菜单，在快捷菜单中选择“复制”命令。

（2）将图块复制到剪贴板上，然后通过“粘贴”命令粘贴到当前图形上。

2. 在图形之间复制图层

利用 AutoCAD 设计中心可以从任何一个图形复制图层到其他图形。例如，如果已经绘制了一个包括设计所需的所有图层的图形，在绘制另外的新的图形的时候，可以新建一个图形，并通过 AutoCAD 设计中心将已有的图层复制到新的图形当中，这样可以节省时间，并保证图形间的一致性。具体方法有以下两种。

（1）拖动图层到已打开的图形：确认要复制图层的目标图形文件被打开，并且是当前的图形文件。在控制板或查找结果列表框选择要复制的一个或多个图层。拖动图层到打开的图形文件。松开鼠标后，被选择的图层被复制到打开的图形当中。

（2）复制或粘贴图层到打开的图形：确认要复制的图层的图形文件被打开，并且是当前的图形文件。在控制板或查找结果列表框选择要复制的一个或多个图层。单击鼠标右键打开快捷菜单，在快捷菜单中选择“复制到粘贴板”命令。如果要粘贴图层，确认粘贴的目标图形文件被打开，并为当前文件。单击鼠标右键打开快捷菜单，在快捷菜单中选择“粘贴”命令。

6 图形的布局与打印

AutoCAD 2016 拥有强大、方便的绘图能力，图纸绘制完成后为了便于查看，多数时候需要把图形打印出来或将绘图结果转换成图片用于其他程序。本章的总体目标是：了解模型、图纸空间和布局的概念，熟悉标题的创建和图形绘制。

尽管目前随着 CAD、CAE、CAPP、CAM 一体化技术的发展，在产品的整个设计、制造过程中实现无图纸化已经成为可能，但是在大多数情况下产品的制造过程主要还是以图纸作为指导性技术文件。AutoCAD 仅是一个设计绘图系统，它并不具备 CAE、CAPP、CAM 等功能，用它进行设计最终还需以图纸的形式来表达。

使用 AutoCAD 2016 绘制的图形，用户可以打印单一视图或者多个视图，也可根据不同的需要打印一个或多个视口，或通过设置来决定打印的内容和图形在图纸上的布置方式。

另外，在 AutoCAD 2016 绘制的图形还可以输出成 DWF 格式文件。

6.1 模型空间、图纸空间和布局概念

图纸的设置和输出离不开 AutoCAD 的模型空间（Model Space）和图纸空间（Paper Space），用户可以用这两种空间的任意一种进行打印输出。

模型空间提供用户建立和编辑修改二维、三维模型的工作环境，本书前面各章所介绍的命令、示例都是针对模型空间环境的。

图纸空间是二维图形环境，它以布局形式出现，布局完全模拟图纸式样，用户可以在绘图之前或之后安排图形的输出布局。AutoCAD 命令都能用于图纸空间，但在图纸空间建立的二维实体在模型空间不能显示。

图纸空间可分为图纸模型空间和纯图纸空间。

尽管 AutoCAD 模型空间只有一个，但是用户可以为图形创建多个布局图，以适应各种不同的图形输出要求。例如，若图形非常复杂，可以创建多个布局图，以便在不同的图纸中以不同比例分别打印图纸的不同部分。

我们不妨把模型空间看成为一个具体的景物，而把布局视为该景物拍摄的照片，景物只有一个，而照片可有多张。可认为图纸模型空间是为景物选择取景框，纯图纸空间就是一种定格。照片可以是局部照，可以是全景照；可以放大，也可以缩小。

用户可以很方便地在模型空间和图纸空间之间切换，对应的系统变量是 TILEMODE。当系统变量 TILEMODE 的值为 1 时，用户到模型空间；当系统变量 TILEMODE 的值为 0 时，用户到图纸空间。

从图纸空间到模型空间的方法是：选择“模型”选项卡，或输入“MODEL”命令。

从模型空间切换到图纸空间的方法是：选择“布局”选项卡。

在图纸空间进行图纸模型空间和纯图纸空间之间的切换方法是在浮动视口内或浮动视口外双击分别进入图纸模型空间和纯图纸空间。最外侧的矩形轮廓指示当前配置的图纸尺寸，其中的虚线指示纸张的打印区域。布局图中还包括一个用于显示模型图形的浮动视口。

6.2 创建标题栏和绘制图形

6.2.1 创建标题栏

绘制一个符合我国标准的 A3 图幅和标题栏，如图 6-1 所示。

将绘制好的 A3 图幅和标题栏创建为一个块，文件名取为“A3”并进行保存。

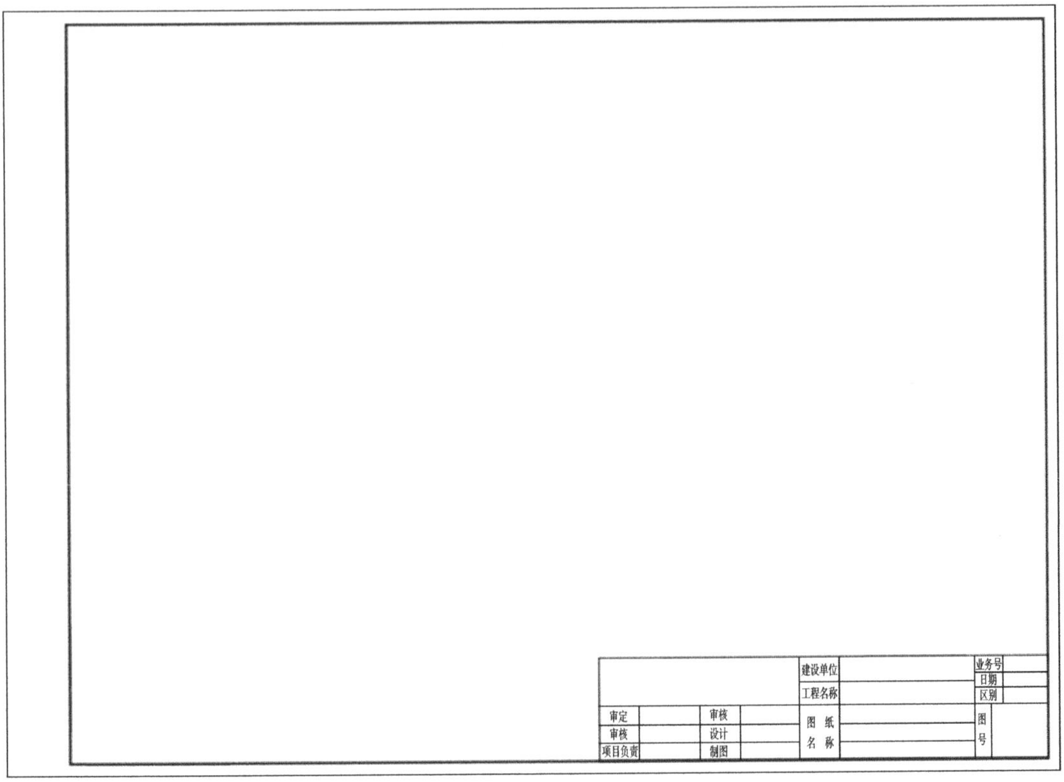

图 6-1 “A3”图幅

6.2.2 绘制图形

首先需要将用户要输出的图形绘制好，具体步骤参照前文所述进行。

6.3 布局的创建与管理

绘图中一个布局往往不能满足绘图的要求,需要创建更多的布局,并且打印时也要根据具体需要对布局进行页面设置,以达到最佳打印效果。

6.3.1 使用布局向导创建布局

布局向导用于引导用户创建一个新布局,每个向导页面都将提示为正在创建的新布局指定不同的标题栏和打印设置。

1. 命令访问

①菜单:“工具”→“向导”→“创建布局”。

②菜单:“插入”→“布局”→“创建布局”。

②命令:LAYOUTWIZARD。

执行该命令后,AutoCAD 将激活创建布局的第一页对话框,即“创建布局 - 开始”对话框,如图 6-2 所示。

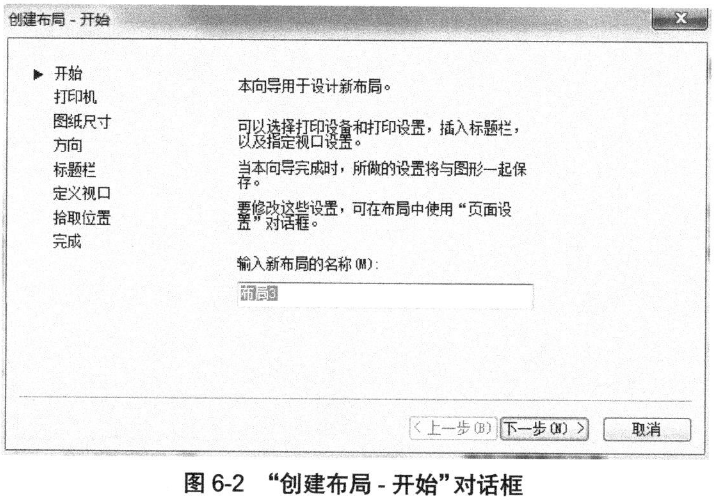

图 6-2 “创建布局 - 开始”对话框

2. 操作说明

在使用“创建布局向导”之前,必须确认已配置绘图设备,用户可以指定打印设备,确定相应的图幅大小和图形的打印方向,选择布局中使用的标题栏,确定视口设置等。

用户可按提示一步一步完成布局的创建工作,在结束之前随时可以退回上一步重新选择。

“开始”页:指定新布局的名字。

“打印机”页:在已配置的打印机列表中选择一种打印机,如图 6-3 所示(图中所示是没有安装打印机的状况)。向导提供的绘图设备是系统中已配置的设备。如果想新配置一个设备,必须在 Windows 控制面板中添加打印机。

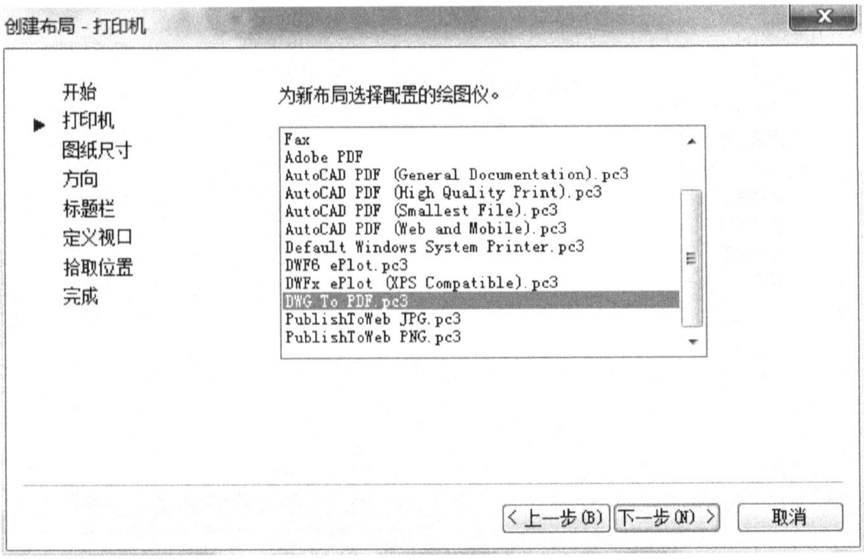

图 6-3 “创建布局 - 打印机”对话框

“图纸尺寸”页:列出用户所选打印机可用的图纸尺寸及单位,供用户选择,选择的图纸尺寸单位应和指定的图形单位一致。本例选择 A3 图幅,单位 mm,如图 6-4 所示。

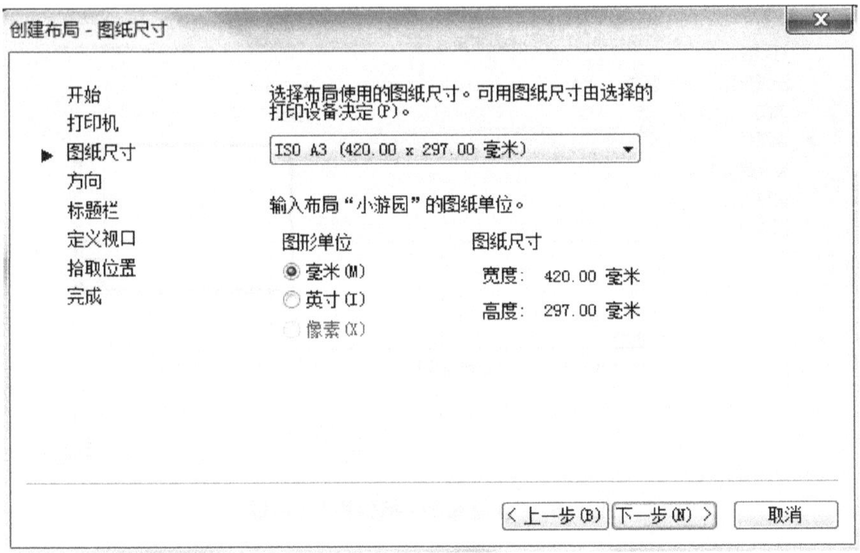

图 6-4 “创建布局 - 图纸尺寸”对话框

“方向”页:有“纵向”和“横向”两个选项,用于指定布局的方向,默认为“横向”,如图 6-5 所示。

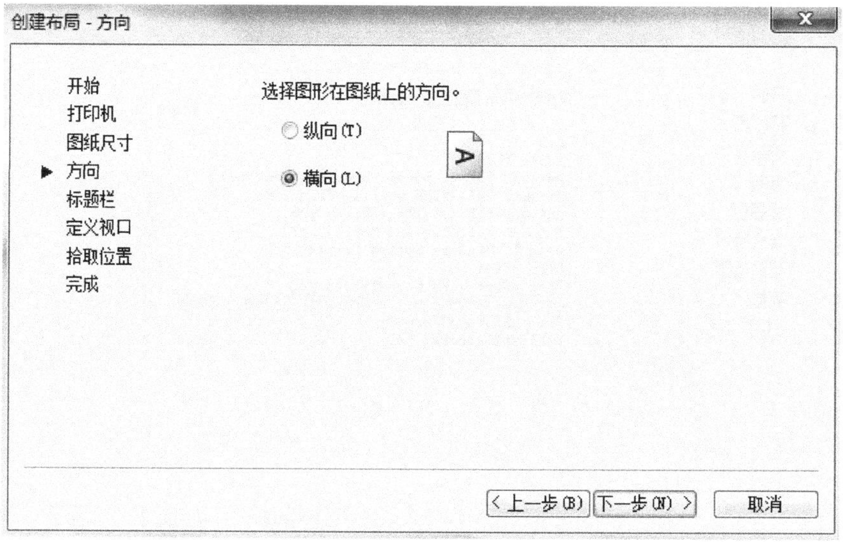

图 6-5 “创建布局 - 方向”对话框

“标题栏”页:选择用于此布局的标题栏,如图 6-6 所示。

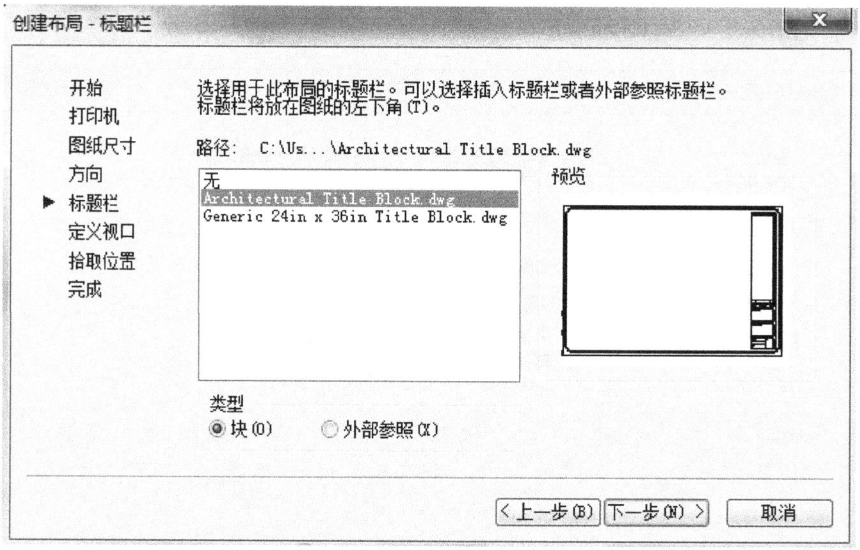

图 6-6 “创建布局 - 标题栏”对话框

“定义视口”页:用户可以为布局定义视口,如图 6-7 所示。可选择无视口、单视口、标准的工程图配置或阵列视口。若设置为无视口的布局,将无法观察在模型空间建立的对象。如果选择阵列,则必须指定行数和列数。

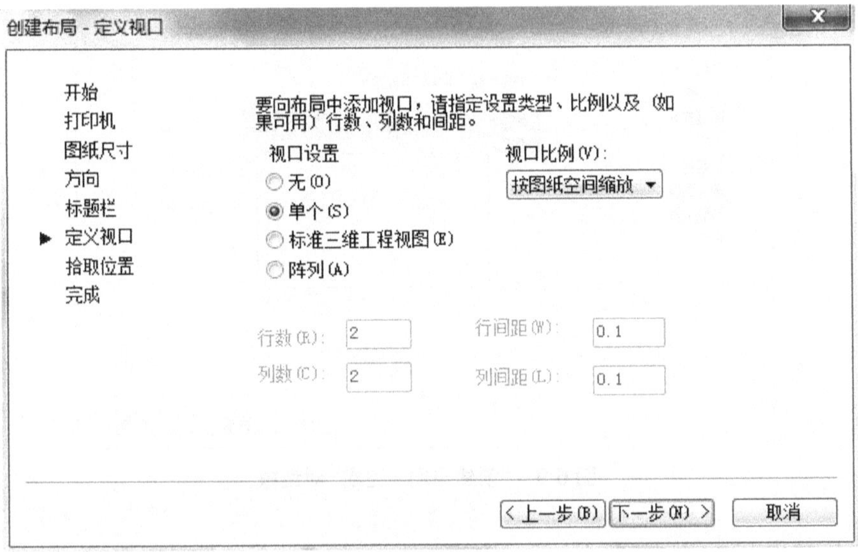

图 6-7 “创建布局 - 定义视口”对话框

“拾取位置”页：指定视口在图纸空间中的位置，如图 6-8 所示。

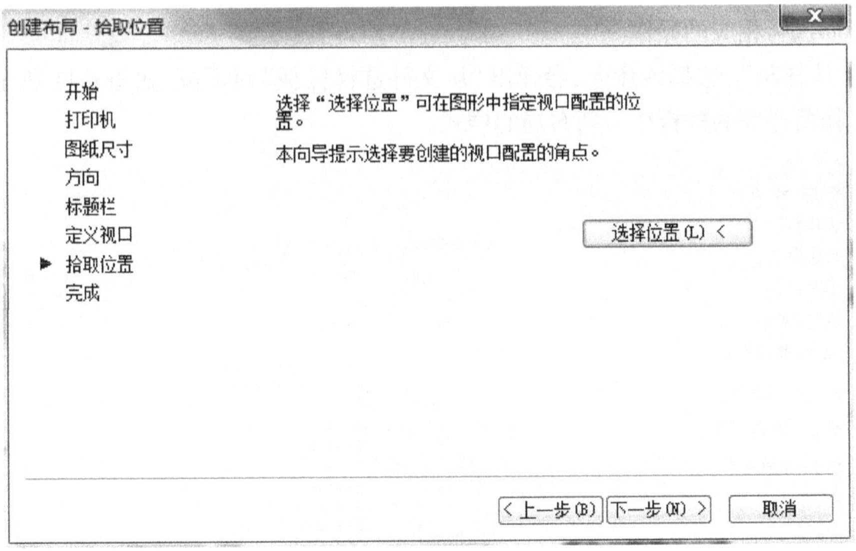

图 6-8 “创建布局 - 拾取位置”对话框

“完成”页：给用户一次确认或取消所作的布局定义的机会。确定后，结束布局向导命令，并根据以上设置创建新布局，完成效果如图 6-9 所示。

图 6-9 “创建布局 - 完成”对话框

6.3.2 布局操作和布局命令

1. 图纸空间“布局”标签

在“布局”标签处单击鼠标右键，会弹出快捷菜单，如图 6-10 所示，用户可以从中选择命令对布局进行相应的操作。

(1)“从样板”：选择该命令，会弹出“从文件选择样板”对话框，如图 6-11 所示，用户可以从中选择所需要的样板作为新布局的样式。

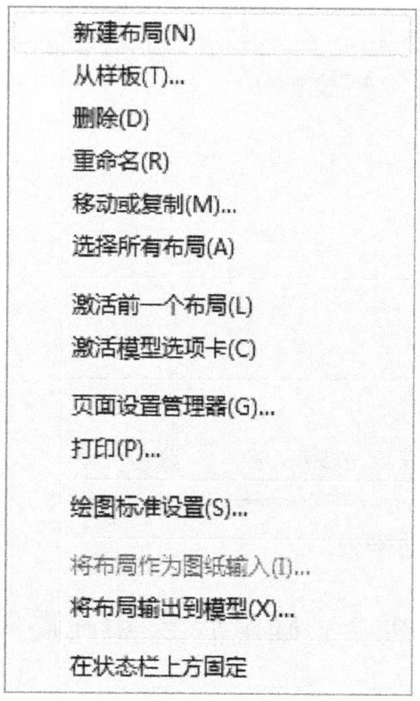

图 6-10 快捷菜单

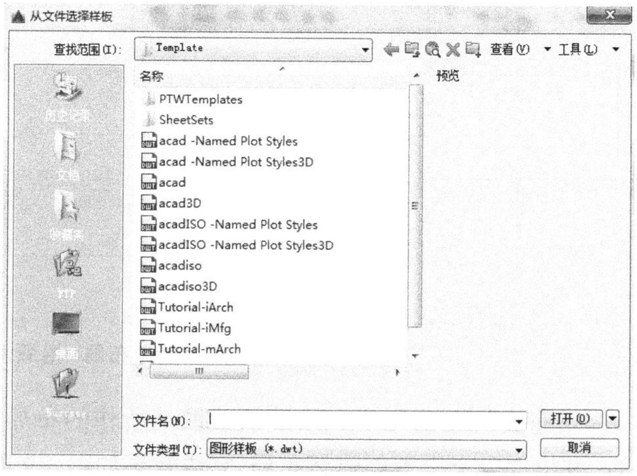

图 6-11 “从文件选择样板”对话框

样板文件存在 AutoCAD 安装目录的 Template 文件夹中，用户可以自定义自己的样板文件以满足制图标准或设计单位的需要。

(2)“重命名”：布局名即为标签名，用该命令可以更改名字。

布局名最多可以有 255 个字符，不区分大小写。“布局”选项卡的标签只显示前面的 32

个字符，布局名需唯一。

（3）“移动或复制”：选择该命令，从弹出的“移动或复制”对话框中选择相应的操作，如图 6-12 所示。

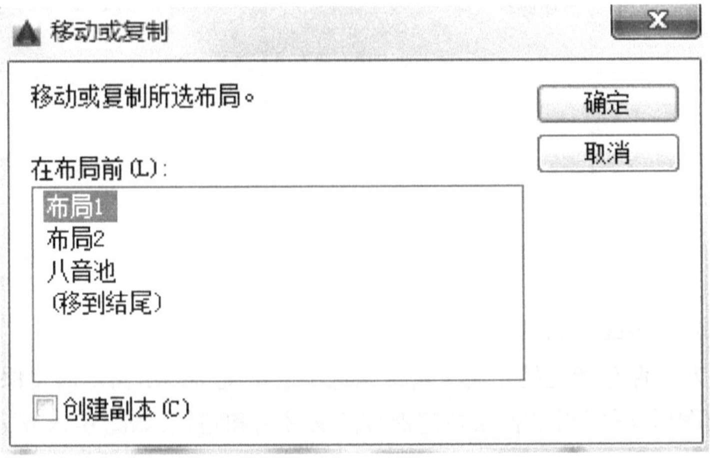

图 6-12 “移动或复制”对话框

（4）“选择所有的布局”：选择所有布局，可集中进行复制或删除操作等。

2. 布局

1）执行方法

命令行：LAYOUT。

2）操作方法

命令：输入“LAYOUT”，回车。

输入布局选项［复制（C）/ 删除（D）/ 新建（N）/ 样板（T）/ 重命名（R）/ 另存为（SA）/ 设置（S）/?］< 设置 >:

3）选项说明

（1）“复制”：复制指定的布局，复制后的新的“布局”选项卡将插到被复制的“布局”选项卡之后。选择该项后系统将提示用户指定用于复制的布局名称和复制后新的布局名称。

（2）“删除”：删除指定的布局。

（3）“新建”：新建一个布局并给出名称。

（4）“样板”：选择该选项，系统弹出“从文件选择样板”对话框。选择一个文件后，将弹出“插入布局”对话框，如图 6-13 所示。该对话框中显示了该文件中的全部布局，可选择其中一种或多种布局插入当前图形文件中。

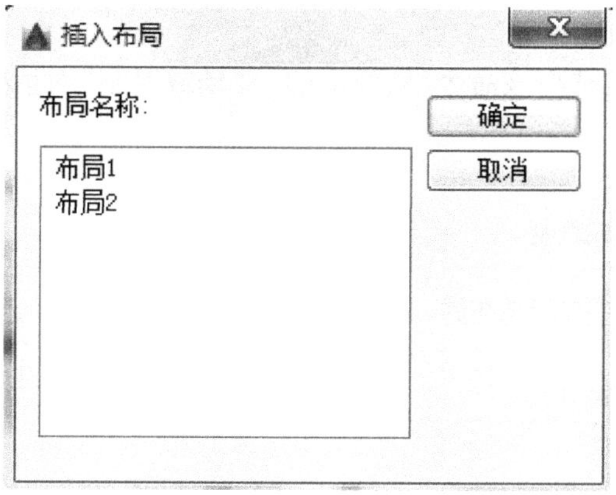

图 6-13 “插入布局”对话框

(5)“重命名”:更改布局名。

(6)“另存为”:保存指定的布局。选择该选项后系统将提示指定需要保存的布局名称,接着弹出“创建图形文件”对话框来指定保存的文件名和路径,如图 6-14 所示。

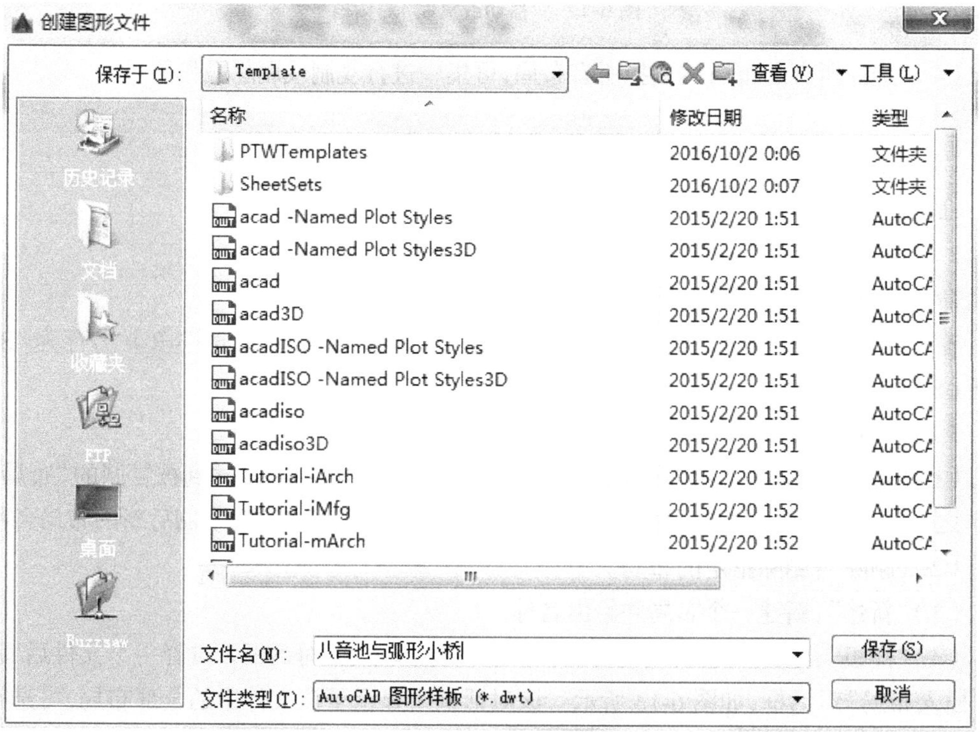

图 6-14 “创建图形文件”对话框

(7)“设置”:指定布局名称值。

(8)“?”:列出图形中所有布局。

3. 浮动视口的特点

在创建布局时,浮动视口是一个非常重要的工具,用于显示模型空间中的图形。浮动视口就是图纸模型空间，通过它调整模型空间的对象在图纸显示的具体位置、大小等，正如前述，浮动视口相当于照相机的镜头。

创建布局时，系统自动创建一个浮动视口。如果在浮动视口内双击，则激活了浮动的图纸模型空间，此时视口的边界以粗线（可认为取景框）显示，同时坐标系也显示在视口中，如图 6-15 所示。

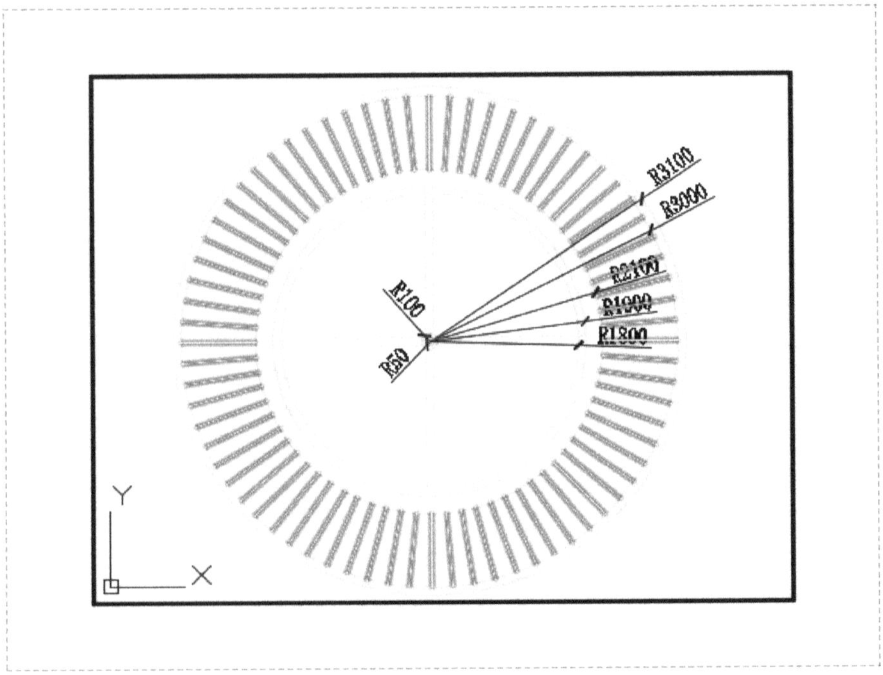

图 6-15　浮动视口

在浮动的图纸模型空间中，用户可以调整、控制图形。例如缩放和平移、控制显示的图层、对象和视图，与在模型空间中的操作基本相同。当把图形调整好后，希望它固定下来，即要回到图纸空间，此时只需在浮动视口外双击即可。

6.4　图形输出

在输出图形前，通常要进行页面设置和打印设置，这样可以保证图形输出的正确性。

6.4.1　页面设置

页面设置是指设置打印图形时所用的图纸规格、打印设备等，并可以保存。页面设置分别针对模型空间和图纸空间（布局）来进行。

在指定布局的页面设置时，可以先保存并命名某个布局的页面设置，然后将修改好的页面设置应用到其他布局中。

6.4.1.1 页面设置管理器

1. 执行方法

菜单栏:“工具”→“文件”→“页面设置管理器” 页面设置管理器(G)... 。

布局工具栏:“布局”→“页面设置管理器”。

命令:PAGESETUP。

快捷菜单:“布局”选项卡或“模型”选项卡中“页面设置”按钮。

2. 操作方法

执行命令后,将弹出“页面设置管理器”对话框,如图 6-16 所示。通过该对话框,用户可以对页面进行管理和设置。

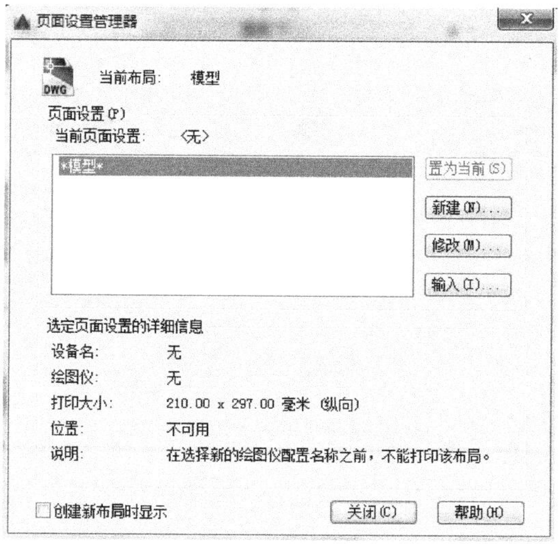

(a)

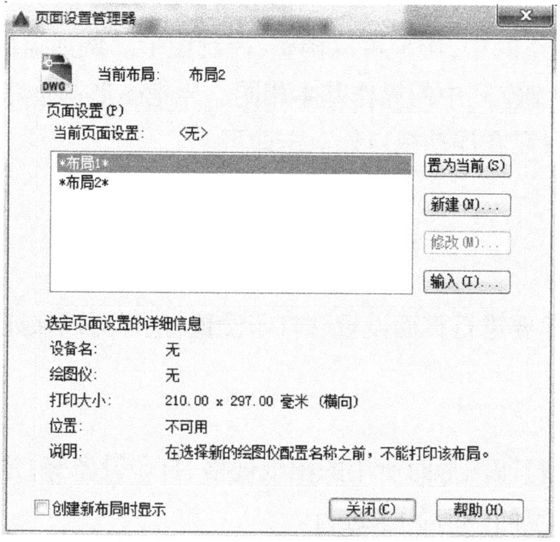

(b)

图 6-16 “页面设置管理器”对话框

(a)模型页面设置管理 (b)布局页面设置管理

3. 选项说明

“页面设置”列表框:显示出当前图形已有的页面设置。

“选定页面设置的详细信息”区:显示出所指定页面设置的相关信息。

“置为当前”:将在列表框中选中的某页面设置为当前的页面设置。

“新建”:创建新的页面。单击该按钮，AutoCAD 打开如图 6-17 所示的“新建页面设置”对话框,利用它来新建一个页面设置。

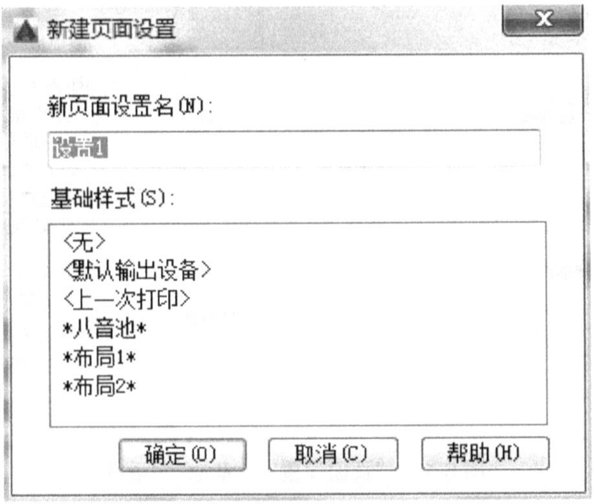

图 6-17 “新建页面设置”对话框

“修改”:修改选中的页面设置。

“输入”:打开“从文件选择页面设置”对话框,可以选择已有图形中设置好的页面设置。

6.4.1.2 新建页面设置

页面设置的内容就是设置打印机设备、图纸规格、打印区域、打印比例、打印偏移和图纸方向等参数。

1. 操作说明

(1)执行 PAGESETUP 命令,AutoCAD 将打开“页面设置管理器”对话框。

(2)在对话框中单击[新建(N)...]按钮,系统显示“新建页面设置”对话框。

(3)单击[确定(O)]按钮，AutoCAD 打开“页面设置 - 八音池”对话框,如图 6-18 所示。该界面是 A3 图幅各选项的设置,请仔细观察,最好设置一下,体会这些设置给打印带来的效果和好处。该布局页面设置将打印输出成 PDF 文档。

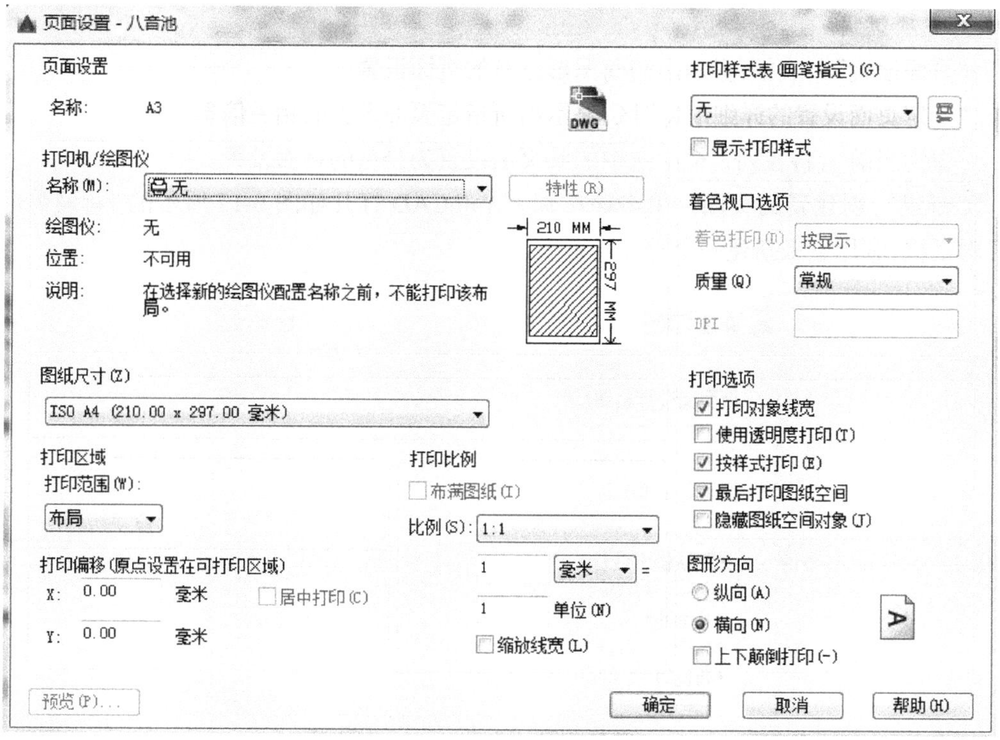

图 6-18 “页面设置 - 八音池”对话框

2. 选项说明

在“页面设置管理器”对话框中单击修改(M)...按钮，AutoCAD 也打开“页面设置 - 八音池”对话框，它们的选项完全一致。

1)“页面设置”框

AutoCAD 在此框中显示出当前所设置的页面设置名称。

2)“打印机 / 绘图仪”选项组

设置打印机或绘图仪，包括以下内容。

(1)“名称”下拉列表框：选择当前配置的打印机，如选择“DWG To PDF.pc3”虚拟打印机，将打印输出成 PDF 文档。

(2)特性(R)按钮：查看或修改打印机的配置信息。单击该按钮，AutoCAD 打开“绘图仪配置编辑器”对话框，在该对话框中对打印机的配置进行设置，如修改打印区域，如图 6-19 所示。

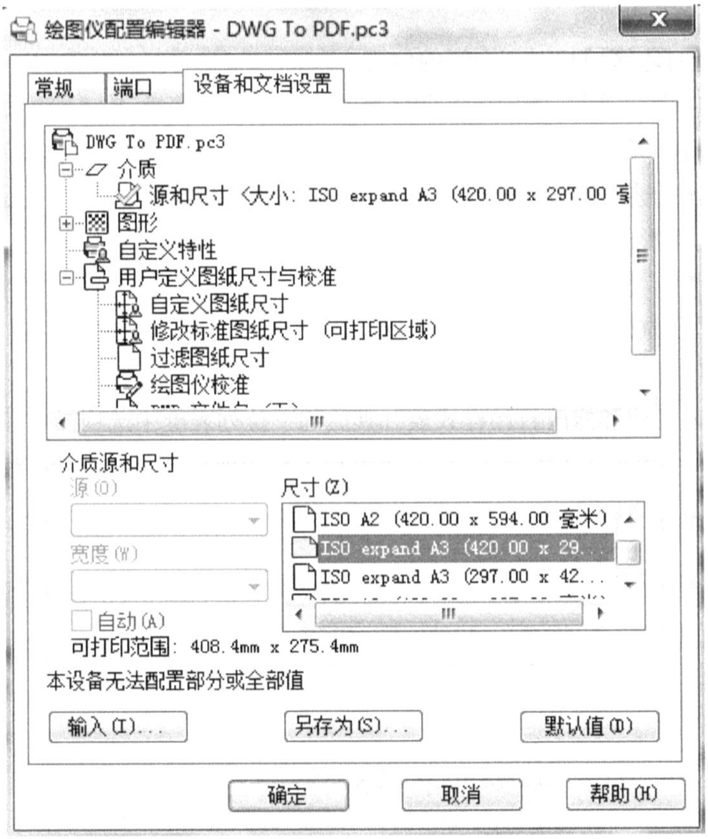

图 6-19 “绘图仪配置编辑器”对话框

3)“图纸尺寸”选项

它用于指定某一规格的图纸。用户可以通过其后的下拉列表来选择图纸幅面的大小,如选择 A3 图幅,如图 6-20 所示。

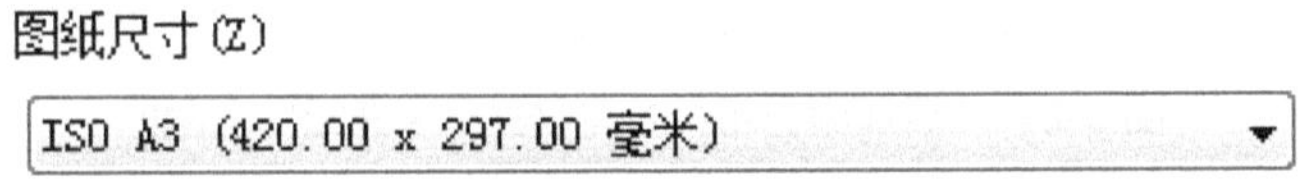

图 6-20 A3 图幅

4)“打印区域”选项

它用于确定图形的打印区域。在对布局的页面设置中,其默认的设置为布局,表示打印“布局”选项卡中图纸尺寸边界内的所有图形。其后的下拉列表框中各设置项的意义如下。

(1)“窗口”:打印位于指定矩形窗口中的图形,可通过鼠标或键盘来定义窗口。

(2)“范围”:打印图形中所有对象。

(3)“显示”:打印当前显示的图形。

(4)“视图”:打印已经保存的视图。必须创建视图后,该选项才可用。

(5)“图形界限”打印位于由 LIMITS 命令设置的图形界限范围内的全部图形。

5)“打印偏移”选项组

它用于确定打印区域相对于图纸的位置。

(1)“X”和“Y”文本框:指定可打印区域左下角点的偏移量,输入坐标值即可。

(2)“居中打印”复选框:系统自动计算输入的偏移量以便居中打印。

6)“打印比例”选项组

它用于设置图形的打印比例。

(1)“布满图纸”复选框:系统将打印区域布满图纸。

(2)“比例”下拉列表框:用户可选择标准比例,或输入自定义比例值。

7)“打印样式表(画笔指定)”选项组

它用于选择、新建和修改打印样式表。其后的下拉列表框中选项操作和意义如下。

(1)“新建”:AutoCAD 将激活“添加颜色相关打印样式表 - 开始”向导来创建新的打印样式表,如图 6-21 所示。

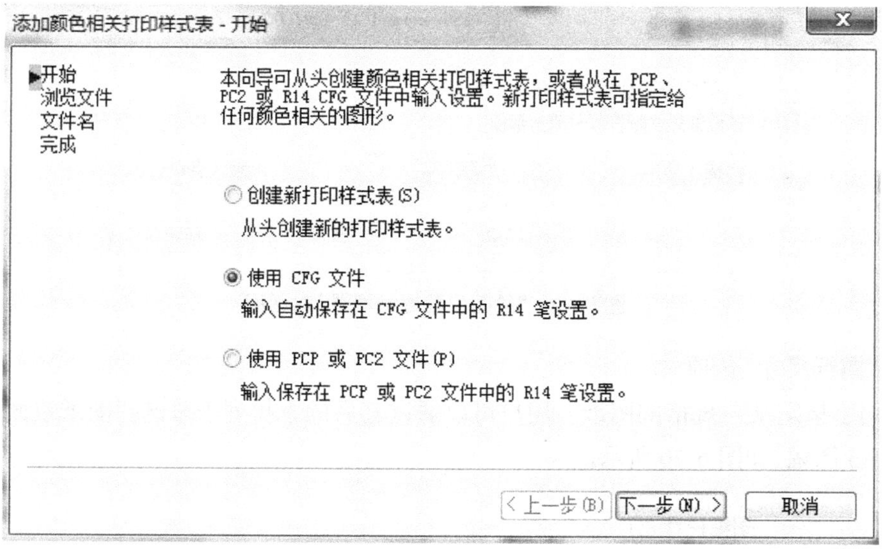

图 6-21 “添加颜色相关打印样式表 - 开始”对话框

(2)选择某打印样式:单击其后的编辑按钮,可以使用打开的“打印样式表编辑器”对话框,如图 6-22 所示,查看或修改打印样式。

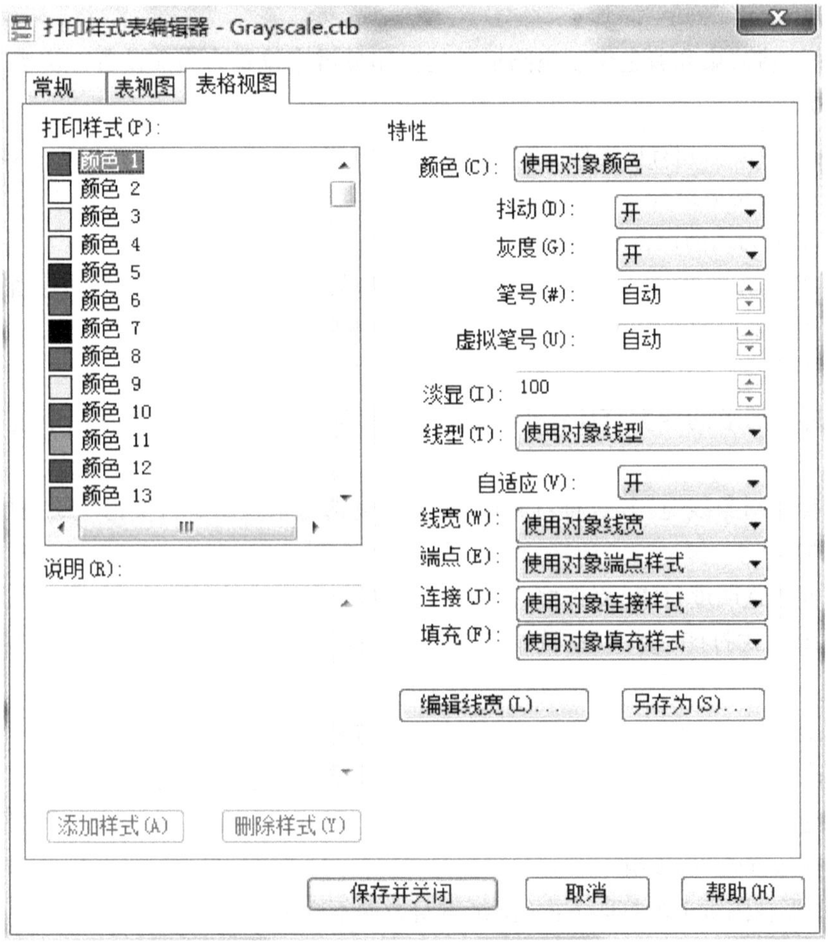

图 6-22 “打印样式表编辑器”对话框

(3)“显示打印样式”复选框:指定是否在布局中显示打印样式。

8)“着色视口选项”选项组

它用于指定着色和渲染窗口的打印方式,并确定它们的分辨率级别和每英寸点数(DPI)。

(1)“着色打印”:指定视图的打印方式。要为“布局”选项卡上的视图指定此设置,请选择该视口,然后在“工具”菜单中选择“特性”命令。当打印模型空间的图形时,可从“着色打印”下拉列表中进行选择,各选项的意义如下。

“按显示”:按对象在屏幕上的显示方式打印。

“线框”:在线框中打印对象,不考虑其在屏幕上的显示方式。

“消影”:打印对象时消除隐藏线,不考虑其在屏幕上的显示方式。

“渲染”:按渲染方式打印对象,不考虑其在屏幕上的显示方式。

“草稿”:将渲染和着色模型空间视图设置为线框打印。

“预览”:将渲染和着色模型空间视图的打印分辨率设置为当前设备分辨率的 1/4, DPI 的最大值为 150。

“常规”:将渲染和着色模型空间视图的打印分辨率设置为当前设备分辨率的 1/2, DPI

的最大值为 300。

“演示”:将渲染和着色模型空间视图的打印分辨率设置为当前设备分辨率，DPI 的最大值为 600。

“最大”:将渲染和着色模型空间视图的打印分辨率设置为当前设备分辨率,无最大值。

“自定义”:将渲染和着色模型空间视图的打印分辨率设置为“DPI”框中指定的分辨率设置,最大值可为当前设备的分辨率。

(2)“DPI”文本框:指定渲染和着色视图的每英寸点数,最大可为当前设备的分辨率。只有在“质量”下拉列表中选择了“自定义”后,此选项才有用。

9)“打印选项”选项组

确定是按图形的线宽打印图形,还是根据打印样式打印图形。有五个选项,其意义如下。

(1)“打印对象线宽”复选框:通过选中和取消选中来控制是否按指定绘图层或对象的线宽打印图形。

(2)“使用透明度打印”复选框:指定将打印对象和图层所应用的透明度。

(3)“按样式打印”复选框:选中该复选框,表示对图层和对象应用指定的打印样式特性。

(4)“最后打印图纸空间”复选框:选中该复选框,表示先打印模型空间图形,再打印图纸空间图形。不选此项,表示先打印图纸空间图形,再打印模型空间图形。

(5)“隐藏图纸空间对象”复选框:选中该复选框,表示将不打印图纸空间对象。

10)“图形方向”选项组

确定图形在图纸上的打印方向(图纸本身方向不变)。

(1)“纵向”单选框:纵向打印图形。

(2)“横向”单选框:横向打印图形。

(3)“反向打印”复选框:选中该复选框,表示将图形旋转 180° 打印。

6.4.2 打印设置

页面设置完成后,就可以打印了。

1. 打印模型空间图形的方法

如果只是希望打印模型空间的图形,也可不创建布局图,用户可以直接从模型空间中打印图形。

1)执行方法

菜单:文件→打印。

按钮:标准工具栏→打印。

命令:PLOT。

2)操作方法

执行该命令后,AutoCAD 将打开“打印 - 模型”对话框,如图 6-23 所示。

图 6-23 “打印 - 模型”对话框

通过“页面设置”选项组中的“名称”下拉列表框指定页面设置后，对话框中显示出与其对应的打印设置。用户也可以通过对话框中的各项单独进行设置。

对话框中的按钮用于预览打印效果。如果通过预览满足打印要求，按“Esc”键退出预览状态，单击“确定”按钮，即可将对应的图形通过打印机或绘图仪输出到图纸。

2. 打印布局图的方法

布局图的打印方法与在模型空间中打印图形的命令调用和设置方法相同，执行打印命令后，在打开的“打印 - 布局”对话框中设置相关的打印参数即可。

附录 1 常见的快捷键命令

编号	命令	快捷键	编号	命令	快捷键	编号	命令	快捷键
1	圆弧 Arc	A	22	定数等分 Divide	DIV	43	线型比例 Ltscale	LTS
2	面积 Area	AA	23	线性标注 Dimlinear	DLI	44	线宽 Lweight	LW
3	对齐 Align	AL	24	圆环 Donut	DO	45	移动 Move	M
4	阵列 Array	AR	25	点标注 Dimordinate	DOR	46	特性匹配 Matchprop	MA
5	视图话框 Dsviewer	AV	26	半径标注 Dimradius	DRA	47	定距等分 Measure	ME
6	块定义 Block	B	27	单行标注 Text	DT	48	镜像 Mirror	MI
7	打断 Break	BR	28	删除 Erase	E	49	多线 Mline	ML
8	边界 Boundary	BO	29	修改文本 Ddedit	ED	50	对象特性 Properties	MO
9	圆 Circle	C	30	椭圆 Ellipse	EL	51	布局视口定义 Mview	MV
10	计算器 Calcula-tor	CAL	31	延伸 Extend	EX	52	偏移 Offset	O
11	倒直角 Chamfer	CHA	32	倒圆角 Fillet	F	53	选项 Options	OP
12	复制 Copy	CO、CP	33	组 Group	G	54	实时平移 Pan	P
13	设置颜色 Color	COL	34	填充 Hatch	H	55	编辑多线段 Pedit	PE
14	标注样式 Dimstyle	D	35	图案填充 Hatchedit	HE	56	多段线 Pline	PL
15	对齐标注 Dimaligned	DAL	36	插入块 Insert	I	57	点 Point	PO
16	角度标注 Dimangular	DAN	37	交集 Intersect	IN	58	正多边形 Polygon	POL
17	基线标注 Dimbaseline	DBA	38	直线 Line	L	59	清理垃圾 Purge	PU
18	中心标注 Dimcenter	DCE	39	图层操作 Layer	LA	60	刷新当前视口 Redraw	R
19	连续标注 Dimcontinue	DCO	40	快速引线 Qleader	LE	61	刷所有视口 Redrawall	RA
20	直径标注 Dimdiameter	DDI	41	拉长 Lengthen	LEN	62	重生成 Regen	RE
21	距离 Dist	DI	42	线型 Linetype	LT	63	矩形 Reotang	REC

续表

编号	命令	快捷键	编号	命令	快捷键	编号	命令	快捷键
64	面域 Region	REG	81	显示全图	Z+A	98	对象特性	CTRL+1
65	旋转 Rotate	RO	82	最大范围显	Z+E	99	设计中心	CTRL+2
66	拉伸 Stretch	S	83	返上一视图	Z+P	100	重复上一步	空格键
67	比例 Scale	SC	84	窗口缩放	Z+W	101	重复上一步	CTRL+J
68	样条曲线 Spline	SPL	85	实时缩放	空格 + 空格	102	超级链接	CTRL+K
69	文字样式 Style	ST	86	帮助	F1	103	选项对话框	CTRL+M
70	差集 Subtract	SU	87	文本窗口	F2	104	新建	CTRL+N
71	多行文字 Mtext	T	88	对象捕捉	F3	105	打开	CTRL+O
72	工具栏 Toolbar	TO	89	数字化仪	F4	106	保存	CTRL+S
73	形位公差 Tolerance	TOL	90	等轴测平面	F5	107	打印	CTRL+P
74	修剪 Trim	TR	91	控状坐标	F6	108	剪切	CTRL+X
75	图形单位 Units	UN	92	栅格显示	F7	109	复制	CTRL+C
76	并集 Union	UNI	93	正交	F8	110	粘贴	CTRL+V
77	定义块文件 Wblock	W	94	栅格捕捉	F9	111	取消上一步	CTRL+Z
78	分解 Explode	X	95	极轴	F10	112	重做	CTRL+Y
79	构造线 Xline	XL	96	对象追踪	F11			
80	缩放 Zoom	Z	97	切换大小屏	F12			

附录 2　CAD 综合图形练习

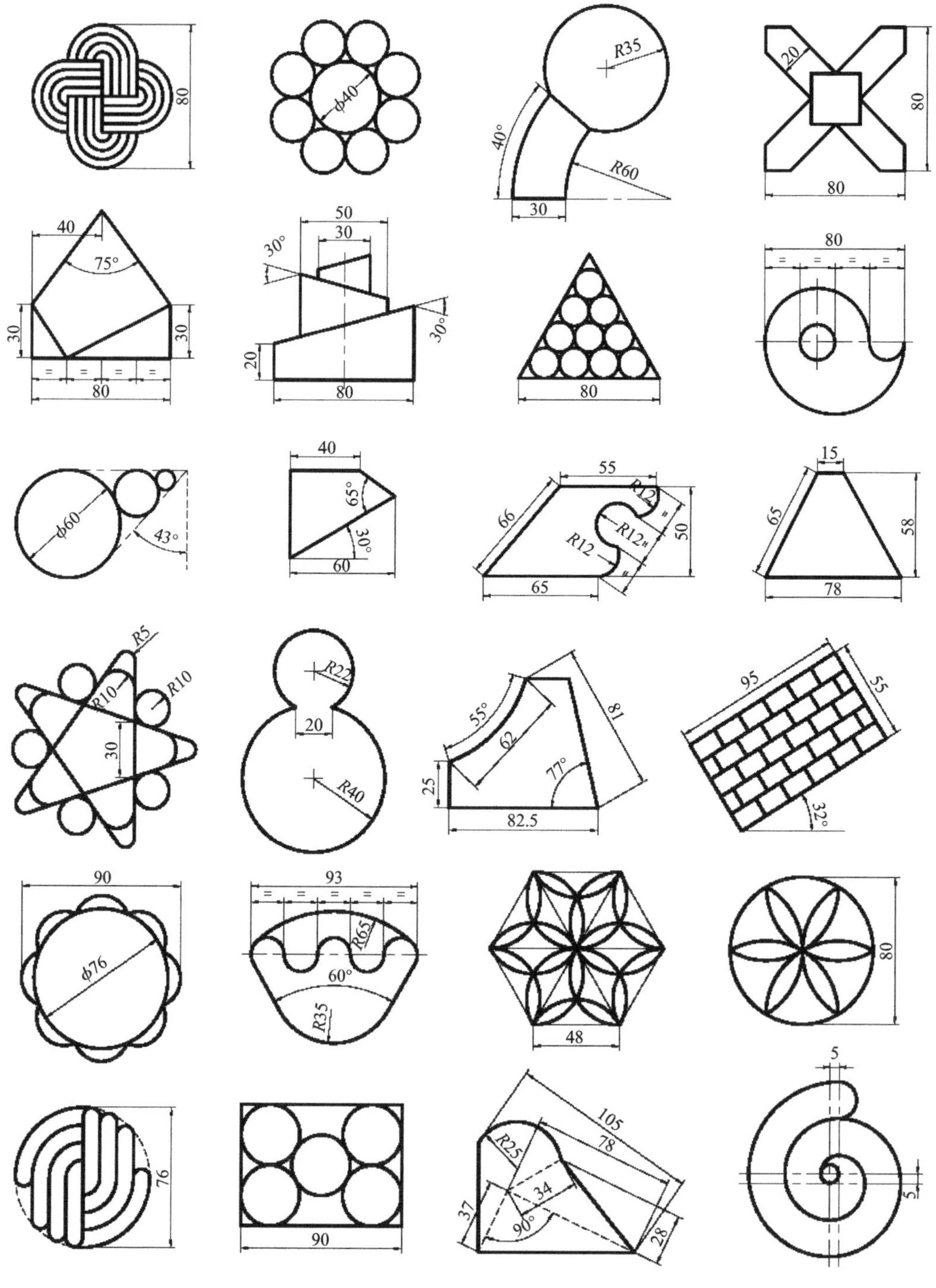

参 考 文 献

[1] 周艳,张华英. 道路 CAD 及其实用程序、工程实例 [M]. 北京:中国建筑工业出版社, 2009.
[2] 董祥国. AutoCAD 2014 应用教程 [M]. 南京:东南大学出版社, 2014.
[3] 程绪琦. AutoCAD 2012 标准培训教程 [M]. 北京:电子工业出版社, 2012.
[4] 吴俭. AutoCAD 2009 工程绘图项目化教程 [M]. 成都:电子科技大学出版社, 2012.
[5] 杨向黎,李高峰. 道路 AutoCAD 辅助设计 [M]. 开封:黄河水利出版社, 2010.
[6] 张俊玲,李彦雪,胡远东. 道路设计 CAD 教程 [M]. 北京:中国水利水电出版社, 2008.
[7] 任有为. 道路规划设计 [M]. 南京:东南大学出版社, 2009.
[8] 王晓俊. 风景道路设计 [M]. 南京:江苏科学技术出版社,2008.
[9] 张效伟,邵景玲.AutoCAD 2012 绘制建筑图 [M]. 北京:中国建材工业出版社,2012.
[10] 王子崇. 道路计算机辅助设计 [M]. 北京:中国农业大学出版社,2007.